Initiation à la pratique psychothérapeutique auprès de l'enfant

Nouvelle édition revue et augmentée

Catalogage avant publication de Bibliothèque et Archives nationales du Québec et Bibliothèque et Archives Canada

Vedette principale au titre :
Initiation à la pratique thérapeutique auprès de l'enfant. Nouvelle édition revue et augmentée.

Édition originale : Longueuil (Québec) : Groupéditions, 2008.
Comprend des références bibliographiques.
Public cible : les étudiants du niveau collégial.

ISBN 978-2-924801-09-3 (couverture souple)

1. Enfants - Psychothérapie. 2. Enfants – Psychothérapie – Participation des parents. I. Titre. Bossé, Michel, 1943-, auteur.
RJ504.B672 2018   618.92'8914   C2018-940250-4

Édition : François Martin
Révision : Céline Gagnon-Tremblay
Montage : MCM Compo-montage
Illustration de la page couverture : dessin de N. T.-B.

Tous les livres des Éditions Cursus universitaire sont soumis à une évaluation externe. Yves Lenoir, sociologue, professeur titulaire à la Faculté d'éducation de l'Université de Sherbrooke, est responsable des Éditions Cursus universitaire et de son comité éditorial.

Tous droits de reproduction, d'édition, d'impression, de traduction, d'adaptation et de représentation, en totalité ou en partie, sont réservés.
Reproduction interdite sans l'autorisation écrite des Éditions Cursus universitaire, 680, rue Victoria, suite 141, C.P. 23, Saint-Lambert (QC) J4H 3P1
(514) 651-4428 cursus@groupeditions.com – www.groupeditions.com

ISBN 978-2-924801-09-3

© ÉDITIONS ■ CURSUS UNIVERSITAIRE
Dépôt légal — Bibliothèque et Archives nationales du Québec, 2018
Dépôt légal — Bibliothèque et Archives Canada, 2018

Initiation à la pratique psychothérapeutique auprès de l'enfant

Nouvelle édition revue et augmentée

MICHEL BOSSÉ

À Anne-Louise

Remerciements

Cet ouvrage n'aurait pu voir le jour sans la collaboration d'un certain nombre de personnes. Les vignettes qui ont servi à l'illustration de points particuliers proviennent de rapports cliniques apportés en supervision chez moi (en consultation privée ou dans mes activités universitaires) par les personnes suivantes : Louise Bousquet et Hélène Charland, psychologues en cabinet privé à Trois-Rivières, Patrick Bissonnette, Laurence Diraison, Valérie Desloges, Pascale Filion, Fanette Granet, Nathalie Jean, Tristan Milot, Valérie C. Moore, étudiants à la maîtrise en psychologie à l'UQTR, Francelyne Brunet, Shirley Carignan, Annie-Claudie Canuel, Myriam Courbron, Marc LeCourtois, Caroline Lemire, Mélanie Litalien, Marie-Véronique Matte, Isabelle Nadeau, Jacinthe Noël, Karine Ouellet, Julie Roy, Karine Roy, Julie Toutant, étudiants au baccalauréat en psychologie à l'UQTR. Que ces personnes considèrent la mention de leur travail dans cet ouvrage comme un hommage à la qualité de leur investissement dans la pratique psychothérapeutique auprès de l'enfant. Qu'elles se sachent assurées de ma gratitude.

Introduction

Aussi bien le dire tout de suite : on ne devient pas psychothérapeute tout seul, avec ou sans l'aide d'un manuel, peu importe. Cela est vrai de tout psychothérapeute[1], quel que soit le type de sa clientèle, enfants, adolescents ou adultes. On devient un psychothérapeute compétent grâce au tutorat d'un superviseur avisé et maître des divers aspects essentiels du métier. On le devient en s'appuyant sur la compétence et l'expérience d'un tel guide. Très exactement à la manière d'un apprenti qui profite jour après jour du savoir-faire et de l'expertise d'un maître artisan chevronné et qui, sous la tutelle bienveillante de ce dernier, construit sa compétence "pierre par pierre" en se familiarisant petit à petit avec les règles de base de son domaine et les multiples raffinements de l'art s'y rattachant. Non, on ne devient pas psychothérapeute tout seul, en lisant des livres ou en suivant des cours magistraux, des conférences ou des sessions intensives de formation. On ne devient pas psychothérapeute comme un arbre pousse dans la forêt, seulement sous la force de la vie qui l'anime et grâce au sol fertile dans lequel il s'enracine.

Si les choses sont telles, pourquoi alors un ouvrage d'*Initiation à la pratique psychothérapeutique auprès de l'enfant* ? Belle question ! Belle question qui appelle plusieurs réponses ou, à tout le moins, une réponse à plusieurs volets. Je dirais d'abord que ce n'est certainement pas pour pallier l'absence d'un superviseur compétent et éclairé. Non, bien plutôt pour être un instrument utile à la fois au superviseur et au psychothérapeute en formation. Un instrument utile en ceci qu'il attire l'attention sur des points cruciaux pour l'initiation à la pratique psychothérapeutique auprès de l'enfant, des points que la supervision ne peut éviter de considérer à un moment ou à un autre ; un instrument utile également en ceci qu'il propose une perspective, des façons de faire, des règles de base qui visent à conforter le plus rapidement possible les qualités "naturelles" présentes dès le départ chez le supervisé ; utile en ceci qu'il ne peut que dynamiser

---

[1] Le genre utilisé dans cet ouvrage n'est que masculin en apparence ; en réalité, il est neutre, c'est-à-dire qu'il désigne tout aussi bien les femmes que les hommes, les filles que les garçons.

à la fois la fonction du superviseur et celle du supervisé, réactivant ou même faisant réapparaître à la conscience du premier bien des justifications théoriques et des modalités d'intervention qui, très souvent, ne sont qu'agies parce que très consolidées ; instrument utile enfin puisqu'il fait entrevoir au supervisé le merveilleux et passionnant métier à la pratique duquel il se destine, en lui permettant de développer une conscience des enjeux et des façons de faire, laquelle conscience ne peut que rendre plus interactive et donc plus riche la supervision elle-même.

Une initiation à la pratique psychothérapeutique, que celle-ci vise les enfants, les adolescents ou les adultes, ne peut se réaliser sans une référence directe à une conception de la personnalité et à une conception de la psychothérapie. Celle qui est proposée ci-après n'échappe pas à cette règle. Décrite succinctement dans des termes qui conviennent au niveau introductif où nous en sommes présentement, elle considère que la personnalité se construit progressivement à partir d'un donné biologique de base au fil des interactions avec l'environnement familial (puis social), les interactions et événements survenant dans les premières années se trouvant à jouer un rôle prépondérant dans l'organisation psychoaffective définitive. Elle conçoit d'autre part la psychothérapie comme un processus qui permet au sujet soit de récupérer le retard développemental caractérisant son fonctionnement psychoaffectif, soit de remettre en route le développement affectif dont la marche en avant s'est trouvée bloquée ou plus ou moins largement empêchée suite à l'action de facteurs divers, internes ou externes. Cette double définition présente bien l'essentiel de la perspective, même si elle doit être nuancée dans certaines de ses dimensions, ce dont le cheminement dans l'ouvrage offrira l'occasion.

L'*Initiation à la pratique psychothérapeutique auprès de l'enfant* comporte deux parties. La première, nettement plus courte, aborde des notions préliminaires. La seconde, qui constitue l'essentiel de l'ouvrage, traite de divers aspects techniques du travail psychothérapique auprès des enfants.

Première partie

Notions préliminaires

Avant d'aborder le sujet du travail psychothérapeutique en tant que tel, il me paraît judicieux d'aborder un certain nombre de notions préliminaires. Les trois chapitres que renferme cette première partie sont consacrés à cette fin. Le premier de ces chapitres cerne la perspective théorique utilisée dans l'ouvrage et présente une justification de cette perspective. Le second, intitulé *Définition de rôles et fonctions comparées*, propose des considérations sur les acteurs en jeu dans la relation thérapeutique, puis il suggère une comparaison de la fonction de psychothérapeute avec celle de professions qui peuvent présenter une certaine parenté : éducateur, orthopédagogue, pédopsychiatre et chercheur en psychologie. Le troisième chapitre met en avant une vision du développement infantile, vision qui servira de cadre de compréhension du matériel psychothérapeutique.

Chapitre premier

La perspective théorique et sa justification

Introduction

Il me faut d'entrée de jeu préciser la perspective théorique qui, depuis le début des années 1970, m'a guidé dans mon travail psychothérapeutique auprès des enfants et à laquelle se rattacheront les positions présentées dans cet ouvrage. Il se trouve que cette perspective est très précisément celle de la psychanalyse. On s'étonnera peut-être de se retrouver, dans le milieu universitaire d'aujourd'hui, face à quelqu'un qui se dit fort à l'aise de travailler sous l'inspiration de ce courant. Car force est de reconnaître que celui-ci ne jouit plus vraiment dans ce milieu de la cote qui était sienne il y a encore dix ou quinze ans, même s'il a toujours beaucoup, beaucoup de vogue dans les milieux de la pratique psychologique.

Cette désaffection de la psychologie universitaire d'ici pour la psychanalyse est selon moi facile à comprendre en dehors même de toute remise en cause de la valeur des positions essentielles de ce courant. Il est en effet facile de démontrer que la psychologie, comme tout autre secteur de la connaissance, est soumise aux effets de mode. Les milieux universitaires, comme n'importe quel milieu intellectuel, subissent de façon très marquée ce type d'effets. On peut se demander comment les tendances qui dominent actuellement s'y sont établies et surtout comment il faut rendre compte du *hiatus* existant entre les orientations théoriques qui y sont en vogue et celle qui domine indiscutablement dans le monde des praticiens. Pour être en mesure de donner une réponse satisfaisante à ces questions, il faut reconnaître que la progression d'un étudiant gradué vers les hauts sommets de la formation universitaire ces dix ou quinze dernières années s'est accommodée d'une préparation à la fonction d'enseignement tout aussi orientée vers la recherche que détournée de la pratique concrète. C'est ce qui a fait que la très grande majorité des jeunes professeurs qui nous sont arrivés durant ces années font montre d'une orientation théorique très peu psychanalytique, c'est le moins qu'on puisse dire. J'aurai la chance, dans les pages qui vont suivre, de montrer pourquoi il en est ainsi, pourquoi des chercheurs ne peuvent être séduits que bien difficilement par la perspective psychanalytique et pourquoi ils accrochent très facilement à la perspective cognitivo-behaviorale (ou même à la perspective systémique). Or, ces jeunes professeurs à sensibilité nettement anti-psychanalytique et des chargés de cours de la même mouture sont ceux qui, en majorité, enseignent durant les deux premières années du baccalauréat (quand ce n'est pas durant les trois années de son existence). La place prépondérante occupée par ces professeurs et chargés de cours a favorisé, voire même accéléré l'établissement de la tendance. De celle-ci les étudiants ont pu difficilement se protéger au cours de leurs premières années à l'université puisqu'ils n'ont pas véritablement eu accès à une autre façon de voir les choses[2]. J'irai même jusqu'à dire, si je peux me fier à ce que m'ont rapporté de nombreux étudiants, que le courant psychanalytique a régulièrement été l'objet d'allusions biaisées et déformantes dans certains cours, qu'il y a souvent été tourné en dérision.

Me retrouvant face à des étudiants qui ont vogué dans ce climat, j'ai conscience qu'il me faut ne rien ménager pour être convaincant et que je dois impérieusement préciser en quoi et pour quoi il me paraît indiqué ou utile de faire usage du cadre psychanalytique. Ce sera très précisément la visée de ce premier chapitre. Je procéderai en deux temps. Tout d'abord, dans le but de décrire avec une relative précision ce dont il est question, je cernerai les positions psychanalytiques qui, à cause de leur nature tout à fait fondamentale, vont servir d'appui à ce qui sera présenté par la suite dans cet ouvrage. Puis, dans un deuxième temps, me situant sur un plan épistémologique d'abord, clinique ensuite, je donnerai un aperçu des raisons qui justifient à mes yeux le recours à cette orientation théorique.

1. Les positions psychanalytiques fondamentales

Telle qu'elle se présente aujourd'hui, un peu plus de cent ans après la découverte ou l'élaboration de ses premiers éléments, la psychanalyse est

---

[2] Un de mes étudiants récents m'a fait un aveu à la fin de sa session : « Dire qu'au premier cours, je me suis dit : "Mon Dieu ! Je suis tombé sur un dinosaure" ! »

tout autant un corps théorique qu'une méthode d'intervention, tout autant une théorie qu'une pratique. Mais, assez curieusement, une façon simple et accessible de se familiariser avec ses éléments les plus caractéristiques et les plus essentiels consiste à partir de ce qu'elle valorise sur le plan de la pratique. C'est la méthode que j'ai précisément choisi d'utiliser ici. Réfléchissant aux positions psychanalytiques fondamentales, j'en trouve six qui sont particulièrement dignes de mention dans le présent contexte. Je les résumerais comme suit en faisant référence à la pratique psychothérapeutique auprès des enfants.

1.1   Importance accordée à l'attitude de neutralité

Cette attitude est l'élément central du cadre thérapeutique. Concrètement, cela veut dire que le thérapeute se soucie de laisser au thérapisé l'espace de pensée et de communication le plus large et le plus indéterminé possible. C'est donc dire que s'il invite l'enfant à utiliser le matériel mis à sa disposition (jouets, feuilles blanches et crayons, marionnettes, etc.) et à raconter ce qu'il se passe dans son jeu ou dans son dessin, le thérapeute n'établit pas le menu de ce qui doit être abordé ; sauf s'il s'agit d'un contexte d'évaluation, il n'impose pas un scénario de production ou d'activité, même si, à l'occasion ou de façon ponctuelle, pour lui permettre de préciser "comment ça se termine", il peut ramener l'enfant à une mise en scène non terminée ou à un jeu ou à un dessin laissé en plan. La neutralité du thérapeute apparaît également sur un autre plan : à part deux exceptions, sur lesquelles nous reviendrons ultérieurement (geste d'agression physique sur la personne du thérapeute et destruction du matériel), aucune conduite ou aucune production de l'enfant ne fait l'objet ni d'interdiction, de réprobation, de condamnation, ni non plus de valorisation ou d'encouragement de la part du thérapeute.

1.2   Importance accordée à la notion de transfert et au repérage des phénomènes transférentiels

Cette deuxième position découle de la première ; en tout cas, elle est rendue possible par elle. En effet, du fait du caractère indéterminé de l'espace relationnel et du style "indéterminant" des actions ou de la présence du thérapeute, l'enfant aura tout le loisir de projeter dans cet espace, à travers le jeu ou le dessin, ou tout autre médium d'expression, des idées, des sentiments, des affects qui caractérisent d'abord et avant tout (ou ultimement) sa dynamique psychique plutôt que la présente interaction thérapeute-thérapisé en tant que telle et qui, le cas échéant, pourront être rattachés à des expériences vécues antérieurement. La reconnaissance des phénomènes transférentiels s'avérera remarquablement utile en début d'intervention pour cerner la dynamique du sujet ; l'interprétation du transfert constituera tout au long de la thérapie un atout indispensable pour dénouer les impasses, pour relancer le processus ou, tout simplement, pour favoriser la prise de conscience d'un aspect particulier (problématique ?) du fonctionnement relationnel du thérapisé.

1.3   Respect des mécanismes de défense

Dans la perspective psychanalytique, les mécanismes de défense ne sont pas identifiés pour être attaqués de front ou neutralisés, mais bien plutôt pour être respectés ou, à la limite, contournés. Si un enfant utilise le "désaveu" suite au bris d'un jouet, il est considéré comme tout à fait inapproprié de le confronter et de chercher à lui faire admettre sa responsabilité. Si, par "identification projective", il attribue au thérapeute une colère qu'il ressent intérieurement, mais qu'il ne peut reconnaître comme sienne, il n'est d'aucune pertinence pour le thérapeute de chercher à le convaincre de la nature véritable de son sentiment. Si un enfant en grande revendication affective fait preuve de scepticisme en début de thérapie quant à l'intérêt réel que peut lui manifester le thérapeute, "transférant" sur lui le manque d'investissement de la mère, il ne sert strictement à rien à celui-ci de faire *illico* la démonstration de sa capacité de recevoir la demande qui lui est ainsi faite. Cela n'empêche cependant pas la reconnaissance pleine et entière de ce scepticisme ou de cette demande, une stratégie qui a généralement pour effet de rassurer l'enfant, car elle lui donne la certitude d'être entendu et compris.

1.4   Le matériel livré par l'enfant est reçu comme comportant une signification manifeste et une signification latente (ou cachée)

Cette façon de voir les productions de l'enfant découle, on le devine aisément, de la manière dont se présente le rêve, manière que Freud a magistralement mise en lumière dans *L'interprétation du rêve* (1900). Considérons par exemple le cas d'un enfant de trois ans qui, ayant déposé une poupée (un "bébé") dans une poussette, annonce au thérapeute que « le bébé s'en va faire un voyage loin, loin ». Il s'agit là du "contenu manifeste" de la production. On pourrait interpréter le sens de ce contenu selon divers niveaux. Il pourrait être tentant de ne s'en tenir qu'à un niveau superficiel et de n'y voir, par exemple, qu'un désir anodin du tout-petit de partir au loin à la découverte du monde ; on pourrait, en somme, lire ce phantasme dans le cadre d'une vision idyllique ou rousseauiste de l'enfance : l'enfant naît bon, c'est la société qui le corrompt. La lecture que propose la perspective psychanalytique prend en considération d'autres données, par exemple, les sentiments d'envie et de jalousie qu'ont possiblement suscités chez notre jeune sujet l'arrivée dans le foyer d'un petit frère ou d'une petite sœur et la très (trop) grande attention de la part de la mère dont le frangin ou la frangine font l'objet aux yeux de l'enfant ; la signification qui s'impose dès lors prend une tout autre direction : en fait, l'enfant exprime simplement son désir de voir le petit frère ou la petite sœur partir de la maison, départ qui lui laisserait la possibilité de récupérer l'attention maternelle exclusive. Voilà pour la "signification latente". En fait, le dessin et le jeu sont considérés comme des modes de communication en bonne partie comparables à ce que sont pour l'adulte le rêve, le roman, le mythe ou le théâtre : le processus primaire y exerce un rôle plus important que dans la communication dite articulée ou dans le discours dit raisonné (ou raisonnable), formes de productions dans lesquelles le processus secondaire[3] est plus présent et même domine.

---

[3] Processus primaire et processus secondaire sont les deux modes de circulation de l'énergie psychique selon Freud : celle-ci est libre dans le premier et liée dans le second. *Grosso modo*, ils peuvent être distingués en ceci notamment que le processus primaire est inconscient et opère sous le contrôle du principe de plaisir (le délire est le type parfait d'un processus de pensée caractérisé par ce premier processus) alors que le processus secondaire est conscient et opère sous le contrôle du principe de réalité (par exemple, les propos que je produis actuellement et que je suis en train d'écrire sont typiques d'une pensée caractérisée par le processus secondaire). Entre les extrêmes illustrés par ces exemples, on peut trouver toutes les formes dans lesquelles l'un ou l'autre processus peut être prépondérant, à moins que l'un et l'autre ne participent à parts égales. Pour des données explicatives complémentaires, on pourra se référer au *Vocabulaire de la psychanalyse* par Laplanche et Pontalis (1971), p. 341.

1.5 Les symptômes résultent d'un compromis entre les exigences profondes (inconscientes ou préconscientes) du sujet et les contraintes incontournables de la réalité ou les valeurs qu'il s'est trouvé à intérioriser

Au moment où il élabore la scène évoquée ci-dessus, l'enfant n'a peut-être pas pleinement conscience de son désir de voir disparaître son jeune frère ou sa jeune sœur. Peut-être, au contraire, cette conscience est-elle présente chez lui, mais sa libre expression dans le milieu familial est-elle empêchée par l'anxiété de perte ou de rejet qui le tenaille, car l'expression de ce désir pourrait provoquer du déplaisir chez les parents. Peut-être cette libre expression est-elle impossible du fait de la répression des comportements agressifs que se trouvent à pratiquer ceux-ci. Quoi qu'il en soit, l'enfant s'en trouve coincé ; c'est ce qui fait qu'il ne tolère plus les frustrations, qu'il tarde à s'endormir le soir (réclamant alors la présence de la maman), qu'il s'est remis à mouiller son lit, à salir sa culotte, à être fort désagréable avec les pairs à la garderie, etc. Les symptômes sont tout autant des gestes plus ou moins conscients de protestations que des appels à l'aide. Le rôle du thérapeute est d'abord de favoriser l'émergence du sens véritable qui se profile derrière eux, de faire en sorte que les parents en viennent à l'entendre et à faire les changements qui s'imposent, permettant ainsi au développement de l'enfant de retrouver son cours normal.

1.6 La thérapie est considérée comme un processus qui permet au conflit d'apparaître au grand jour (de la conscience de l'enfant !) et de se résoudre

Les modes d'adaptation problématiques (les symptômes) finissent par apparaître comme dépassés ou inutiles. Une nouvelle façon d'interagir avec les autres et de tenir compte des exigences de la réalité est mise au point ; elle témoigne du nouvel état de bien-être du sujet ou de son nouveau mode de fonctionnement affectif. Ce résultat est atteint d'abord grâce à l'investissement du thérapisé dans la personne du thérapeute et à l'investissement du thérapisé par le thérapeute, cette relation gardant tout au long un caractère asymétrique (Chiland, Castarède, Ledoux, Ledoux et Marbeau-Cleirens, 1983) ; en effet, les séances trouvent leur raison d'être dans la situation du thérapisé et leur but fondamental est de permettre à celui-ci de s'exprimer le plus possible sur ce qui constitue la problématique de sa situation. Si le thérapeute est présent comme interlocuteur attentif et bienveillant, il est absent autant que faire se peut dans sa problématique personnelle et la relation thérapeutique ne revêt en aucun cas l'aspect d'une relation (symétrique ou bidirectionnelle) de confidence ou d'amitié entre deux personnes. La psychothérapie donne ses fruits également grâce à l'implication des parents, à leur capacité de se remettre en cause et de mettre de côté un ensemble de conduites qui jouent une grande part dans la problématique de l'enfant ; ces conduites font place à d'autres qui, en vertu de leur caractère pertinent ou adapté, contribuent à la relance de l'élan maturatif de l'enfant.

Tout au long de cet ouvrage, nous reviendrons à plusieurs reprises sur l'une ou l'autre de ces six positions, qui, nous le verrons, constituent les vecteurs fondamentaux de la psychothérapie.

2. Justification de l'orientation théorique

La perspective psychanalytique est l'une de celles qui s'offrent aux jeunes psychologues désireux d'acquérir une formation de psychothérapeute. Pourquoi cette perspective plutôt que telle ou telle autre ? Il n'est pas facile de répondre à cette question en toute objectivité. Les raisons pour lesquelles on a été soi-même attiré par tel courant sont si complexes et si personnelles ; il se peut que, dans le cours d'une session universitaire ou dans le cadre d'un travail long, on se soit mis à lire des auteurs en vue de ce courant ; ces lectures ayant été particulièrement plaisantes ou stimulantes ; elles se sont trouvées à lancer l'intérêt véritablement ; par la suite, on a pu avoir la chance de travailler sous la supervision de quelqu'un qui maîtrisait bien les grands axes de ce courant ; et dès lors, on a continué sa pratique personnelle sur la base de cette lancée. C'est généralement le cheminement typique que connaissent les psychologues, quelle que soit l'orientation théorique de leur pratique. Chanceux sont-ils s'ils tombent sur le ou les bons courants le plus tôt possible et bien malheureux sont-ils si, après quelques années de pratique, ils réalisent qu'ils ont été victimes d'une illusion ou d'un leurre ! Parce que cela arrive, malheureusement...

Ce type de cheminement, s'il est le plus fréquent, n'est peut-être pas l'idéal. Avant de s'engager à fond dans un courant et d'y investir plusieurs années de sa pratique professionnelle, il faudrait que l'étudiant développe une capacité de lire "au second degré" les auteurs qui se proposent à lui ou qui lui sont proposés (que ces auteurs soient de la psychologie ou de toute autre science humaine) ; il serait souhaitable qu'il en vienne à pratiquer une lecture toute particulière de ces auteurs, lecture grâce à laquelle il pourrait porter attention aux postulats ou aux fondements de la théorie ou de la perspective qui lui est proposée[4]. Contrairement à ce qui survient couramment, le choix d'une perspective théorique ou pratique ne serait pas dû au hasard d'une rencontre, d'un cours ou d'un travail ou encore, il ne résulterait pas de la suggestion d'un professeur ; il serait en quelque sorte le fruit d'une démarche personnelle réfléchie, d'une évaluation critique.

Engagé dans le dernier droit de ma carrière universitaire, j'ai tendance à croire que ce serait là le cheminement souhaitable parce qu'il permettrait de choisir le plus possible en connaissance de cause. Malheureusement, la conjoncture actuelle, celle dans laquelle on forme les étudiants, est peu propice à ce genre de réflexion. C'est que bien peu de ceux qui enseignent (professeurs ou chargés de cours) ont eu la chance de vivre ce type d'expérience. Pas étonnant donc qu'ils ne soient pas sensibilisés à son importance. Pour eux, l'objectif primordial n'est pas de susciter la réflexion ou de faire en sorte que l'étudiant puisse développer ses habiletés critiques ; c'est bien plutôt de provoquer son adhésion à leur propre courant au meilleur coût énergétique possible. Parce que le milieu intellectuel universitaire, celui de chez nous, est victime de la dérive de la production (dite scientifique) coûte que coûte, quel qu'en soit la valeur réelle ou le niveau de pertinence, la majorité de ceux qui ont charge de formation se soucie bien davantage de recruter de la main-d'œuvre que de développer des esprits dotés de compétences critiques... Bien triste époque que la nôtre sur ce plan !

En livrant les raisons qui, à un moment donné, ont justifié mon engagement dans le courant psychanalytique, je veux me soucier de hisser la réflexion à ce niveau critique ; en tout cas, je veux signifier qu'il est important de choisir de la manière la plus réfléchie possible la perspective

---

[4] Dans un ouvrage antérieur (Bossé,1990), j'ai proposé un cheminement intellectuel qui vise le développement de telles habiletés, en même temps qu'il permet à l'étudiant de se familiariser avec les différents aspects structuraux et épigénétiques des modes de fonctionnement cognitif et langagier.

à l'intérieur de laquelle on décide de camper sa pratique et que la chose est possible.

Quelles sont donc ces raisons qui, à un certain moment de mon évolution, m'ont fait choisir la psychanalyse comme champ principal d'inspiration et comme source privilégiée d'interprétation de ma pratique psychologique ? Celles que je vais citer dans un tout premier temps se situent pour l'essentiel à un niveau épistémologique, c'est-à-dire au niveau d'une réflexion qui se soucie, premièrement, de la nature de ce que le sujet réalise dans ses processus cognitifs et langagiers (processus qui sont d'une extrême importance puisqu'ils sont impliqués dans toute forme de pensée et de communication), deuxièmement, de la nature du rapport qu'il entretient avec son environnement dans la réalisation de ces processus et, troisièmement, de la nature épigénétique et structuro-génétique des modes cognitifs, langagiers et affectifs qui caractérisent le fonctionnement humain. Je compléterai ces trois justifications épistémologiques par un appui sur trois autres caractéristiques reliées à la pratique psychologique en tant que telle.

La perspective psychanalytique m'a donc paru et me paraît plus que jamais particulièrement attrayante

- **à cause de sa conception du sujet**. Cette conception est constructiviste en ce sens que le sujet y est considéré comme un être actif, productif et créateur comparativement à une approche environnementaliste (que ce soit le behaviorisme, le cognitivisme ou le systémisme) qui le voit comme une réalité qui se laisse modeler par les facteurs environnementaux ambiants ou qui ne peut être comprise véritablement que dans la prise en compte de son insertion dans un ensemble dont il serait un élément constitutif. Cette conception psychanalytique est également interactionniste en ceci que le rapport avec l'ambiance est conçu comme étant d'interaction et non de passivité ou de soumission. Les positions behaviorales selon lesquelles le sujet ne serait qu'une matière modelable *ad infinitum* au gré des influences de l'ambiance m'ont paru toujours plus insoutenables au fur et à mesure de mon cheminement de praticien de la psychologie. Tout aussi intenables me sont apparues les positions cognitivistes comparant l'humain à un ordinateur qu'il est possible de programmer ou de reprogrammer de l'extérieur à volonté.

- **à cause de sa conception de l'intervention.** La perspective psychanalytique est en effet respectueuse de réalité "dynamique et historique" du sujet, de sa capacité et de son "rythme d'appropriation consciente". L'intervention n'est pas une entreprise à l'intérieur de laquelle on va chercher à instruire ou à convaincre (ou à programmer !) le sujet (jeune ou adulte) sur ce ou de ce qu'on croit être à la source de son problème. C'est là un style d'intervention qui ne produit jamais des résultats profonds ou durables. L'intervention, en termes psychanalytiques, relève plutôt d'une démarche d'accompagnement à l'intérieur de laquelle le thérapeute est un guide, mais un guide discret, qui laisse le plus de place possible au thérapisé. C'est ce sujet qui est considéré comme devant mener le jeu de la communication. En regard de cet aspect, il y a une métaphore qui m'est toujours parue comme très significative : le thérapeute psychanalytique est comme un accoucheur ; ce n'est pas lui qui fait le travail de gestation ; son action est bien plutôt celle d'aider le "bébé" à voir le jour ; il est un accoucheur de "sens", mais il ne produit pas ce sens ; c'est le thérapisé qui le fait.

- **à cause de sa conception de la problématique.** Cette conception conduit à porter attention à l'histoire personnelle du sujet, la réalité actuelle de celui-ci ne pouvant être comprise qu'en fonction de cette histoire récente et moins récente : que ce soit auprès de l'enfant ou auprès de l'adulte, l'intervention n'est pas centrée sur un symptôme qu'il s'agirait de faire disparaître. Le symptôme est vu comme une protestation ou comme un appel à l'aide ou encore comme le fruit d'un compromis que le sujet a mis au point pour contrer l'anxiété ou pour mobiliser les personnes significatives de son environnement. Il faut bien saisir que le sujet qui vient en consultation n'a pas une idée très claire de son histoire, de l'enchaînement des événements qui l'ont conduit là où il se trouve. Cette "mémoire" d'évocation est encore moins organisée chez l'enfant. Toutefois, même chez le tout jeune enfant, des événements et des situations dans lesquels il a été impliqué ont influé sur son fonctionnement psychique, bien que la réalité de cette influence se fasse sentir non pas de façon consciente et réfléchie (comme quand nous nous souvenons d'un événement survenu récemment), mais d'une façon généralement "agie" et inconsciente. Cet ensemble de résidus d'expériences, qui définit le sujet au plus profond de ce qu'il est, est sollicité chaque fois qu'une situation est perçue plus ou moins inconsciemment comme apparentée à une situation antérieure. Des affects, des réactions, des sentiments sont alors réactivés, mais aussi mis à jour, quelque chose de nouveau étant ajouté à l'ancien ensemble de données de telle façon que le sujet a surtout une impression d'inédit (Scarfone, 1999). Le travail de la thérapie permet de clarifier "ce qui cherche à se dire" dans ce qui est agi ou confusément dit ; il permet de clarifier ce qui se rapporte au passé et qui handicape lourdement l'adaptation à la réalité présente ; il permet la digestion de quelque chose qui "n'a jamais passé", qui est toujours resté actif et qui empêche l'intégration des expériences actuelles ainsi que la bonne marche du développement. Nous y reviendrons avec moult exemples.

À ces justifications épistémologiques qui fondent mon allégeance au courant psychanalytique, j'ajouterai les trois justifications suivantes reliées à la pratique psychologique :

- **à cause de son caractère indispensable en évaluation.** On ne peut sérieusement envisager faire de l'évaluation de l'affectivité de l'enfant (de même que celle des adolescents et des adultes) par les épreuves thématiques, le jeu libre, l'analyse du récit de rêve ou de cauchemar ou par les épreuves graphiques sans se référer d'une manière explicite à la perspective psychanalytique. On ne peut préciser le niveau atteint par un sujet (enfant, adolescent ou adulte) dans son développement affectif, dans l'élaboration de son moi, dans la façon dont il voit ses objets (particulièrement ses personnes significatives) et interagit avec eux, etc., sans se référer aux grandes étapes du développement infantile telles que la psychanalyse les a mises en lumière. On ne peut donner un portrait clair et crédible de l'organisation des motivations, de la structure défensive et du sens des actions d'un sujet sans se référer à ce développement.

- **à cause de sa subtilité et de son raffinement.** L'être humain est très complexe et ses actions et réactions peuvent dans certains cas constituer un véritable défi pour la compréhension. Si l'on s'entend sur le fait que les êtres humains, qu'ils soient enfants, adolescents ou adultes, s'avèrent dans leurs facettes réactionnelles et motivationnelles, d'une si grande complexité et d'une si grande diversité (avec des différences si subtiles entre eux, différences qui expriment leur singularité, leur individualité), on ne peut qu'être méfiant devant ces théoriciens qui prétendent résoudre cette complexité et cette diversité à l'aide de formules simples et facilement maîtrisables, pas très loin du sens commun le plus souvent. En effet, on doit logiquement poser que la perspective (théorie et pratique) capable de rendre compte de cette complexité et de cette diversité sera nécessairement complexe, subtile et aux multiples raffinements. Telle est précisément la psychanalyse. Qu'on soit favorable ou non à ce courant, on s'entend assez facilement sur ce fait : il ne s'agit pas d'un savoir facile à maîtriser ; pour parvenir à cette maîtrise, il faut en effet y consacrer beaucoup de temps et d'énergie. C'est un savoir pour gens studieux, minutieux, perfectionnistes, patients, pour des gens qui valorisent le raffinement tout autant dans leur fonctionnement intellectuel que dans leurs relations humaines. Entendons-nous : il ne s'agit pas de chercher une façon de peiner pour peiner, ou de faire peiner par pur plaisir (surtout quand on est professeur) ! Non, il s'agit de saisir une chose toute simple et d'en tirer les conséquences pour son propre programme de formation à la pratique psychologique : l'être humain est l'être le plus complexe qui soit, certains individus l'étant plus que d'autres, d'ailleurs ; la perspective qui va pouvoir inspirer la pratique de manière efficace va nécessairement devoir être complexe et capable de rendre compte des réelles spécificités humaines, de ces réalités aux mille et un raffinements. En cela, la psychanalyse est inégalée. Elle est même irremplaçable.

- **à cause de sa vérifiabilité.** D'aucuns trouveront la présente justification particulièrement osée, notamment ceux qui sont au fait de la position de Popper (1970)[5] sur le caractère soi-disant invérifiable des positions psychanalytiques. Je ne fais pas tant référence ici à la vérifiabilité des énoncés généraux de la psychanalyse[6] qu'à la vérifiabilité des hypothèses cliniques qu'un bon clinicien ou un bon psychothérapeute peut élaborer en s'inspirant de l'éclairage du courant psychanalytique ; je fais simplement référence en fait à la vérifiabilité des hypothèses qu'il peut élaborer jour après jour dans sa pratique ou dans son travail

---

[5] Plus précisément, selon ce philosophe, les grandes hypothèses de la psychanalyse ne peuvent être infirmées. Si, donc, elles sont inaccessibles à l'infirmation, elles le sont aussi à la confirmation.

[6] La formulation de certains de ces énoncés a grandement évolué depuis l'époque de Freud. Je ne vais citer qu'un seul exemple, celui de l'universalité de l'œdipe, quelle que soit la culture ambiante. Un grand nombre de psychanalystes soutiennent de nos jours que le fonctionnement œdipien ou névrotique n'est pas le lot de la majorité des gens, quelle que soit la culture ambiante, ce qui est fort loin des opinions freudiennes sur la question. C'est bien là la preuve que les hypothèses psychanalytiques peuvent être infirmées.

de supervision, à la vérifiabilité de ces hypothèses que l'évolution du cas à court, à moyen ou à long terme va permettre de confirmer. Disant cela, je n'invoque pas un quelconque principe d'infaillibilité pour celui qui s'inspire de ce courant. J'affirme tout simplement que le clinicien ou le psychothérapeute qui sait s'inspirer de ce courant est en mesure de prédire avec un degré enviable de précision l'évolution d'un cas donné à court, à moyen et à long terme ; j'affirme que cette capacité prédictive découle de son habileté à "lire" les productions de ce cas, à reconnaître ce qui cherche à se dire chez lui et, partant de là, à prévoir l'impact que pourra avoir sur lui la pleine reconnaissance de ce sens en émergence. Je donnerai dans la suite de cet ouvrage de nombreux exemples de cette "vérifiabilité" des hypothèses qui émergent dans la pratique d'inspiration psychanalytique.

Conclusion

L'incursion dans le domaine des positions fondamentales et dans celui des justifications théoriques et pratiques, incursion à laquelle j'ai invité le lecteur dans ce chapitre, pourra paraître un peu rapide ou incomplète à plusieurs égards. Le niveau et le style de discours que j'ai choisi d'y pratiquer ont tenu compte de plusieurs préoccupations, de deux d'entre elles tout particulièrement : un souci de vérité et d'honnêteté, d'abord, car il m'a en effet paru important de cerner en quelques pages comment et pour quel motif ce qui va suivre s'inspire de la psychanalyse ; un souci pédagogique, ensuite, car, dans une démarche à visée d'initiation, à vouloir pousser trop loin la réflexion théorique et, conséquemment, à emprunter un langage relativement hermétique, on risque de perdre le lecteur impatient d'en arriver à des questions plus nettement cliniques.

Chapitre deuxième

Définition de rôles et fonctions comparées

Introduction

Quelle est la nature véritable de la relation thérapeutique, ainsi qu'on peut la concevoir à l'intérieur du courant psychanalytique ? Comment cette relation se distingue-t-elle de relations apparemment assez voisines, si voisines qu'elle peut à l'occasion être confondue avec elles ? La réponse à ces deux questions va constituer l'essentiel de ce chapitre. Dans un premier temps, je m'emploierai à introduire le lecteur à la réalité des rôles qu'assument, chacun de leur côté, la personne qui consulte et le psychothérapeute qui l'accompagne dans la relation thérapeutique, cette dernière étant vécue d'une manière qui respecte tout à fait les exigences psychanalytiques. Les considérations que je vais proposer ci-après auront un caractère assez général pour s'appliquer tout autant à la thérapie des adultes et des adolescents qu'à celle des enfants. Dans un deuxième temps et pour compléter le tableau, à tout le moins pour permettre un certain approfondissement, je vais m'employer à comparer la fonction de thérapeute psychanalytique à celle de professionnels qui travaillent dans un champ reconnu comme assez voisin, ce qui permettra de dégager les caractères spécifiques de cette fonction de psychothérapeute.

1. Les acteurs de la relation thérapeutique

La relation thérapeutique, dans un cadre thérapeutique typique, en est une qui se joue entre deux personnes, selon toute apparence[7]. Il s'agit, je l'ai rappelé au chapitre précédent, d'une relation asymétrique. Parler

---

[7] Dans les faits, cette relation apparente à deux se transforme selon les besoins et les caractéristiques du patient : la position célèbre de Winnicott à ce sujet reste vraie : avec le psychotique, on est un ; avec le sujet antisocial [anaclitique ou limite], on est deux ; avec le névrotique, on est trois.

ainsi, c'est préciser que l'une des personnes vient parce qu'elle souffre mentalement ou physiquement, peu importe (d'où le terme "patient", lequel nous vient du latin *patire*, qu'il faut traduire par "souffrir") et que l'autre la reçoit pour la faire s'exprimer et l'écouter. Bien sûr, cette expression et cette écoute vont prendre des formes relativement diversifiées, mais toujours devra être sauvegardé le caractère asymétrique de la relation. On est donc loin et on restera toujours loin d'une relation de mutuelle confidence entre deux pairs.

1.1   Le patient

Le patient élabore une production (verbale, psychodramatique, graphique ou ludique) ; cette production a un contenu manifeste, nous l'avons vu : par exemple, dans le cas d'un patient adulte, elle se constitue du récit des événements qui ont précipité sa démarche en thérapie, ou encore, s'il s'agit d'un enfant, elle correspond à une scène ou à une série de scènes réalisées et jouées, par exemple, avec des figurines, une maison miniature et son mobilier.

Cette production est déterminée par des facteurs inconscients du sujet (ceux-ci jouent à l'insu du thérapisé donc) ; on dira du sens qui se dégage ou qui cherche à se dégager qu'il correspond au sens latent. Par exemple, notre patient adulte espère retrouver l'affection, le regard bienveillant et la présence attentionnée d'une mère bien aimée décédée lorsqu'il avait cinq ans ; notre jeune patient, quant à lui, met en scène la situation qu'il aimerait vivre à la maison et, en éliminant la fratrie, il est redevenu l'enfant unique, choyé par sa mère.

On peut dès lors facilement entrevoir que le sujet qui vient en thérapie y vient avec son histoire et avec les marques de cette histoire ; consciemment ou inconsciemment, ces marques se profilent derrière ses actes, derrière ses pensées, derrière ses désirs, derrière ses rêves. Enfant, adolescent ou adulte, le patient a un mode de fonctionnement affectif qui témoigne de cette histoire et de la mémoire qu'il en a, que cette mémoire se manifeste dans l'agir ou par la parole ; il a vécu des événements et des relations qui ont limité ou même enrayé la marche de son développement. Si la croissance physique a pu se poursuivre normalement, si le développement intellectuel a pu dans beaucoup de cas se réaliser apparemment sans trop de dommages, il n'en est pas nécessairement allé de même pour le développement affectif.

Saisir jusqu'à quel point le développement affectif a pu se poursuivre revêt une très grande importance pour la compréhension et l'interprétation de ce qui survient en thérapie. En effet, pour que la psychothérapie puisse s'installer et réussir, le psychothérapeute doit connaître le terrain sur lequel il opère, le mode de fonctionnement affectif qui est celui du thérapisé. Ce niveau de développement sera révélé par à peu près tout ce que ce dernier va produire, dire, agir et dès la première séance. Dans le cas des enfants, l'entrevue préalable auprès des parents peut souvent donner une idée assez précise de ce niveau, nous y reviendrons. Le niveau de développement affectif qui a été atteint donne au sujet un "style fondamental", c'est ce que nous appellerons un "mode de fonctionnement affectif".

1.2   Le thérapeute

Le thérapeute se présente lui aussi avec un mode de fonctionnement affectif. Il faut vraiment souhaiter que ce mode soit celui qui est le plus évolué. C'est la raison essentielle pour laquelle les écoles de psychanalyse imposent une psychanalyse personnelle comme démarche préalable à l'exercice de la fonction d'analyste, de façon à ce que soient écartées les personnes aux prises avec des difficultés personnelles très importantes[8].

---

[8] Une psychanalyse personnelle peut-elle être suffisamment efficace pour permettre à un psychanalyste en devenir d'accéder à un mode de fonctionnement névrotique (ou œdipien) ? C'est un sujet qui, à ma connaissance, n'est pas abordé de façon explicite par les psychanalystes, probablement parce qu'il est explosif ou qu'il est tabou. Il n'est pourtant pas difficile de trouver des auteurs qui affirment ouvertement qu'il est bien difficile, sinon impossible pour un sujet à fonctionnement état limite (équivalent des anaclitiques de quelque niveau qu'ils soient) de devenir névrotique après l'adolescence. Jean Bergeret, pour un, revient souvent sur ce point. Nul ne contestera l'expertise clinique de ce géant de la psychanalyse. Il soutient dans l'un de ses derniers ouvrages auxquels il a contribué (Bergeret et coll., 1996), que seuls ceux qui ont régressé au niveau limite après avoir atteint l'œdipe peuvent se réinstaller dans ce mode grâce à une psychanalyse. Ces cas sont certainement exceptionnels. Il m'a toujours paru étonnant et singulier d'entendre un psychanalyste s'amuser ou s'attrister du fonctionnement narcissique de l'un de ses collègues. Bergeret affirme dans le même ouvrage que Freud lui-même aurait eu un mode de fonctionnement narcissique phallique. Freud a été sans aucun doute possible un découvreur extraordinaire. A-t-il été pour autant un excellent psychanalyste même en tenant compte

Qu'on imagine un peu ce que peut être, par exemple, une relation thérapeutique maintenue essentiellement pour le bénéfice d'un thérapeute aux prises avec les difficultés typiques de l'état limite, celui-ci vivant cette relation comme un moyen de lutter contre la dépression et utilisant le patient comme un appui pour affronter sa propre difficulté d'être, pour satisfaire son propre besoin d'étayage, pour atténuer sa propre anxiété de perte d'objet. Il faut, si l'on envisage de faire de la thérapie, entreprendre une démarche personnelle qui puisse permettre un minimum de connaissance de soi et qui, le cas échéant, puisse empêcher que l'on projette sur son patient ou que l'on fasse vivre à celui-ci des choses qui se rapportent à sa propre dynamique, en un mot, que l'on utilise l'autre essentiellement comme un objet du soi (Kohut, 1991/1984). Cette démarche personnelle n'a peut-être pas besoin d'être une psychanalyse dans certains cas, bien que celle-ci puisse être utile et éclairante pour tous.

Cela étant, ce que je vais dire ci-après suppose que la personne qui exerce la fonction de thérapeute puisse le faire sans que sa propre dynamique puisse interférer de façon marquée dans ce qui survient entre le patient et lui. Il me faut insister sur le fait que le thérapeute joue le rôle d'un guide pour le patient dans ce cheminement que constitue la thérapie. Il est un guide discret, puisque l'agent principal de la communication reste le patient, je l'ai dit déjà. Il est au service de celui-ci, plus particulièrement au service du "côté" de celui-ci qui veut découvrir ce qui se passe en lui, parce qu'il peut y avoir un autre côté, très actif également, mais plus secret, qui résiste au fait de le savoir, par peur de réactiver de vieilles souffrances.

Dans la situation thérapeutique, le thérapeute ne donne pas accès au patient aux diverses facettes de sa propre personnalité ; la relation devant être un espace de transfert, il faut veiller à ce que cet espace reste le plus indéterminé possible pour que le patient puisse s'y projeter, y projeter ses propres désirs ou y exprimer ses propres besoins. C'est une autre façon de parler de l'asymétrie de la relation thérapeutique. Cette relation étant ce qui permet au patient de se révéler, il faut qu'elle soit maintenue par le thérapeute la plus indéterminée possible dans le volet qui va de lui au patient. C'est pourquoi le thérapeute ne parle pas de lui-même : le

---

des critères de son temps ? La chose est moins sûre, c'est le moins qu'on puisse dire si l'on prend en considération ce qu'ont raconté un certain nombre de ceux qui ont été ses analysés…

patient ne sait pas s'il a un conjoint, s'il a des enfants, s'il a déjà vécu des moments difficiles (s'il a déjà eu une peine d'amour, s'il a perdu sa mère, un fils, une fille, s'il ne peut avoir d'enfant, etc.). Imaginez ce que vous pouvez voir quand vous regardez l'eau limpide d'un étang. Imaginez également l'état dans lequel se trouve l'étendue d'eau et ce qu'elle ne peut plus révéler de ses couches profondes quand vous la brouillez en ratissant le fond ou en y jetant toutes sortes de choses. L'état d'indétermination dans lequel vous devez garder la relation est un peu comparable à cela, à l'étang à l'eau limpide, j'entends !

Évidemment, cette indétermination n'est pas totale : le patient sait que certaines choses vous font rire ; il note comment vous vous habillez ; il peut découvrir que vous avez une voiture de telle ou telle marque, de telle année ; il voit que vous aimez tel ou tel type de peintures (grâce à celles que vous affichez sur les murs de votre cabinet) ; il sait quel parfum vous utilisez, etc. Cela n'a pas trop d'importance parce que généralement, ce genre d'information ne rétrécit pas l'espace de transfert de façon sensible.

Cette sobriété à propos de soi (de la part du thérapeute) ne doit pas être confondue avec une attitude artificielle, affectée, fausse. Elle n'empêche pas d'être spontané, à tout le moins à l'intérieur de certaines limites. Elle n'est pas l'équivalent de la froideur, de l'indifférence, de la distance, du manque d'empathie. Elle ne vise qu'une chose : laisser l'espace de projection le plus large possible, car dépourvu d'informations à propos du thérapeute, le patient a la chance d'en suggérer à son aise ; dans les suggestions qu'il propose, combien de détails révélateurs ne pourra-t-il pas donner sur ce qu'il désire, sur ce qu'il souhaite, sur ce qu'il craint, etc. « As-tu des enfants, toi ? - Qu'est-ce qui t'amène à poser cette question ? - Je ne sais pas. C'est juste pour savoir. - Supposons que j'en aie, quelle différence cela ferait pour toi ? - Ben, je serais sûr que tu peux comprendre les enfants. - Supposons que je n'en aie pas, qu'est-ce que tu en dirais ? - Ben, je dirais que tu vas finir par en avoir un. – Pourquoi ? - Parce qu'on voit que tu peux comprendre les enfants ». De tels propos de la part de cet enfant laissent voir son désir d'être l'enfant choyé du thérapeute, que celui-ci serait comme le parent idéal pour lui.

L'attitude de sobriété (qu'on appelle aussi neutralité bienveillante) s'applique aussi aux interventions. Par exemple, il faut éviter de donner des conseils sur les situations problématiques qui ne manquent pas de surgir dans la vie du patient. On évite également toute intervention de nature éducative en dehors de celles qu'impose le respect minimal du cadre : « Ici, il ne t'est pas permis de me frapper ni de briser le matériel ».

2. La fonction de psychothérapeute comparée à d'autres fonctions d'aide

Le psychologue psychothérapeute partage le champ de l'intervention auprès des enfants et des adolescents avec d'autres types de professionnels : le pédopsychiatre, l'éducateur (le psychoéducateur) et l'orthopédagogue sont des spécialistes qui, tout comme le psychologue, interviennent auprès des enfants avec une visée thérapeutique (au sens large de ce terme). Il n'est pas sans intérêt de comparer la fonction du psychothérapeute d'orientation psychanalytique avec celle de ces trois types de professionnels. Cet exercice permet notamment de faire ressortir les caractéristiques spécifiques de chacune ; il permet également d'approfondir un peu plus le rôle que se trouve à jouer le psychothérapeute.

2.1 Le psychothérapeute et l'éducateur

L'éducateur (éducateur en garderie, éducateur spécialisé ou psychoéducateur à l'école, etc.) remplit des fonctions qui, aux yeux du profane, peuvent paraître apparentées à celle du psychothérapeute. Il est pourtant relativement facile de distinguer les caractéristiques spécifiques de ces fonctions. L'éducateur intervient dans le sillage direct de la fonction parentale. Il est en quelque sorte un parent "par procuration", avec un mandat bien circonscrit dans des limites de lieu et de temps : en somme, il tient lieu de parent auprès de l'enfant ou de l'adolescent à l'intérieur de ce mandat. Il agit dans le réel du sujet à la manière d'un parent bien attentionné et responsable. Sa présence auprès du sujet est "déterminée" par les rôles, fonctions, responsabilités de type parental qu'il assume à son endroit et par la manière dont il les assume, référence étant faite ici aux valeurs qui fondent ses choix, motivent ses actions, ses attitudes, ses projets, valeurs qui sont ou en viennent à être explicitées d'une manière ou d'une autre, etc. Le psychothérapeute n'a pas auprès du sujet thérapisé, que celui-ci soit enfant, adolescent ou adulte, une présence qui serait déterminée par un rôle parental explicitement assumé. Au contraire, la relation qui s'installe est "à déterminer" à chaque séance (et à chaque instant de la séance) par le thérapisé au gré de ses projections, selon ses besoins ou ses désirs. La présence du psychothérapeute vise essentiellement à mettre en place et à maintenir l'espace de projection le plus large possible, lequel espace peut être utilisé pour la mise à nu des éléments importants de la dynamique psychique du thérapisé. Celui-ci ne peut de ce fait avoir accès au monde de valeurs du thérapeute. S'il s'identifie à lui par moment, c'est en vertu de ce qu'il imagine de lui, non pas en vertu de ce qu'il aurait appris de lui par lui[9].

2.2 Le psychothérapeute et l'orthopédagogue

L'orthopédagogue est un spécialiste en adaptation scolaire. Son implication professionnelle s'organise autour de la tâche d'apprentissage scolaire. C'est d'abord et avant tout un pédagogue qui se préoccupe d'aider un élève en difficulté dans son cheminement scolaire. S'il est vrai qu'il vise par ses interventions un meilleur fonctionnement social, c'est certainement dans un sens plus étroit et aussi moins direct que ne le fait le psychoéducateur. Sa fonction est plus restreinte que celle de ce dernier, car c'est d'abord et avant tout un meilleur fonctionnement scolaire qu'il cherche à favoriser, étant entendu que celui-ci va ultimement conduire à une meilleure adaptation sociale. En fait, l'orthopédagogue est un éducateur très spécialisé dont le domaine d'expertise est la pédagogie adaptée aux élèves en difficulté. Sa fonction n'est donc pas difficile à distinguer de celle du psychothérapeute, car tout ce qui a été dit ci-dessus à propos de l'éducateur s'applique à son cas.

---

[9] Les psychoéducateurs tablent très fort sur la notion de "vécu partagé" pour établir la spécificité de leur fonction. Il importe de noter que le vécu partagé est un style de présence de l'éducateur auprès du bénéficiaire (par exemple, celle de l'éducateur en centre d'accueil, de l'éducatrice en garderie, etc.). Il y a un grand nombre de fonctions qu'assument des éducateurs qui n'ont cependant pas de vécu partagé avec leurs bénéficiaires ; il en va ainsi par exemple des agents de probation de toute sorte et des éducateurs en milieu scolaire qui reçoivent des élèves en situation individuelle pour un temps très limité dans la journée. La référence explicite à un monde de valeurs est, selon moi, ce qui constitue le caractère spécifique avant tout de ces divers types de présences éducatives, celles à vécu partagé étant incluses.

2.3 Le psychothérapeute et le pédopsychiatre

Le pédopsychiatre est d'abord avant tout un médecin et un médecin spécialisé dans le diagnostic des maladies mentales pouvant affecter les enfants et les adolescents. De façon générale, il n'a pas été formé à la psychothérapie[10]. Il se soucie d'établir un diagnostic sur la base des catégories fournies par la cinquième édition du *Diagnostic and statistical manual of mental disorders* (DSM 5) (American Psychiatric Association, 2015) ou par un instrument apparenté.

On me permettra ici d'ouvrir une longue parenthèse sur cet instrument que vous connaissez déjà un peu puisqu'il est couramment utilisé dans les cours d'initiation à la psychopathologie. Je trouve d'ailleurs ce fait fort malheureux. Car prendre le DSM pour un manuel de psychopathologie, c'est comme prendre un manuel de géographie pour un traité d'histoire et d'ethnologie. Je sais bien qu'il y a un lien entre géographie, d'une part, et histoire et ethnologie, de l'autre, mais si l'on veut dépasser la vision purement structurale des pays et de leurs frontières, il faut nécessairement accéder à la manière dont ce pays est apparu, à partir de quels facteurs il est né, grâce à quels événements ou quels mouvements il est devenu ce que l'on peut connaître de lui aujourd'hui, quelles sont les grandes caractéristiques de ses habitants, quelles sont leurs valeurs de vie, comment ils rythment leurs saisons, quels sont leurs mythes, leurs croyances, le sens de leur foi, leurs aspirations, etc. Tout cela serait essentiel pour celui, par exemple, qui voudrait entrer en relation avec les habitants de ce pays ou, qui sait, pour réaliser une interaction sensée avec eux, pour influer sur eux, sur leur politique étrangère, sur leurs relations avec leurs voisins (on ne devient pas diplomate avec une seule culture géographique !). Il en irait tout autrement, on le devine facilement, pour celui qui voudrait rester à l'extérieur du dit pays, pour celui qui ne rechercherait pas la relation, qui ne se soucierait pas de développer la capacité d'écouter et de comprendre les gens de ce pays.

Or, les délimitations pratiquées par le DSM sont destinées très précisément à celui qui veut rester "en dehors", à observer un sujet, mais à partir d'un point extérieur seulement, comme on le fait de façon typique en

---

[10] De nombreux pédopsychiatres ont été initiés à la pratique psychanalytique. Ils sont devenus psychanalystes. En fait, ce n'est que secondairement qu'ils sont pédopsychiatres.

recherche expérimentale, sans pour autant s'intéresser au sujet, à l'individu de chair et d'os, de corps et d'esprit en tant que tel. Dans la psychiatrie inspirée du DSM, le sujet n'est au fond considéré qu'en tant qu'il est support ou incarnation de la catégorie, laquelle, seule, mérite considération. Il s'agit purement et simplement de cataloguer le sujet pour mieux le définir de l'externe. On n'est pas intéressé à entrer en relation avec ce sujet dans sa singularité, à cheminer avec lui, à voir comment il voit le monde environnant, à identifier pourquoi il en est venu à le voir ainsi, à cerner comment (et pourquoi) il interagit ainsi avec lui, etc. de façon à ce que puisse évoluer cette vision de soi et des autres, de façon à ce que soit modifiée cette façon d'interagir avec autrui. Une fois qu'on a catalogué le sujet, la tâche est terminée.

Conçu pour des professionnels qui veulent "rester en dehors", le DSM apparaît comme n'étant d'aucune utilité pour le psychothérapeute d'orientation psychanalytique, qui se soucie de la personnalité de son patient, qui assiste celui-ci dans sa quête d'un mieux-être, en respectant le rythme de son cheminement et sa capacité de mettre au jour le sens de ce qui cherche à se dire chez lui. Il n'est d'aucune utilité pour le thérapeute qui voit son patient comme un être capable de mémoire, comme un être capable de trouver, par cette mémoire réactivée, le sens de ses difficultés actuelles. Il n'est d'aucune utilité pour le thérapeute disponible pour l'écoute et préoccupé de faire s'exprimer le sujet pour l'amener à évoluer sur le plan affectif.

Non, bien plutôt, le DSM invite tout naturellement à "une pratique de l'intervention sise en dehors" par excellence, je veux dire l'intervention médicamenteuse (Ritalin ou autres psychostimulants, antidépresseurs variés, antipsychotiques, Prozac, etc., car la liste est fort longue), associée de quelques recommandations aux parents ou, parfois, aux proches. Tel est là pour l'essentiel le caractère spécifique de l'intervention psychiatrique. Ce caractère spécifique ne change pas de nature dans le cas de la pratique pédopsychiatrique : seul varie l'arsenal des produits pharmaceutiques utilisés.

3. Pratique de la psychothérapie et "pratique" découlant de la recherche en psychologie

Je ne puis résister à la tentation de livrer ici des considérations sur la nécessité de bien distinguer la pratique psychothérapeutique de "l'intervention" qui découle d'une ou de plusieurs activités de recherche en psychologie. Ce sujet est en effet très proche de celui que je viens d'aborder. La présence très abondante de chercheurs dans nos murs universitaires et le souci (fort louable par ailleurs) de ces professeurs d'axer leurs intérêts de recherche sur les besoins réels du milieu ont fait surgir au début des années 2000 la revendication qu'on devait inclure dans la pratique de la psychologie les activités de sensibilisation tenues dans le sillage d'activités de recherche. Par exemple, un chercheur peut prétendre faire de l'intervention en psychologie et, de ce fait, prétendre être un véritable praticien de la psychologie parce qu'après avoir étudié un certain nombre d'aspects de la manière dont les jeunes mères célibataires assument leurs tâches maternelles et éducatives, il a rencontré des jeunes mères de cet état pour leur communiquer les recommandations découlant de ses résultats. Je n'émettrai pas d'appréciation particulièrement négative sur la pertinence de telles opérations de sensibilisation. Je serai assez ouvert d'esprit pour accepter qu'on pose l'hypothèse que celles-ci "valent" d'être tentées, encore qu'il me soit bien difficile d'écarter les nombreux doutes qui me viennent rapidement quant à leur efficacité réelle à moyen et à long terme[11].

---

[11] Il ne suffit pas que l'information soit reçue pour qu'elle soit intégrée et qu'elle commande des changements. Les campagnes de sensibilisation sur les méfaits du tabagisme en donnent un exemple convaincant : des jeunes commencent à fumer tous les jours en dépit de l'omniprésence de l'information sur les problèmes de santé qu'entraîne cette habitude. Les jeunes commencent à fumer pour diverses raisons : par conformisme, par souci de manifester leur appartenance à un groupe, pour avoir le sentiment ou pour donner l'impression d'être un grand, d'être *cool*, etc. S'il suffisait de "dire" pour lever un problème, les choses seraient extraordinairement simples en psychothérapie ; il ne serait pas nécessaire d'impliquer les patients dans un processus de prise de conscience, processus parfois long et douloureux. Qu'on y pense un peu : suffirait-il de dire à un enfant au fonctionnement anaclitique à la première rencontre « ton problème, c'est que tu crois que ta maman ne t'aime plus depuis l'arrivée de ta petite sœur » pour qu'il mette fin à une revendication affective qui est manifeste sur tant de plans, pour qu'il devienne tout d'un coup un enfant plaisant dans ses différents milieux de vie ? C'est grande naïveté que de le penser. Même les parents restent souvent interloqués et incrédules quand on les met au fait de cette possibilité : « Mais il est si gentil avec elle ! Il en prend tellement soin ! » Ce serait aussi une grande naïveté de croire que c'est différent avec les adultes.

Pour inclure dans "la pratique de la psychologie" toutes les activités de sensibilisation, que celles-ci se fondent sur des données de recherche impliquant un nombre plus ou moins grand de sujets (on peut en effet avancer des choses sur un seul cas particulièrement bien étudié) ou qu'elles se fondent sur les idées d'un être qui se croit génial ou qui croit avoir découvert quelque chose de génial dans le champ de la psychologie humaine, il faut étirer la fonction désignatrice de l'expression de façon considérable. Par exemple, Goethe et Nietzsche ont exprimé des choses remarquables sur la psychologie humaine, des idées que n'auraient pas rejetées bon nombre des grands auteurs de la psychologie. Ils ont laissé des écrits qui permettent la reproduction de ces idées. Ils ont donc pratiqué la sensibilisation. Ne devrait-on pas les considérer comme des "praticiens de la psychologie", au même titre que nos chercheurs qui font de la sensibilisation à partir de leurs résultats de recherche ? Je suis sûr que le poète et le philosophe auraient bien ri de cette idée, mais qu'importe... En principe, il n'y a rien qui puisse s'opposer à ce que l'on étire la fonction désignatrice d'un terme ou d'une expression : les habitudes langagières sont d'abord et avant tout conventionnelles, c'est-à-dire qu'elles résultent d'un choix, d'une convention communément adoptée. Si l'on se met d'accord, il n'y a donc pas de problème. Cependant, cette extension, accepterait-on de la pratiquer et de s'y soumettre, ne rendrait pas pour autant équivalents ou interchangeables la pratique psychothérapeutique et ce que nos chercheurs font en termes d'activité de sensibilisation.

Qu'on comprenne bien le sens de mon propos. Il n'est pas question pour moi de dire que la recherche en psychologie n'a pas de valeur ni de portée pratique. Je crois, bien au contraire, qu'elle peut être à l'occasion formidablement utile. Cela étant, j'estime qu'elle ne remplacera jamais la psychothérapie, parce que l'une et l'autre appartiennent à des axes différents, probablement, je dirais même, très certainement complémentaires. Il se trouve en effet que le sujet humain objet de la recherche en psychologie ne correspond pas en genre ou en type au sujet qui se soumet à la pratique psychothérapeutique. Les sujets impliqués dans une recherche n'intéressent le chercheur qu'en autant qu'ils sont "lieu" de croisement possible des variables mises à l'étude. Leur caractère d'individus singuliers dotés d'une histoire propre, de caractéristiques tout à fait personnelles, de motivations, d'habitudes et d'aspirations singulières, cette individualité-là, elle n'intéresse pas la recherche en elle-même ; bien au contraire, sur tous les autres plans et aspects que ceux des variables mises à l'étude, "les sujets sont considérés comme étant égaux par ailleurs". Dans la recherche expérimentale, nous ne sommes donc pas en présence du vrai sujet de "chair et d'os" ; nous sommes en présence d'un sujet dépouillé de l'essentiel de ce qui fait de lui un individu singulier, un individu unique. Or, c'est précisément ce sujet singulier, cet individu, cet être unique en lui-même que nous recevons en psychothérapie. C'est cet être singulier et unique que nous aidons à s'exprimer sur lui-même sans exclure quoi que ce soit, à se comprendre, à mettre au point des façons plus égosyntones de s'adapter au réel.

La pratique d'une communication quelconque avec des sujets ne suffit pas à ce que l'on puisse considérer comme interchangeables la psychothérapie et l'activité de sensibilisation. Car, contrairement à cette dernière, la psychothérapie implique une communication qui tient compte de la réalité individuelle du sujet thérapisé (à la limite, ce sujet peut être un groupe considéré comme une entité homogène). La communication de sensibilisation du chercheur ne prend pas cette dimension d'individualité en considération ; le sujet auditeur de la présentation de résultats et des recommandations n'intéresse le chercheur qu'en autant qu'il est un lieu potentiel de croisement des variables mises en relation[12] ; plus encore, la communication n'implique même pas la présence concrète des sujets potentiellement intéressés ; elle peut se faire par le biais d'un article, d'un livre, d'une émission télévisuelle, d'un film, d'un vidéo ; elle peut être faite indistinctement à cinq, à vingt, à cent, à mille personnes ou plus.

Il est facile de voir maintenant qu'il existe une grande parenté entre la pratique psychiatrique telle que je l'ai décrite ci-dessus et la pratique de recherche[13]. Il s'agit dans l'un comme dans l'autre cas d'une approche qui "voit le sujet d'en dehors", qui ne tient pas davantage compte de

---

[12] Il en va d'ailleurs de même des "interventions" focalisées mises en place par les chercheurs dans le but de donner une dimension d'applicabilité à leurs résultats. Les sujets qui sont invités à participer à ces "interventions" n'intéressent pas le chercheur soi-disant intervenant en tant qu'individus, en tant que personnes singulières ; d'ailleurs, tout aspect de leur réalité extérieur aux variables considérées se trouve à être exclu du rapport fort circonstancié qui est alors joué. Comme on peut le constater, on ne quitte pas si facilement son "sarrau" de chercheur...

[13] On saisira ici les raisons profondes pour lesquelles, de façon générale, les chercheurs en psychologie trouvent fort commode l'utilisation du DSM.

l'individualité de ce sujet que de son intériorité. Si, dans le cas de la psychiatrie, ce sujet individuel, doté d'une intériorité, s'efface au profit d'une catégorie clinique, dans le cas de la recherche expérimentale, il s'efface tout aussi complètement, mais au profit cette fois des variables mises à l'étude. Comme la psychiatrie, la recherche expérimentale occupe donc un point opposé à celui de la psychothérapie et tout particulièrement à celui de la psychothérapie d'inspiration psychanalytique, un courant qui s'efforce de tenir compte au maximum de l'individualité et de l'intériorité du sujet[14]. On comprend dès lors le défi presque insurmontable qui se pose à un chercheur intéressé par ce courant : il doit aller à l'encontre des canons de la recherche auxquels ses maîtres ou ses pairs, chercheurs eux-mêmes, lui demandent de se soumettre. À moins d'avoir lui-même les pieds solidement ancrés dans la pratique psychothérapique, il aura vite fait de renoncer à être l'exception dans son milieu.

Conclusion

La manière dont le thérapeute analytique se positionne dans la relation thérapeutique est tout entière pensée pour que le patient se révèle au cœur de celle-ci dans sa réalité la plus profonde. On a trop souvent tendance à croire que le sujet qui vient en thérapie connaît l'essentiel de lui-même ou encore, que ce qu'il ne connaît pas, mais devrait connaître, il suffira de l'en informer, qu'il se laissera facilement et durablement convaincre par ces "informations", pour peu que le thérapeute soit habile et bon pédagogue. Les choses se révèlent fort différentes à l'usage. Le patient sait certes un certain nombre de choses sur lui-même, mais combien de choses ne lui reste-t-il pas à découvrir et à admettre ! Toutefois, ce processus de découverte qui devra être activé, mis en place et largement utilisé ne saurait, pour être vraiment efficace et donner lieu à des transformations durables, reposer pour l'essentiel sur les qualités de persuasion ou de pédagogie du thérapeute. Il me sera facile de démontrer qu'autant avec les enfants qu'avec les adultes le thérapeute le plus "efficace" est celui qui sait "s'effacer", qui sait n'intervenir que de façon sobre et

---

[14] Il est bien facile d'entrevoir l'attrait puissant qu'exercent les courants behavioriste et cognitivo-behavioral sur les chercheurs : ces courants pratiquent une approche "toute d'extérieur" à l'endroit du sujet : celui-ci n'est absolument pas considéré dans son intériorité ; il est considéré comme une réalité malléable, modelable ou programmable par son environnement ; il n'est qu'une entité qui se laisse marquer par les influences de cet environnement, etc.

ponctuelle, qui sait semer la réflexion, qui sait provoquer la prise de conscience par une question bien tournée et lancée juste au bon moment.

Chapitre troisième

La référence au développement infantile comme cadre de compréhension des productions de l'enfant

Introduction

La perspective psychanalytique, je l'ai dit dans les deux chapitres précédents, permet de voir le monde du sujet, la dynamique de sa réalité psychique, non pas à partir d'un point de vue externe, mais bien de l'intérieur. Ce point de vue rend possible l'abord de certains éléments et aspects de ce monde, de cette réalité intérieure, éléments et aspects qui, autrement, seraient inaccessibles ; il permet également d'avoir accès à la façon dont ces éléments et aspects ont pu ou peuvent se générer et évoluer. Le psychothérapeute d'orientation psychanalytique emprunte le plus possible le point de vue même du sujet, sans toutefois se limiter à lui et surtout, sans se laisser biaiser par ses failles. L'un des atouts les plus indispensables pour accéder à la pratique de cette "immersion" dans le monde du sujet et à la capacité d'y "voyager" à l'aise est la référence à un compte-rendu clair et suffisamment précis du développement affectif, compte-rendu qui présente ce développement d'un point de vue le plus intérieur possible.

C'est ce qui fait que je suis obligé à ce point-ci de notre cheminement de convier à une opération de recadrage ou à une correction de perspective. Il se trouve en effet que les cours sur le développement affectif suivis durant les deux premières années d'université ont été, sauf exception, dispensés par des professeurs chercheurs rompus dans leur activité principale (la recherche expérimentale) à considérer le sujet comme une entité négligeable en tant qu'individu ou qu'être singulier, mais intéressante en tant que "lieu de rencontre possible de variables" ou que "lieu possible de vérification de résultats de recherche". Ces professeurs chercheurs ont de ce fait nettement tendance à présenter le développement du point de vue de celui qui l'observe de l'extérieur et non pas du point de vue de celui qui est observé. Je ne dirai pas que ce qu'ils enseignent n'est pas utile ; je n'hésiterai cependant pas à affirmer que cet enseignement s'avère nettement insuffisant et, dans une large part, inapproprié, voire trompeur, dès qu'il s'agit d'initier à la pratique clinique et psychothérapeutique. Pour ce faire, il faut en effet pouvoir compter sur une vision intérieure de ce développement, en tout cas, sur une vision la plus intérieure possible. C'est grâce aux données mises en évidence par cette vision que le psychothérapeute va pouvoir accéder non seulement au sens des comportements de l'enfant, mais également à celui sous-tendant les productions réalisées en séance.

L'objectif de ce chapitre est précisément de permettre d'accéder à la manière dont le monde intérieur de l'enfant évolue depuis les premiers mois jusqu'au début de la scolarisation. Cette évolution, je la présenterai ici en prenant appui sur les découvertes psychanalytiques, celles de Freud, bien sûr, mais aussi celles d'un certain nombre de ses continuateurs les plus féconds dans ce secteur, notamment Abraham (1966), Bergeret (1974, 1984, 1995), Bergeret et coll. (1996), Misès (1988) et Winnicott (1969, 1970, 1972),.

1. Remarques préliminaires : l'importance du développement infantile pour la structuration de l'affectivité

Les cinq ou six premières années de vie constituent une période tout à fait centrale pour la structuration de l'affectivité. S'il est quelque peu excessif d'affirmer à la manière de Dobson (1970) que "tout se joue avant six ans", il est facile de démontrer que ce qui survient durant cette période a une influence marquée sur ce que le sujet va vivre par la suite, sur la nature profonde de son être, sur la structuration de son affectivité, ce qui n'exclut pas pour autant le jeu de facteurs ultérieurs (réparateurs ou, au contraire, à effet aggravant) à l'intérieur de certaines limites. La manière dont le sujet aura traversé (ou n'aura pu traverser) les étapes de ce développement premier va pouvoir rendre compte dans une large mesure de la base de sa personnalité ; jusqu'à un certain point, elle va fournir le squelette, l'ossature sur laquelle vont venir se greffer ou s'ajouter la "musculature et la chair", les couches plus superficielles correspondant à la contribution des déterminants ultérieurs. Les destins heureux pourront toujours être compris et expliqués en tenant compte de la succession relativement heureuse et réussie des différentes étapes et du point d'arrivée élevé du développement infantile. Les destins difficiles pourront tout aussi facilement trouver leur source d'explication dans les événements malheureux qui auront marqué l'enfance, qui auront entravé la bonne marche du développement et, dans certains cas hélas, auront figé celui-ci à un niveau plus ou moins primitif. Les sujets qui viennent en thérapie luttent précisément avec un destin plus ou moins difficile ou ont commencé à le faire. Ce qui est attendu ou espéré du psychothérapeute, c'est qu'il permette la mise en place de conditions qui vont rendre possibles la reprise du développement du sujet et l'accès à un mieux-être avec soi et dans la relation avec les autres.

2. Le développement affectif infantile à travers ses phases, celles-ci étant mises en relation avec les modes de fonctionnement affectif

Dans la théorie psychanalytique classique, on délimite les phases du développement infantile préscolaire en se référant à la zone corporelle qui se trouve à être prédominante comme source de plaisir (zone érogène). Il s'agit là d'une tradition bien établie, qui remonte au moins aux années 1896-1897 du travail de théorisation de Freud, quoique de nombreuses retouches et précisions aient été apportées par la suite aux premières ébauches, notamment par la contribution d'Abraham (1966). Freud et ses élèves ne cherchaient pas d'abord et avant tout à identifier la zone érogène comme telle (orale, anale et génitale), on peut facilement le constater ; au contraire, ils ont toujours cherché à préciser les caractéristiques du mode de fonctionnement psychoaffectif de l'enfant au moment où il traverse cette phase : nature de la relation d'objet, type d'anxiété, type de mécanismes de défense, nature de l'instance régulatrice de la conduite, etc. Si l'on tient compte de l'évolution de la manière dont il faut comprendre et décrire le développement de l'enfant, particulièrement dans les cinquante dernières années, on peut constater qu'un accent toujours plus marqué a été placé sur ces divers aspects au détriment de la référence à la zone érogène prédominante. La position de Winnicott (1969, 1970) est tout à fait révélatrice de cette tendance ; peut-être même en est-elle à la source. Le psychanalyste anglais a proposé de diviser en trois phases le développement infantile, de la naissance jusqu'à la cinquième ou sixième année : la phase de la "dépendance absolue", la phase de "dépendance relative" et la phase qu'il nomme "vers l'indépendance".

La manière dont je vais présenter les étapes marquantes de ce développement se rapproche de la présentation de Winnicott. Comme lui, je vais mettre l'accent sur trois grandes périodes : la période fusionnelle – autosensuelle –, la période anaclitique[15] et la période œdipienne. M'inspirant des contributions de Misès et de Bergeret, je vais distinguer trois sous-périodes de la période anaclitique, celle de bas niveau, celle de niveau médian et celle de haut niveau (que j'appellerai également phallique).

2.1   La période fusionnelle autosensuelle

Cette première période débute avec la naissance et couvre une bonne partie de la première année. Je me dois de préciser d'entrée de jeu, au sujet de cette phase, que ce qui nous apparaît comme un bébé, comme un petit être bien identifiable du point de vue de l'observateur externe, n'existe pas du tout du point de vue du bébé lui-même d'une manière indépendante de la mère, à tout le moins certainement pas pour ses trois ou quatre premiers mois. Autrement dit, la conscience d'être un être séparé et un être séparé de la mère n'est pas une propriété du nourrisson ; bien plutôt, cette conscience apparaît progressivement au cours des six ou sept premiers mois, surtout après le quatrième mois. Quand l'enfant est éveillé, de son point de vue (si l'on peut parler ainsi !), c'est un être-ensemble-mère-bébé qui existe, qui vit des moments de satisfaction (orale et autre, parce que s'il y a prédominance du plaisir oral, il y a aussi d'autres types de besoins à satisfaire et qui sont satisfaits par la mère suffisamment bonne[16]). On ne saurait trop insister sur l'importance de

---

[15] Le terme "anaclitique" a été introduit par Spitz (1993) pour désigner la tendance à s'appuyer ou la quête d'appui sur l'objet (personne significative), la tendance à la dépendance vis-à-vis l'objet. La fonction désignatrice de ce terme a évolué quelque peu, à l'instigation de Bergeret notamment. Ce dernier se plaît à faire remarquer qu'en grec, d'où nous vient ce terme, *anaclitos thronos* désigne ce que nous appelons une chaise longue, un meuble particulièrement apprécié par celui qui aime se faire servir.

[16] Winnicott, un pionnier de la psychanalyse des enfants, a mis en lumière un aspect important de l'interaction entre ce qui, de l'extérieur, nous apparaissent être le bébé et la maman. Il s'agit du *holding*, le fait pour l'enfant d'être tenu, supporté, bercé, transporté en toute sécurité. Le *holding* commence, soutient Winnicott, dans la vie intra-utérine et il s'élargit graduellement pour inclure l'ensemble des soins adaptatifs donnés au nourrisson, y compris les soins et les attentions de toute sorte qui lui sont accordés (il s'agit là de ce que le même auteur appelle le *handling*, c'est-à-dire notamment le fait de le prendre, de le baigner, de le nourrir, de s'en occuper en somme). De la part de la mère et de ceux qui complètent celle-ci, le *holding* repose sur une capacité de s'identifier au bébé et de

la qualité de cette expérience dite symbiotique vécue avec la mère puisqu'elle constitue la base de la santé psychique si tout se passe bien ; au contraire, elle fait le lit de bien des problèmes (souvent graves) à venir si les choses se passent plutôt mal.

Il me faut rappeler que, de toute façon, il n'y a pas de "conscience continue" chez le bébé des premières semaines et des premiers mois, mais bien plutôt une "conscience ponctuelle", une "conscience d'acte", c'est-à-dire un niveau de conscience à portée relativement courte. Cette conscience très ponctuelle et très fugace accompagne la réalisation des actes de perception et de motricité. C'est une "conscience du moment" qui se rapproche vraisemblablement de celle dont nous faisons usage quand nous réalisons quelque chose d'automatique, quand nous faisons quelque chose machinalement (fermer une porte, une serrure à clef, regarder des deux côtés de la rue avant de traverser, etc.), tout autant d'actions que, bien souvent, nous ne nous souvenons pas d'avoir accomplies. Ces îlots de conscience (précurseurs de la conscience plus élargie qui va éventuellement soutenir le *self*) de plus en plus étendus au fur et à mesure qu'on se rapproche de la période intentionnelle (fin du quatrième mois ou début du cinquième) sont la première façon d'être au monde de ce présujet, qui n'est pas encore réellement né psychiquement comme individu.

Il importe aussi de rappeler qu'il n'y a pas que des expériences d'harmonie au sein de cet ensemble symbiotique bébé-mère. Il y a un certain défaut d'adaptation chez la mère. Il est souhaitable en tout cas qu'il en soit ainsi, sinon il serait difficile pour l'enfant de commencer à développer une capacité minimale d'adaptation au réel. Le nourrisson fait nécessairement l'expérience de la faim, du froid, de la douleur gastrique, etc., de même que d'irritants sensoriels qui provoquent sa protestation. Ces expériences de dysharmonie, quand elles se prolongent ou se répètent plus que ne peut le supporter sa capacité de tolérance et d'adaptation, laissent des séquelles avec lesquelles il faudra négocier par la suite. Si ces débordements tendent à se produire régulièrement, si récupération n'est pas

---

percevoir ce dont il a envie et ce dont il a besoin. Il favorise l'intégration et il neutralise la crainte de la désintégration. Il favorise aussi le développement de la continuité d'existence, base essentielle de l'autonomie éventuelle. Il favorise le développement de l'ensemble "psyché-soma" et du sentiment du petit enfant d'habiter son corps. Il favorise enfin le développement de la capacité de relation à l'autre, à tout le moins le lancement de ce développement.

faite à temps et si changement de cap n'est pas opéré de manière à répondre aux besoins de l'enfant (la mère ne jouant pas convenablement son rôle de pare-excitations), ces expériences de dysharmonie frustrantes vont laisser des tendances réactives qui constitueront autant de "poids au pied" pour la suite de la progression de l'enfant : plus les expériences frustrantes seront intenses, fréquentes et fortement ressenties, plus lourds seront ces "poids au pied" et plus compromises seront les chances de développement banal.

Inévitablement, même dans le cas où les soins de la mère sont suffisamment bons, il y a des orages, sans doute d'intensité moindre et nettement moindre que dans les cas graves d'inadaptation ou de négligence, mais il y a des orages néanmoins. Le nourrisson manifeste alors ce que les auteurs psychanalytiques appellent maintenant une violence fondamentale, qui n'est pas à proprement parler dirigée vers un autre-que-soi (qui, de toute façon, n'est pas encore distingué par lui en tant que tel), mais qui est de l'ordre de la protestation. Cette violence n'est rien d'autre au fond que la manifestation d'un instinct de survie avec lequel nous naissons, que nous partageons avec les animaux et auquel nous pourrions avoir recours dans des conditions extrêmes, même après avoir atteint un niveau enviable de maturité psychique.

Le recours à cet instinct de violence peut se généraliser du fait de la force des pulsions, laquelle peut être plus élevée chez certains bébés (à cause de caractéristiques biologiques héréditaires ou à cause d'événements survenus pendant la grossesse, durant les premiers jours ou les premières semaines de vie extra-utérine) ; il risque alors d'y avoir un ralentissement plus ou moins marqué du développement affectif et une complexification des rapports entre le bébé et la mère (ou son substitut) (la patience étant une qualité inégalement partagée, on le sait), complexification qui, elle-même, va peser plus ou moins fortement sur les chances d'un développement minimalement sain du bébé. Dans ces conditions, les chances de voir les îlots de conscience, les noyaux du soi se constituer en un "soi solide" peuvent être plus ou moins compromises. Nous nous retrouvons alors devant une organisation fragile, qui risque de se désorganiser, de se morceler, de revenir à l'état antérieur des noyaux épars, des îlots de conscience, ou devant une organisation psychique qui va manifester la peur ou l'angoisse de revenir à cet état antérieur. Dans les cas extrêmes, cette angoisse prendra tout simplement la forme d'une angoisse d'anéantissement total (psychose). Cette forme extrême est bien sûr à mettre en relation avec l'instinct de survie ou de violence fondamentale. Par la qualité de ses soins, la mère suffisamment bonne va permettre à l'enfant de vivre ses premiers mois de vie autrement que sous le signe d'un recours fréquent ou systématique à cet instinct de violence fondamentale.

2.2   La période de l'anaclitisme de bas niveau

Au cours de la période qui court entre quatre et sept mois généralement, ces îlots de conscience préintentionnelle caractéristiques du fonctionnement psychique de l'enfant des premières semaines et des premiers mois vont rapidement tendre à s'allonger, voire à prendre une forme plus intégrée, à se transformer peu à peu en cette forme de conscience plus large qu'est la conscience intentionnelle ; cette deuxième forme de conscience, contrairement à la précédente, n'est plus seulement une toute ponctuelle "conscience d'acte" discontinue (à la manière d'îlots), mais bien plutôt une conscience d'actes reliés dans un sens ou une direction donnée, une "conscience d'anticipation", une conscience capable de relier à une fin anticipée et désirée (donc un désir) un ou des moyens à prendre pour y parvenir[17], comme Piaget l'a si bien décrit dans *La naissance de l'intelligence chez l'enfant* (1936).

J'utiliserais ce saut qualitatif au niveau du fonctionnement de l'intelligence sensori-motrice pour démarquer la période au cours de laquelle, sur le plan affectif, l'enfant accède au mode de fonctionnement anaclitique de bas niveau. L'une des principales acquisitions, c'est vraiment la conscience que va graduellement prendre le bébé, qui forme une réalité

---

[17] Il est opportun de mentionner ici qu'une grande partie des besoins, conduites et motivations qui sont qualifiés d'inconscients par la psychanalyse sont en réalité des faits de conscience réactive. On les considère comme "inconscients" parce qu'on les apprécie à partir de la conscience la plus évoluée, celle qu'avec Piaget nous appelons la conscience réflexive. Ce que Freud a qualifié de "préconscient" correspond pour sa part aux faits (conduites, motivations, désirs, etc.) de la conscience intentionnelle. Je me demande si, à proprement parler, il n'y a de strictement inconscient (ce terme a ici une acception plus étroite que l'inconscient freudien) que les faits qui se situent en deçà de la conscience réactive. D'autre part, il faut remarquer que la conscience réactive, la conscience intentionnelle et la conscience réflexive ne sont pas des régions du psychisme, comme la notion d'inconscient freudien invite très souvent à le penser : il s'agit simplement du niveau de conscience avec lequel les divers actes se réalisent.

ou un être séparable de la mère et que celle-ci aussi forme un être séparable et distanciable de lui. Le jeune sujet en vient à renoncer à l'illusion qu'il forme un être-ensemble-avec-la-mère, illusion dans laquelle il s'est maintenu dans la période précédente et au début de la présente. Cette prise de conscience ne s'établit pas sans mal, comme nous le démontrent d'ailleurs les faits reliés aux manifestations de "l'angoisse de séparation" du huitième mois[18]. C'est ainsi qu'apparaît l'angoisse de perte d'objet, qui restera caractéristique du fonctionnement affectif de l'enfant dans toute situation anxiogène au cours de la deuxième année et d'une bonne partie de la troisième. Il faut ajouter que la constitution (même sans perturbation profonde) de la conscience du soi unifié ne va pas sans quelques mouvements de valse-hésitation ou quelques mouvements de recul : le sujet aura inévitablement tendance à l'occasion à vivre des situations de tension, à se cliver, cherchant ainsi à se réinstaller d'une certaine manière dans les bons côtés de l'ancien régime du "présoi" morcelé (avec une partie du soi qui accepte la réalité, donnant lieu à une attitude normale ou adaptée, et avec une autre partie du soi qui est détachée de la réalité et qui cherche coûte que coûte à satisfaire le besoin).

On considère assez bien établi le fait qu'au niveau psychogénétique la conscience de la mère comme constituant un objet (doté de permanence et de localisation) représente une acquisition légèrement plus tardive (de

---

[18] La théorie de l'attachement connaît une certaine vogue actuellement chez les collègues qui font de la recherche expérimentale en psychologie. D'aucuns en viennent à soutenir que tout se joue pour l'individu au niveau de la période durant laquelle l'enfant "s'attache" à son objet (qui est habituellement la mère naturelle, dans nos sociétés). Cela me paraît fort court comme théorie. D'abord, comme on peut l'entrevoir ici, il y a un certain nombre de conditions tout à fait importantes qui préparent la mise en place de l'attachement ; ensuite, tout n'est pas définitivement joué à huit mois, ni à 15, ni à 25, nonobstant l'importance de ce qui a été vécu jusqu'alors pour la suite du développement ; restent à venir tout le développement du narcissisme secondaire entre 30 et 36 mois (le narcissisme primaire découlant de ce qui est vécu dans les 30 premiers mois environ) et le développement œdipien (entre trois ans et cinq-six ans généralement), lequel permettra vraiment au sujet d'accéder à un mode d'existence affectif qualitativement supérieur. Les praticiens de la psychanalyse de l'enfant et de l'adolescent s'entendent sur la relative souplesse et la non-fixité de l'organisation de la personnalité tant que le sujet n'a pas traversé l'adolescence. Dire que tout se joue avec l'attachement, c'est manifester une méconnaissance inquiétante de ce qui se fait au niveau de la pratique psychothérapeutique et des autres conditions qui peuvent jouer un rôle réparateur. Il est en outre toujours extrêmement risqué de tenter de ramener à une seule cause les différentes dysharmonies présentes dans le développement de l'enfant. On se rappellera à ce propos le destin de la théorie d'Otto Rank (1924), qui tentait de tout expliquer par le traumatisme de la naissance.

quelques semaines au moins) que la conscience du soi unifié (certains auteurs, v.g. Kohut [1991/1984], vont parler d'un *self*), cette dernière conscience constituant pratiquement une condition épigénétique pour l'apparition de l'autre. De la même manière que le soi (ou le *self*) est issu de l'intégration des îlots de conscience préintentionnelle (noyaux annonciateurs du soi), la notion unifiée de la mère résulte de l'intégration des "préobjets" ou des "objets partiels" (mère-qui-allaite, mère-qui-berce, mère-qui-serre-dans-ses-bras, mère-qui-sourit, etc.). Pour l'enfant, il n'y a pas une conscience précoce que ces divers îlots se rattachent à la même personne ; c'est bien plutôt peu à peu qu'il en vient à cela, grâce notamment au vécu des interactions positives avec la mère.

Il semble qu'on soit assez d'accord pour dire que cette notion de la mère "objet unifié" ne s'établit pas tout d'un coup chez l'enfant, mais bien plutôt progressivement. Il est bien acquis aussi que, même dans le cas d'un développement normal, cette notion reste fragile et est remise en cause plus longtemps dans le développement affectif de l'enfant que ne peut l'être la notion unifiée du soi. Pour une bonne partie de l'année qui va suivre au cours de la période anaclitique, suite à la survenue de ce qui sera interprété par l'enfant comme un manque de support de la part de la mère (par exemple, une absence prolongée au-delà du seuil de tolérance de l'enfant, un manque de chaleur répété, des frustrations fréquentes au niveau des soins, etc.), l'image de la mère est facilement clivée ; c'est alors la "mauvaise mère" (le mauvais objet, c'est-à-dire la mère frustrante, la mère lâcheuse, la mère absente, etc.) qui écope comparativement à la "bonne mère" qui, en des temps meilleurs, gratifie, réconforte, berce, sourit, etc.). L'enfant se comporte en fait comme si "bonne mère" et "mauvaise mère" constituaient deux être séparés et distincts. Il peut faire montre d'une violence marquée à l'endroit de la "mauvaise mère" pour adopter tôt par la suite un comportement de tendresse et de douceur à l'endroit de ce qui nous paraît être la même personne, mais qui est vécu en réalité par lui comme si elle était une autre personne, c'est-à-dire la "bonne mère".

2.3   La période de l'anaclitisme médian

Dès les premiers mois de la deuxième année, quelquefois plus tôt, l'enfant acquiert un mode de fonctionnement qui est légèrement supérieur au précédent tant au niveau du soi qu'au niveau de l'objet. Il importe tout d'abord de préciser que l'enfant sur le plan de ses capacités d'intelligence a maintenant la capacité d'accomplir des actes "d'intelligence pratique", c'est-à-dire qu'il est notamment capable, en situation de problème à résoudre, d'appliquer un "moyen connu" à une "situation nouvelle". Ce niveau d'habileté cédera rapidement sa place de meilleur mode de fonctionnement, d'abord à celui de "l'invention des moyens nouveaux par tâtonnement empirique" (13 ou 14 mois) et, ensuite, à celui de "l'invention de moyens nouveaux par combinaison mentale" (entre 15 et 17 mois) (Piaget, 1936).

Ces acquisitions successives entraînent des changements importants dans la relation de l'objet mère. Celui-ci devient beaucoup plus organisé. La tendance à cliver la mère en bonne et en mauvaise va normalement céder la place au cours ou au terme de cette période à ce qui découle de l'unification solide ou définitive de l'image (de l'*imago*) de la mère : l'enfant a maintenant une conscience plus assurée, plus établie que la mère qui est agressée comme mauvaise dans des moments frustrants est également celle qui, en d'autres temps, gratifie, cajole, nourrit, donne des bons soins. C'est ce qui fait que de plus en plus, les affects agressifs ressentis à l'endroit de ce qui apparaissait jusque-là comme la "mauvaise mère" vont devenir source d'inquiétude pour l'enfant : la peur d'avoir détruit la "bonne mère" (en agressant la "mauvaise mère") va nettement transparaître, déclenchant du même coup la peur d'être laissé pour compte, d'être abandonné. Apparaît alors chez l'enfant le souci pour la mère, souvent jumelé au désir de réparation, double état d'esprit qui laisse présager la capacité de culpabilité de l'enfant œdipien tout en différant considérablement de celle-ci ; la capacité de souci de l'enfant anaclitique est en effet nettement égocentrique comparativement à la dernière, puisqu'en y ayant recours, l'enfant se préoccupe d'abord et avant tout d'éviter le rejet, la possibilité d'être abandonné, l'impression de ne pas être aimé. Il se trouve en effet que l'angoisse de perte d'objet, qui a commencé à apparaître autour du sixième ou septième mois, a alors définitivement pris le relais de l'angoisse d'éclatement, de morcellement ou d'anéantissement typique de la période initiale. Bien évidemment, l'objet mère n'est pas encore total ; certes, cet objet est "unifié", saisi comme protecteur et comme au service du soi, mais il n'est pas encore le "grand" de la période qui suit. Normalement, à cette période anaclitique médiane, avec des parents aimants, affectueux, attentionnés, le narcissisme primaire en vient à être comblé : l'enfant consolide son sentiment d'être aimé, de compter pour la maman, mais aussi pour le papa. Celui-ci est en effet dès lors saisi comme différent de la maman, encore qu'il soit essentiellement appréhendé comme un complément ou un substitut de celle-ci.

2.4 La période de l'anaclitisme phallique

Au cours de sa troisième année, l'enfant se trouve à traverser une étape tout à fait importante pour la constitution de son narcissisme secondaire[19]. Si tout se passe minimalement bien, il en vient alors à faire "le partage entre les grands et les petits". Bien évidemment, il voit sa mère et son père comme appartenant à ce monde de "grands", de puissants, de forts, d'efficaces. Tout grands qu'ils soient à ses yeux, ses parents ne forment pas pour autant un couple sexué, c'est-à-dire un couple perçu comme constitué de personnes sexuellement différentes. Au contraire, cette différenciation sexuelle n'a alors pour lui aucune importance en elle-même ; elle n'est pas réellement prise en compte. Elle ne l'est d'ailleurs pas davantage dans l'appréhension ou dans la présentation du soi. Les parents sont donc simplement des grands, des personnes dotées d'un sens de l'efficacité tout à fait impressionnant. L'enfant sent le besoin de profiter à sa manière de cette impression d'efficacité, de puissance et de grandeur qu'ils dégagent à ses yeux. Dans ce monde de dominants et de dominés qui s'est découvert à lui, il cherche à certains moments à occuper la position du fort, du puissant ; il veut à tout le moins être rassuré quant au fait que lui aussi va éventuellement être doté des caractéristiques permettant d'assumer cette position de personne puissante, forte, grande avec tous les pouvoirs qui s'y rattachent. Les parents adaptés et bien équilibrés sur le plan de leur propre narcissisme vont jouer un rôle déterminant dans le comblement de ce désir de faire partie du monde des grands qui habite l'enfant. Dotés d'un bon équilibre au niveau de leur propre narcissisme ou à tout le moins soucieux d'éviter à leur enfant d'être piégé dans leur propre narcissisme incomplet, ils s'avèrent capables de moduler les exigences qu'ils posent à l'enfant en tenant compte des possibilités réelles qui sont les siennes. C'est dans ces conditions et grâce à elles que le narcissisme secondaire du jeune sujet en vient à atteindre un niveau suffisant d'achèvement.

---

[19] Le narcissisme primaire se rapporte à la considération du soi en tant qu'objet aimé (par la mère), qu'objet de bons soins, qu'objet protégé, etc.

La sous-période au cours de laquelle s'exprime le désir d'une reconnaissance phallique est facilement identifiable chez les enfants (dans la troisième année). L'enfant cherche à faire les choses "comme un grand". Cette volonté est manifeste dans plusieurs secteurs de ses activités. C'est notamment l'un des éléments de motivation pour l'acquisition du contrôle des sphincters. Elle est aussi identifiable en thérapie chez les sujets plus âgés qui, ayant bénéficié d'un processus récupérateur, accèdent à ce niveau dynamique avant d'entrer en œdipe. L'importance de cette étape est facile à saisir si l'on tient compte des exigences du développement : jusque-là, l'enfant se vivait comme un petit qui avait besoin d'étayage, qui vivait la présence de l'adulte comme un appui sur lequel il pouvait compter pour la satisfaction de ses divers besoins et la réalisation de ses désirs. Le conflit œdipien va exiger du sujet qu'il se situe à niveau fort différent : il se présentera à la mère (et au père pour les petite fille) non pas comme un petit en besoin d'appui, mais comme un "grand" (ou une grande) identifié sexuellement, capable d'être son "homme" (ou sa femme, pour la petite fille, etc.), capable de voir à tout ce dont papa (ou maman) s'occupe, capable de prendre auprès d'elle ou de lui (l'une ou l'autre étant appréhendé de façon sexuée) la place du parent rival. Entre ces deux pôles (l'anaclitisme médian et le mode de fonctionnement œdipien), le mode phallique apparaît comme un intermédiaire incontournable : le sujet se perçoit et veut être perçu comme un grand, mais comme un grand pas encore vraiment sexué, et le couple parental n'est perçu par lui que comme un couple de grands, non pas comme un couple fondé sur la différence sexuelle de ses partenaires.

Ce mouvement de participation à (et d'introjection de) la puissance parentale s'accompagne de ou encore résulte en l'élaboration d'une instance qui, tout en étant différente du surmoi, instance génitale ou œdipienne à venir, n'en est pas moins le précurseur, puisqu'elle jouera un rôle apparenté au niveau de la régulation de la conduite : il s'agit bien évidemment de l'idéal du moi[20] élaboré en tenant compte des attentes parentales à l'endroit du jeune sujet, donc à partir des "moi idéaux" (de l'enfant) tels que conçus par la mère et par le père et transmis à l'enfant (on dit tout simplement "moi-idéal" parental).

---

[20] Cette instance est particulièrement bien décrite par Bergeret (1984, p. 143-146).

2.5 La période de l'œdipe

Arrive le moment où la réalité du couple parental en vient à être appréhendée par l'enfant d'une manière qui tient réellement compte de la dimension sexuée des personnes constituant ce couple comme de la sienne propre. Tout se passe alors comme si l'enfant accédait à la signification véritable de la réalité sexuée du père et de la mère pour la constitution du couple qu'ils se trouvent à former et dont lui, jeune sujet (garçon ou fille), est ou risque d'être exclu, contrairement à ce qu'il vivait par rapport au couple parental de "grands" de la phase précédente. L'amour pour le parent de l'autre sexe devient très intense, tout comme le désir de supplanter auprès de lui le parent du même sexe. Supplanter veut dire ici avoir accès aux prérogatives et aux privilèges qui sont ceux de ce rival et y avoir accès en toute exclusivité à sa place. Ce désir de supplanter le parent du même sexe devient si fort qu'il peut s'accompagner de fantasmes de blessures graves et même de mort à son endroit. Toutefois, aidé en cela par la réaction naturelle du même parent (agacé à certains moments, pour ne pas dire plus), le jeune sujet en vient à penser que celui-ci peut lui faire subir exactement le même sort, événement d'autant plus possible à ses yeux qu'il est plus fort et qu'il a plus de moyens que lui. Il risque donc d'être puni, châtié par le parent rival, pour avoir envisagé de prendre sa place, pour avoir osé penser à le blesser, à le tuer ou même simplement à souhaiter sa mort. Nous voilà devant la très mal connue angoisse de castration qui, il faut bien le dire, n'a souvent qu'un rapport plutôt indirect avec la castration physique des petits gars et qui caractérise le monde psychique des filles œdipiennes autant que celui des garçons du même niveau.

La turbulence œdipienne se maintient pendant deux ans et demi environ, des périodes plus intenses alternant avec des périodes plus tranquilles, tout dépendant de ce qui survient au niveau du milieu familial et du comportement des parents. On n'aura pas de mal à entrevoir qu'il y a beaucoup de parents qui compliquent singulièrement le défi qui se pose alors à l'enfant en adoptant une réaction de séduction (par exemple le père pour la fille, la mère pour le garçon), attitude qui laisse entrevoir au jeune sujet que son projet de conquête du parent aimé va se réaliser. Idéalement, c'est au parent aimé (de façon œdipienne) qu'il revient de faire comprendre à l'enfant qu'il doit renoncer à son ambition d'avoir le type d'amour et le type de relation qui sont le lot du parent rival. Il faut de toute façon une grande cohérence entre le père et la mère pour que soient fournies à l'enfant les conditions lui permettant de cheminer le mieux possible dans ce premier drame sentimental.

Petit à petit, l'enfant en vient à adopter une position plus réaliste quant au sort qui sera réservé à ses ambitions libidinales pour le parent bien-aimé, aidé en cela par l'attitude compréhensive, chaleureuse (non rejetante) du parent rival et celle de relative fermeté, de non-ambiguïté et de non-séduction du parent bien-aimé. Il accepte finalement de renoncer à sa quête œdipienne ; il adopte une solution qui atteste aussi bien de l'amour du père ou de celui de la mère que de sa considération à leur endroit : ce mouvement d'identification au parent rival d'hier va marquer la période de la sortie de l'oedipe : l'enfant va se contenter de viser à être quelqu'un de bien comme papa (pour le garçon) ou comme maman (pour la fille) pour pouvoir se lier éventuellement à quelqu'un comme maman ou comme papa selon le cas.

Je conclurai sur les éléments qui se rapportent à cette phase œdipienne en insistant sur l'instance régulatrice de la conduite qui émerge dans l'organisation de la personnalité de l'enfant. Freud a dit du surmoi qu'il est l'héritier de l'œdipe. Les psychanalystes contemporains en sont tout aussi convaincus. Le surmoi résulte dans son noyau initial de l'intériorisation des interdits parentaux (« On ne frappe pas son petit copain, quand on est fâché, parce que c'est pas bien ; il faut juste dire qu'on n'est pas content et s'en aller. Voilà ! » « On ne prend pas ce qui appartient à autrui, car c'est voler et c'est pas bien » ; etc.). La leçon apprise au cours de la tourmente œdipienne (« Ne souhaite pas qu'il arrive à papa (ou à maman) ce que tu ne voudrais pas qu'il t'arrive ») commence de toute évidence à livrer ses fruits ; on peut voir en cela le début du développement de la préoccupation de réciprocité. Il n'est généralement pas difficile de distinguer le surmoi de l'idéal du moi de la période anaclitique (ou prégénitale), car ce dernier était constitué des attentes idéales des parents à l'endroit de l'enfant, de leur façon idéalisée de le voir, généralement en complément ou en compensation de leur propre narcissisme incomplet.

Le cheminement affectif que nous avons résumé ici n'est pas traversé au complet par tous les individus. Bon nombre de sujets voient leur développement se figer à l'un ou l'autre des niveaux antérieurs à l'œdipe, comme nous pouvons le constater dans l'évaluation dynamique ou en psychothérapie (et en psychanalyse). Cela est vrai aussi bien des enfants que des adolescents et des adultes, car les signes de ce développement incomplet ou dévié vont toujours rester perceptibles à l'œil clinique averti, comme le seront du reste les indices d'un développement affectif relativement réussi.

3. Aperçu rapide de la suite du développement, pendant la période dite de latence

À la fin de la période préscolaire, on assiste généralement à la résolution ou à une forte atténuation du conflit œdipien (dans le cas des enfants qui ont eu accès à cette phase, bien évidemment). Cette évolution permet à l'enfant de la période de latence d'investir les activités d'apprentissage scolaires ou parascolaires. L'implication de l'enfant dans ces divers champs d'activités lui donne l'occasion d'établir des relations avec les pairs et de pousser plus loin sa socialisation. Pour les garçons comme pour les filles, on observe généralement à cette période une très nette préférence pour les pairs du même sexe, même dans les milieux scolaires à population mixte.

Qu'arrive-t-il à cette même période chez le sujet qui n'a pu aborder l'oedipe à la période où ce conflit apparaît normalement ? Bergeret (1974) estime que ces sujets au fonctionnement anaclitique (dotés selon ses termes d'une a-structuration limite) ont un cheminement court-circuité : ils entrent de façon prématurée dans une sorte d'adolescence dans laquelle ils vont demeurer beaucoup plus longtemps que les sujets œdipiens ne vont le faire dans l'adolescence normale. En fait, ils pourront y rester toute leur vie, à moins qu'un traumatisme désorganisateur ne vienne les faire décompenser entre 15 et 19 ans, au début de la période adulte ou plus tard (dans la quarantaine ou au début de vieillesse).

Conclusion

Dans une perspective psychodynamique, tout processus thérapeutique peut être présenté comme un cheminement qui permet au développement affectif d'une personne, adulte, adolescent ou enfant de se remettre en route à partir du point où l'avaient confiné des conditions défavorables. La référence à un schéma clair du développement, schéma qui dégage une vision de l'intérieur de celui-ci, s'avère indispensable pour cerner ce point de fixation, pour établir là où le sujet en est dans son développement, pour saisir en somme sur quel terrain s'instaure le processus thérapeutique. Elle est indispensable également pour une compréhension en profondeur de la part du thérapeute du sens du matériel qui surgit au fil des séances. Sans cette compréhension, le thérapeute ne peut jouer efficacement son rôle de guide ; il ne peut avoir accès au sens profond de ce qui se joue devant lui. La référence à un schéma clair de développement s'avère indispensable également pour l'interprétation au patient de ce qui cherche à se dire chez lui, de manière à ce qu'il puisse se l'approprier de façon consciente. Cette référence est enfin extrêmement utile quand il s'agit de statuer sur la pertinence de maintenir le processus thérapeutique ou d'y mettre un terme. Dans le cas des enfants, il s'agit là d'une décision qui prend en considération le niveau de fonctionnement actuel atteint au regard de celui qui est attendu chez un enfant bien portant de son âge. Nous aurons dans la suite de cet ouvrage maintes occasions de revenir sur cette question.

Deuxième partie

Aspects techniques

Cette seconde partie aborde la psychothérapie dans ses différents aspects. Elle contient dix chapitres. Comme ses dimensions le laissent voir, elle correspond au cœur de l'ouvrage. Elle s'ouvre avec des considérations pratiques sur la première rencontre avec les parents. Le chapitre suivant, le cinquième, traite des aspects généraux du travail psychothérapeutique avec l'enfant. Le sixième aborde le sujet de la supervision. Le septième analyse les aspects les plus essentiels du travail avec les parents. Le huitième se penche sur certains aspects plus particuliers du travail avec les enfants. Le neuvième considère les tâches et défis qui se posent au thérapeute à chacune des phases de la thérapie. Le dixième s'attarde sur la question de la progression du travail en tenant compte des besoins développementaux présentés au point de départ de la psychothérapie. Le onzième est tout entier consacré à l'interprétation. Le douzième propose des considérations complémentaires sur les sujets à fonctionnement œdipien. Le treizième, qui ferme l'ensemble, suggère quelques orientations pour le démarrage d'une pratique privée.

Chapitre quatrième

La première rencontre avec les parents

Introduction

La première rencontre avec les parents est généralement le moyen par lequel le thérapeute prend connaissance du cas de l'enfant qui lui est référé. Il y a là selon moi une bonne raison pour donner à ce sujet priorité de traitement sur tous les autres. De plus, à strictement parler, la rencontre avec les parents nous situe dans l'avant-thérapie. C'est donc dire qu'avec cet objet, il pourrait paraître que nous en sommes pratiquement encore au niveau des notions préliminaires. Pourtant, par l'éclairage qu'il est susceptible d'apporter sur la nature du cheminement thérapeutique qui attend l'enfant, par les particularités techniques dont il faut tenir compte pour sa bonne marche, le premier échange avec les parents peut très bien figurer au nombre des objets à traiter au titre des aspects techniques de la psychothérapie. Considérons cette bivalence comme une bonne raison de plus pour utiliser cet objet afin d'ouvrir la partie de cet ouvrage consacrée aux aspects techniques.

Les considérations qui vont suivre traitent de différentes facettes de la première rencontre, notamment de la diversité des façons de faire, du contact téléphonique préalable, des objectifs de cette première rencontre, des premiers moments, du cœur de la rencontre, du schéma général qui guide le travail du clinicien ainsi que ses échanges avec les parents et de la fin de la rencontre.

Ces considérations sont livrées sur un ton plus direct : en fait, je procède comme si je m'adressais à un petit nombre de personnes, dont beaucoup n'ont pas encore d'expérience clinique. Je crois que ce style favorise la compréhension ou l'intégration des informations et surtout la mise en confiance. À chacun de vérifier ...

1. Diversité des façons de faire

Il y a plusieurs scénarios possibles pour la réalisation des premiers contacts avec les parents et l'enfant. Les parents peuvent être vus d'abord, l'enfant ensuite. L'enfant peut être vu en premier lieu, les parents ensuite. Enfin, parents et enfants peuvent être vus ensemble. Avec les enfants plus jeunes (jusqu'au début de l'adolescence), il est préférable selon moi de voir les parents d'abord parce que les informations qu'on souhaite obtenir sur l'histoire de l'enfant, sur le moment d'apparition des symptômes, sur la façon dont on interagit avec l'enfant, etc., vont surgir beaucoup plus facilement en son absence. Avec les adolescents, il peut être indiqué de voir le sujet d'abord surtout si la demande de consultation vient de lui. Dans un certain nombre de cas (notamment en milieu scolaire) et compte tenu de l'urgence des situations, l'enfant est quelquefois rencontré avant les parents, ceux-ci n'étant pas disponibles suffisamment tôt, mais consentant à ce que leur enfant soit vu.

À l'étudiant ou au psychothérapeute qui s'initie aux rudiments de la fonction de thérapeute d'enfants, je suggère de procéder en rencontrant les parents d'abord. Pourquoi ? Parce qu'au niveau d'initiation où il se trouve, c'est la façon la plus facile à maîtriser rapidement, celle aussi à partir de laquelle il est le plus facile de développer ses habiletés et son style. C'est également celle qui sied le mieux au contexte d'une intervention sous supervision, en vertu notamment de son rythme plus lent, plus progressif. En comparaison, la rencontre simultanée des parents et de l'enfant paraît nettement plus exigeante, parce qu'elle commande une aisance plus grande, un sens de l'observation plus affiné et un niveau de maîtrise relativement élevé du cadre théorique qui inspire la pratique. Je vais ajouter une autre raison : la rencontre avec les parents seulement est de loin plus propice pour que puissent être abordés des aspects cruciaux de leur relation avec l'enfant, données particulièrement utiles et dans beaucoup de cas indispensables pour déterminer la problématique du cas ; elle est plus propice également pour l'abord des modifications que les parents doivent apporter dès que possible à leurs modalités d'interaction avec leur enfant. C'est particulièrement la situation qui se pose avec les parents d'enfants œdipiens. J'insisterai dans les pages subséquentes sur l'importance d'une saisie rapide de la nature de cette problématique pour la conduite de la thérapie, notamment pour la compréhension du sens des symptômes et l'orientation du travail d'interprétation.

2. Contact téléphonique préalable

La première rencontre avec le ou les parents est généralement précédée d'un contact téléphonique. Il importe de dire quelques mots sur ce contact préalable. Il est souhaitable que celui-ci soit le plus bref possible ; il faut éviter de "commencer" véritablement l'entrevue, ce à quoi peuvent vous inciter bien des parents.

S'il s'agit d'une demande d'aide faite par le parent pour son enfant, il faut vous assurer que la raison qui amène celui-ci à vous contacter est conforme aux services psychologiques que vous rendez. La plupart du temps, le parent recourt aux services d'un psychologue sur la base d'une information reçue d'un tiers (parent d'enfant bénéficiaire actuel ou passé de vos services ou de ceux d'un psychologue qui vous connaît, référent quelconque qui a entendu parler de vous ou qui connaît la qualité de vos services, etc.).

Certains parents sont si anxieux lors de ce contact téléphonique qu'ils expriment le besoin d'être rassurés immédiatement sur la nature et la gravité des problèmes de leur enfant. Il ne faut surtout pas succomber à la tentation de rassurer le parent au prix d'une opinion donnée par trop précipitamment. Il faut à la fois éviter d'être trop distant (ou détaché) et trop réconfortant : il vous faut préserver le plus large possible votre espace de manoeuvre, car il se peut que l'examen ultérieur du cas vous place devant la nécessité de dire des choses assez difficiles : si, par exemple, vous avez laissé entrevoir que le problème était assez léger et qu'il pouvait être rapidement surmonté, il pourrait vous être difficile par la suite de faire accepter aux parents que le cas est complexe et qu'il nécessite un processus relativement long.

Vous vous entendez donc avec le parent sur un moment de rendez-vous et vous lui donnez toutes les indications nécessaires pour qu'il repère votre lieu de pratique sans difficulté.

3. Objectifs de la première rencontre

Les buts de la première rencontre avec les parents (assez souvent il n'est possible de rencontrer qu'un seul des deux parents) sont assez faciles à cerner. Il faut pouvoir compter sur un minimum d'informations concernant l'histoire de l'enfant, informations que celui-ci n'est pas en mesure de donner lui-même (parce qu'il a une conscience très fragmentée ou très partielle de sa propre histoire). Ces informations sont indispensables pour dresser le bilan initial d'évaluation et, très souvent, pour saisir le sens profond de ce qui sera livré au cours de la thérapie. Il serait plutôt hasardeux en effet de procéder à l'interprétation des épreuves thématiques et graphiques, par exemple, sans avoir une idée relativement précise de l'histoire développementale de l'enfant et de l'organisation de son milieu familial ; il en va de même pour l'interprétation des productions oniriques, ludiques ou graphiques que l'enfant réalise séance après séance.

Cette première entrevue est susceptible de vous informer également sur l'histoire de chacun des parents, sur l'incidence dans son enfance ou son adolescence de problèmes apparentés à ceux que présente l'enfant ou l'adolescent. Il est fort possible que la situation de parentalité ait fourni à l'un des deux parents (ou aux deux) l'occasion de réactiver une problématique laissée en plan au niveau de l'enfance (Manzano, Palacio Espasa et Zilkha, 1999). Il faut porter attention à cela, être attentif à ce qui est projeté sur l'enfant ou l'adolescent, repérer ce à quoi le parent projetant se contre-identifie en réaction à cette projection, voir comment l'autre parent réagit à cette projection ou à sa prise de conscience.

Cette première entrevue vous permet en outre de vous faire connaître aux parents. Il est en effet important pour eux de connaître la personne qui intervient auprès de leur enfant. Il est important pour eux de vous découvrir rapidement comme quelqu'un de compétent, de minutieux, d'intéressé, de professionnel. Car ce premier contact doit idéalement permettre l'établissement chez eux d'une relation de confiance à votre endroit. Cet élément est si important dans l'intervention auprès des enfants, car sans l'implication des parents, sans leur collaboration et leur confiance, il est bien difficile d'obtenir des résultats significatifs ; je reviendrai là-dessus très souvent. Idéalement, il faut qu'ils vous perçoivent comme quelqu'un de bienveillant, encore que vous n'ayez pas à vous efforcer de vous montrer bienveillant à tout prix. Il se peut que la méfiance soit l'attitude que l'un des deux parents privilégie, sans aucune raison venant de vous ou de votre façon d'interagir avec eux, donc en dépit de la neutralité bienveillante que vous maintenez.

4. Les premiers moments

Les tout premiers moments de la rencontre donnent souvent lieu à des remarques sur votre personne du genre « Vous êtes donc grand ! » ou « Vous paraissez si jeune ! », ou encore « Vous êtes plus jeune que je ne l'imaginais » ou à des commentaires sur votre nom ou votre façon de vous vêtir. Il se peut par exemple qu'un parent porté sur la séduction (ou la conquête) vous fasse des remarques plus engageantes sur votre personne. Vous entendez et notez (intérieurement), mais vous vous comportez de telle sorte que la communication ne reste pas sur ce point. Vous réagissez de manière à ne pas indisposer le parent suite à sa remarque, par exemple en affichant un sourire, un air gentil sans plus. Attendez-vous, dans le cas du parent porté sur la séduction, à devoir ultérieurement faire une mise au point soit de manière explicite, soit de manière agie (c'est-à-dire par votre attitude) ; cette mise au point ne risquera pas alors de mettre en péril la psychothérapie parce que celle-ci aura commencé à produire ses effets bénéfiques. Retenez que cette réaction sobre quant à toute remarque sur vous est l'attitude la plus utile et la plus rentable à court et à long terme et que ce sera la même chose avec l'enfant tout au long de la thérapie. Cette sobriété traduit votre professionnalisme, en tout cas votre souci d'éviter d'entrer dans un rapport de familiarité (co-pain-copain) avec le parent.

Vous invitez le(s) parent(s) à s'asseoir. Si les deux sont présents, il est important que les fauteuils soient dans la mesure du possible à égale distance du vôtre, de façon à éviter que l'un d'eux ne se sente en dehors de la rencontre.

Comment faut-il lancer la rencontre ? Tout dépend de ce qui s'est produit avant (par exemple de la manière dont le cas vous est venu, de ce qui a été dit au téléphone, etc.). Le plus souvent, vous vous contentez de rappeler le contexte de la référence ou les principaux éléments du contact antérieur (au téléphone). Dès lors, la communication entre les parents et le clinicien va s'amorcer, généralement en partant de la situation problématique qui est à l'origine de la démarche de consultation. Le ou les parents sont invités à présenter une description de cette problématique (du ou des symptômes qui les inquiètent). Il n'est généralement pas nécessaire de questionner les parents, pas dans la première partie de la rencontre à tout le moins : ils ont suffisamment à dire. Il est préférable selon moi de les laisser se livrer le plus possible selon leur rythme et d'éviter de donner à la rencontre le style questionnaire (ou "chasse aux renseignements") ; cette stratégie peut en effet entraver la communication beaucoup plus que la favoriser (il peut y avoir quelque chose de très révélateur dans l'ordre spontané d'apparition des éléments d'information). On ne questionne, dans la mesure du possible, que pour combler les lacunes dans l'information recherchée, que pour faire développer davantage l'un ou l'autre élément paraissant intéressant pour la compréhension de la problématique. Il faut également éviter de prendre des notes extensives pendant l'entrevue parce que c'est le plus souvent vécu comme une interférence, comme une entrave à la communication (votre regard quitte le visage de la personne quand vous écrivez et ces ruptures finissent par ponctuer la rencontre d'une manière désagréable). Il faut que le clinicien fasse confiance à sa mémoire. Si vous n'êtes pas à l'aise avec cette méthode (ce qu'il arrive rarement chez les praticiens, croyez-moi), n'écrivez sur un petit calepin que des mots-clés qui vous permettront de reconstituer l'essentiel après le départ des parents (il est sage d'avoir prévu un certain temps après la rencontre pour mettre sur papier ce que vous gardez du contenu de l'entrevue).

5. Le cœur de la rencontre

Il importe de savoir que la plupart des parents arrivent partagés entre la peur et l'espoir. La peur prend diverses formes : peur de ne pas être ou de ne pas avoir été à la hauteur comme parents, peur que l'enfant ne se développe pas bien et que les signes actuels ne soient annonciateurs de difficultés encore plus grandes, etc. Quant à l'espoir, c'est surtout celui de voir les choses s'améliorer, de voir disparaître ce qui est inquiétant chez l'enfant ; c'est aussi celui d'avoir frappé à la bonne porte, celui d'avoir trouvé un professionnel compétent, qui pourra aider à résoudre rapidement le problème de l'enfant, etc.

Notez que votre calme ou votre sérénité compte pour beaucoup dans la manière dont les parents vont pouvoir gérer leur propre anxiété, à tout le moins jusqu'à la rencontre ultérieure avec eux. La prudence et la mesure sont généralement les meilleures conseillères : ni réconfort artificiel ou superficiel (infantilisant !), ni attitude réprobatrice ou condamnatrice. Donnez-vous pour conviction profonde qu'en clinique infantile, il y a peu de cas dans ceux qui nous arrivent qui ne peuvent bénéficier d'une intervention thérapeutique compétente et éclairée. À moins de profiter d'une bonne expérience (après quelques années de pratique), il est recommandé de ne pas vous précipiter dans un diagnostic dès cette première rencontre, sans même avoir reçu l'enfant. Limitez-vous, si besoin est, à dire aux parents que vous les reverrez dans peu de temps, après avoir vu l'enfant deux ou trois fois, pour leur communiquer les résultats de votre évaluation et un aperçu de ce qui est à faire.

Il se peut que l'un de deux parents présents soit plutôt discret. Ce déséquilibre dans la communication peut vouloir dire bien des choses : il peut cacher un désaccord important entre les conjoints (l'un voulait venir, l'autre s'objectait et a choisi la stratégie de l'opposition passive) ; il peut trahir la présence d' "un squelette dans le placard" ; il peut être l'indice d'une culpabilité qui a du mal à s'exprimer, d'une émotion contenue avec peine, d'un ensemble d'affects liés à une situation du même genre vécue dans la période infantile, etc. Il importe de porter attention à tout cela et de ne pas brusquer l'ordre des choses. Une question sur un point précis au parent discret, question délicatement amenée, du genre « Auriez-vous quelque chose à ajouter là-dessus, vous ? » ou encore « Qu'est-ce que vous en dites, vous ?" » peut favoriser la mise en train. Il est souhaitable de voir l'information surgir des deux sources (père et mère), mais ce n'est pas toujours ce qu'il arrive. Il faut savoir juger et jauger la situation. Quoi qu'il en soit, la manière dont l'information est donnée est parlante en soi (elle révèle beaucoup sur le style des interactions entre conjoints) et la règle d'or consiste à ne pas faire changer cette manière dans son expression spontanée.

6. Question de schéma

Le plus souvent, le contenu de l'entrevue se déplace de la situation problématique actuelle (souvent exprimée selon les différents volets de la vie de l'enfant : à la maison, avec sœur(s) ou frère(s), à l'école ou à la garderie, avec les pairs en dehors de l'école, etc.) à son contexte d'émergence et d'évolution : depuis quand l'enfant se comporte-t-il d'une telle façon ? Comment le problème est-il apparu ? Comment s'en est-on aperçu ? Comment la situation a-t-elle évolué ? Comment a-t-on réagi en tant que parent ? Etc.

La manière dont se développe(nt) le (ou les) enfants plus âgé(s) est instructive à plus d'un titre sur la compétence des parents à assumer leur fonction éducative, sur leur cohérence comme couple parental, sur la qualité de leur vie commune et de leur projet de vie, sur les crises que pourrait avoir connues la famille (menace de séparation, perte d'emploi, deuil, dépression, etc.). Il faut donc porter attention à ce volet du vécu familial et faire surgir l'information si elle n'est pas produite spontanément. Les épisodes dépressifs des parents (surtout ceux de la mère) sont particulièrement importants dans la genèse des troubles de la petite enfance et de l'enfance ; il faut donc porter attention à leur incidence possible, même s'il est souhaitable que les parents se confient d'eux-mêmes sur le sujet, car leur abord peut être délicat.

Il importe généralement d'amener les parents à raconter comment ont été vécues les premières années de vie de l'enfant, surtout si ses problèmes comportementaux ne sont pas récents et s'ils laissent croire à une dynamique de revendication affective (fonctionnement anaclitique ou limite) ; le plus souvent dans ces cas, on y est de toute façon naturellement conduit (la chose peut être différente dans ces cas où les problèmes paraissent récents, purement réactionnels ou situationnels, mais même là on peut le faire pour confirmer son hypothèse). On peut soit reculer progressivement jusqu'aux premiers moments de vie (période de la grossesse ?), soit procéder, en partant de la situation relativement récente, en invitant les parents à effectuer un saut dans le passé et à vous en dire le plus possible sur l'histoire infantile de leur enfant (scénario plus fréquemment adopté) : quel était le contexte dans lequel a été conçu l'enfant ? Était-ce une conception désirée ou accidentelle ? Voulait-on un garçon ou une fille ? Comment vivait la famille à l'époque ? Comment se sont déroulés la grossesse, l'accouchement, les premières semaines et les premiers mois ? À quel âge l'enfant a-t-il commencé à parler (premier mot et, plus tard, première phrase), à marcher, à être propre de jour, de nuit ? Comment a-t-il réagi à l'arrivée du (des) frère(s) ou de la (des) sœur(s) ? Comment a-t-il réagi quand il a commencé à fréquenter la garderie ? Comment se comportait-il avec ses pairs ? Comment a-t-il vécu l'entrée à la maternelle ? Quelle a été jusqu'ici sa performance scolaire (s'il y a lieu) ? Comment se comporte-t-il généralement avec le père et la mère, avec ses frères ou ses sœurs ? Comment s'y prend-on pour le discipliner, quand il se conduit d'une manière répréhensible ? Comment réagit-il aux punitions ou à la discipline des parents ? Qu'aime-t-il faire ? A-t-il des amis ? Que fait-il avec eux ? A-t-il du mal à les conserver ? A-t-il des habitudes qui paraissent singulières ou bizarres ? etc. Bien évidemment, ces questions ne sont pas posées en rafale, si jamais elles le sont, car au fil de la rencontre, les parents livrent spontanément la plupart de ces informations. Leur évocation ne vise ici qu'à cerner les informations sur le développement de l'enfant que la rencontre initiale devrait normalement fournir.

Il faut prêter attention à la possibilité d'un événement qui aurait pu marquer l'histoire précoce de l'enfant : par exemple, départ d'un conjoint de la mère qui était pratiquement l'équivalent d'un père pour lui, naissance ou décès d'un frère, d'une sœur, d'un grand-parent significatif, maladie grave de l'un des deux parents, maladie ou hospitalisation de l'enfant particulièrement entre six ou sept mois et trois ans, etc.

Bien évidemment, des premières hypothèses peuvent surgir dans l'esprit du clinicien au fur et à mesure que les parents livrent des informations sur le développement de l'enfant, qu'ils relatent des confidences que celui-ci aurait faites à l'un ou à l'autre d'entre eux dans les derniers mois. La prise en compte de ces informations peut permettre au psychothérapeute d'aller plus en profondeur au sujet de tel ou tel aspect de la vie familiale ou de son histoire, ou du style des interactions parent(s)-enfant et éventuellement justifier dès cette première rencontre des recommandations sur les attitudes à adopter ou à abandonner.

Comme je l'ai affirmé ci-dessus, il faut avoir intériorisé ce schéma, qui est au demeurant fort simple. La chose est d'autant plus facile qu'on s'est familiarisé avec les grands moments du développement infantile. Après quelques expériences, on devient capable de se référer à ce schéma en toute liberté et même de le personnaliser quelque peu.

7. Pour terminer la rencontre

Il peut être approprié, avant de mettre fin à la rencontre, de donner l'occasion aux parents d'aborder des aspects à côté desquels l'échange entre eux et vous aurait pu passer. Il peut arriver que l'un des parents ait gardé pour lui une information significative ; une invitation ainsi discrètement lancée en toute fin peut être suffisante pour lever l'hésitation.

Si vous sentez que la rencontre a donné ce qu'elle devait donner pour l'essentiel, vous laissez entrevoir aux parents que vous allez recevoir l'enfant à deux ou trois reprises pour avoir accès à ce qu'il se passe intérieurement chez lui et qu'après ces séances, vous allez les revoir pour leur communiquer votre évaluation et pour leur préciser ce qu'il est possible de faire.

On peut profiter de la fin de cette première rencontre pour laisser voir aux parents comment se réalise concrètement le travail avec les enfants, quels sont les moyens mis à leur disposition pour leur permettre de communiquer ce qu'il se passe en eux. Une présentation de la salle de jeu et des types de jouets que vous mettez à la disposition de l'enfant peut être significative aux yeux des parents. Cette information peut également être fournie à la deuxième rencontre. Les parents apprécient beaucoup d'être mis au fait de ces aspects[21].

En conclusion

Il faut veiller dans cette première entrevue à vous assurer la collaboration des parents et pour cela à gagner leur confiance par votre sentiment de compétence et de confiance en vous, par votre attitude sereine, par votre bienveillance et votre attitude empathique, par votre professionnalisme, par la juste distance (ni trop grand rapprochement ni froideur ou indifférence) que vous manifestez dans cette première rencontre. Sachez que sans une réelle collaboration de leur part, rien n'est vraiment possible. C'est l'une des conditions limitatives de l'intervention auprès des enfants, car hormis les cas où intervient la Direction de la protection de la jeunesse (DPJ) ou les cas d'incapacité parentale déclarée, les parents ont toujours le pouvoir de mettre fin à la thérapie, ce qui arrive quelques fois malheureusement.

---

[21] Il peut être fort avantageux de faire lire aux parents *Pourquoi j'irais chez la psy, maman ?* (Bossé, 2011), un ouvrage qui, de manière accessible, présente la psychothérapie par le jeu. Cette lecture permet généralement de simplifier le travail d'accompagnement et de guidance que le psychothérapeute doit réaliser avec les parents.

Chapitre cinquième

Le travail thérapeutique auprès de l'enfant : quelques aspects généraux

Introduction

Le moment est venu d'aborder plus spécifiquement l'objet du travail thérapeutique auprès de l'enfant. Dans cette tâche, je vais procéder en traitant en toute priorité des aspects qui me semblent plutôt généraux, quitte à aborder dans un chapitre subséquent (le chapitre huitième) les aspects plus particuliers. Des questions qui se présentent à mon inspiration à ce titre, quatre méritent une attention toute particulière : je les ai intitulées comme suit : la sauvegarde du caractère projectif de la situation de thérapie, une préoccupation qui doit être constante chez le thérapeute ; particularités de la communication de l'enfant en thérapie : appui sur une activité servant de support ; quelques mots sur le matériel devant être mis à la disposition de l'enfant ; une vision diachronique du processus thérapeutique : les quatre phases de la thérapie. Considérons chacun de ces points.

1. La sauvegarde du caractère projectif de la situation de thérapie, une préoccupation qui doit être constante chez le thérapeute

À quelques reprises déjà, j'ai insisté sur les traits tout à fait particuliers qui caractérisent la relation entre le thérapeute (psychanalytique) et le thérapisé, que celui-ci soit un enfant, un adolescent ou un adulte. J'ai rappelé le caractère asymétrique de cette relation, caractère qui distingue radicalement cette relation de toute autre fondée sur l'échange bidirectionnel de confidences ; j'ai mentionné l'importance de l'attitude de neutralité que doit adopter le thérapeute, neutralité que j'ai associée au caractère relativement indéterminé de sa présence et, conséquemment, selon les effets du transfert, à son caractère déterminable par le patient. Comment tout cela se réalise-t-il concrètement avec l'enfant ? La question se pose tout naturellement à ce moment-ci. Comment dois-je être avec l'enfant pour réaliser une présence "thérapeutiquement correcte", doit-on se demander ? La chose peut paraître plus difficile qu'elle ne l'est en réalité. Il y a une règle de base qu'il faut utiliser comme repère essentiel : être et agir de telle façon que la rencontre avec l'enfant garde son caractère de situation projective (pour lui).

Il faut que je précise tout d'abord ce que je désigne par l'expression "caractère de situation projective". L'initiation aux épreuves projectives (thématiques, Rorschach ou graphiques) donne l'occasion de découvrir la nature des prescriptions qui doivent être suivies pour assurer aux élaborations du sujet évalué leur caractère de validité : matériel à utiliser, manière de le présenter, consigne à donner, à répéter ou non, ton à utiliser, manière de conduire l'enquête, etc. Ces prescriptions visent à faire en sorte que ce que le sujet va produire et livrer puisse être en rapport avec sa dynamique et ne soit surtout pas une réaction à l'une ou l'autre des composantes de la situation d'évaluation. Si, par exemple, l'évaluateur adoptait une position répressive face à son sujet, un enfant turbulent par exemple, il y a fort à parier que les dessins à thèmes suggérés seraient "marqués" par cet élément contextuel et cela bien sûr, à supposer que l'enfant accepte de continuer de collaborer. Supposons que l'évaluateur demande au sujet évalué si tel ou tel personnage d'une planche du *Thematic Apperception Test* (TAT) ou du *Child Apperception Test* (CAT) est triste ou se hasarde à dire ce que pense tel ou tel personnage suite à telle action d'un tiers ; ici encore, il y aurait de fortes chances que la réponse donnée ait plus de rapport avec la demande (affectivement marquée) de l'évaluateur qu'avec la dynamique du sujet. Dans l'un comme dans l'autre cas, il est probable que la situation d'évaluation aurait perdu en grande partie momentanément ou durablement son caractère de situation projective pour le sujet.

Les attitudes à maintenir dans la rencontre de thérapie vont dans le même sens : elles témoignent d'une égale rigueur. Il est cependant difficile d'en faire une liste exhaustive. Certaines de ces attitudes viennent facilement à l'esprit : par exemple, laisser l'enfant élaborer le scénario du jeu, éviter d'agir d'une manière qui altérerait ce scénario et influerait sur le cours de l'histoire mise en scène, ne pas émettre de jugement sur les actions évoquées, etc. Le caractère non pertinent de certaines actions peut apparaître avec plus de relief selon le mode de fonctionnement affectif : par exemple, le thérapeute doit éviter de complimenter l'enfant au fonctionnement phallique sur la qualité de son dessin, sur la beauté de son allégorie, etc., sous le prétexte que l'estime de soi est en difficulté ; le thérapeute d'un enfant œdipien ne doit pas céder à la tentation de le convaincre de la futilité de son projet de conquête du cœur de sa maman. la rencontre avec l'enfant fournit une foule d'occasions où le thérapeute est sollicité d'une manière ou d'une autre. La manière d'agir et de réagir de celui-ci doit être évaluée ou appréciée selon sa qualité à sauvegarder la "projectivité" de la situation. Ce critère révèle plus qu'il n'en a l'air. On peut apprécier l'importance de sa mise en application entre la façon de faire du thérapeute qui lance la séance avec l'enfant en demandant à celui-ci de lui faire le récit de ce qui lui est arrivé depuis la dernière séance et celle d'un autre thérapeute qui demande simplement : « Qu'est-ce que tu me racontes aujourd'hui ? » ou encore, qui propose : « Qu'est-ce que tu as envie de faire aujourd'hui ? » ou « À quoi as-tu envie de jouer ? » Il est facile d'entrevoir que la première façon laisse peu d'espace pour l'expression spontanée, qu'elle enferme le sujet dans un corridor qu'il n'a peut-être pas envie d'emprunter, en tout cas que fort probablement il n'emprunterait pas spontanément, alors que les autres façons sont précisément des invitations à l'expression spontanée du désir.

Ce principe de la "sauvegarde de la projectivité" de la situation est essentiel à la pratique de la psychothérapie. Je dirais même qu'on doit être convaincu de son importance, qu'on doit avoir développé la capacité de s'y référer automatiquement avant même de commencer cette pratique. J'entendais récemment un de mes supervisés se scandaliser avec raison de l'attitude d'une collègue qui était entrée en contact téléphonique de la façon suivante avec un de ses petits patients, absent depuis quelque temps : « Quand est-ce que tu viens ? Je m'ennuie de toi ». C'est vraiment indéfendable. On peut certainement poser la question : qui est vraiment le patient dans cette relation ? Entendons "patient" dans son vrai sens. La question devient explicitement : quel est celui de deux qui souffre le plus ? Je ne suis pas sûr du tout que ce soit l'enfant ! En tout cas, ce que je puis dire avec certitude, c'est qu'un tel type d'interaction amenuise considérablement les possibilités d'établir une situation projective entre thérapeute et patient.

Je ne dirais pas qu'on doit avoir parfaitement intégré ce principe de la "sauvegarde de la projectivité" avant de commencer à recevoir des personnes, petites ou grandes, en psychothérapie. Même après des années de pratique, on reste sujet à errer dans ce domaine. Nous verrons ultérieurement qu'une tâche importante de la supervision consiste à vérifier dans quelle mesure le caractère projectif des situations qui se sont mises en place entre thérapeute et thérapisé a été respecté et exploité au mieux, dans quelle mesure l'action et la réaction du thérapeute ont été des éléments favorables, un tremplin pour l'élan projectif de son thérapisé.

Pour illustrer comment les choses peuvent concrètement se présenter et se vivre lors d'une séance, il me paraît pertinent d'avoir recours ici à deux vignettes. La première nous place à un moment significatif de la thérapie d'une fille de sept ans, dont le cas est assumé par un thérapeute masculin. J'appellerai cette fille Mélissa. Cette enfant est chinoise d'origine. Elle a été adoptée à l'âge de quatre mois par des parents qui vivent toujours ensemble et d'une façon apparemment harmonieuse au moment de la consultation. Elle est la deuxième enfant du couple, l'aînée (de quinze mois plus âgée) ayant également été adoptée, après sa naissance en Chine. On ne sait à peu près rien de la manière dont Mélissa a vécu les quatre premiers mois de sa vie. Elle a été hospitalisée une semaine après son arrivée au Canada. Puis, pendant quelques mois, elle a été prise en charge surtout par la grand-mère, la mère étant aux prises avec un épisode dépressif qualifié par elle de mineur. Les diverses acquisitions (langage, marche, propreté) se sont faites dans les temps correspondant aux normes. L'enfant va bien à l'école et ne présente pas de problème sur le plan de la sociabilité. C'est l'état des relations avec la mère qui a amené les parents à consulter : l'enfant fait des crises spectaculaires, qui effraient autant le père que la mère ; émerge alors très souvent la mention suivante, que la mère reçoit comme une insulte : « Tu n'es pas ma mère ». Les relations avec la sœur aînée sont bonnes dans l'ensemble, mais Mélissa " tient des comptes d'apothicaire" en regard de ce qui est accordé par les parents à chacune d'elles : elle tient *mordicus* à jouir très exactement des mêmes avantages que sa sœur. Les cinq premières séances avec l'enfant ont été assez particulières : on aurait dit qu'elle acceptait de venir en thérapie de mauvaise grâce, mais qu'il était préférable malgré tout pour elle de venir plutôt que de refuser carrément. Elle a, à maintes reprises, manifesté une attitude dominatrice à l'endroit du thérapeute, trouvant plaisir à lui montrer qu'elle avait le dessus sur lui et cherchant même à prendre sa sœur (présente dans la salle d'attente) à témoin de son comportement manipulatoire et dominateur. Elle s'est montrée exécrable à quelques occasions. Le thérapeute a agi et réagi de manière exemplaire, ne ripostant d'aucune façon, mais observant tout d'une manière minutieuse. À la sixième rencontre, un changement s'installe, nous semble-t-il. Les comportements phalliques de l'enfant (et d'un phallisme exacerbé)[22] font place à une attitude que nous avons qualifiée de "plus égalitaire". Je cite le récit de la séance du thérapeute :

> « Lorsque je suis allé chercher Mélissa dans la salle d'attente, elle était en train de faire un puzzle. Lorsqu'elle eut terminé, elle en a commencé un autre plutôt que de venir avec moi. Je lui ai alors dit que je l'attendrais dans le local. À ce moment, sa mère lui a dit d'aller avec moi. Mélissa s'est alors levée et m'a accompagné.
>
> Une fois à l'intérieur, elle sort la pâte à modeler. Elle dit que c'est un jeu avec lequel on peut jouer à la récréation. Elle fait référence à l'école, lieu dont il est souvent question dans nos séances. "De toute façon, tous les jeux qui se trouvent dans la salle sont bons pour la récréation", fait-elle remarquer. À sa suggestion, je suis un étudiant qui joue avec la plasticine. Je demande à Mélissa si j'ai un nom. Elle me répond "oui" sur un ton qui laisse voir que j'ai posé une question idiote. Elle ajoute que je peux choisir le nom. Je m'appellerai Patrick. Elle-même, elle est une autre élève. Elle est mon amie. Elle m'invite à lui donner un nom. Je lui donne le nom de Marc ; elle ajoute qu'elle jouera le rôle de plusieurs élèves. C'est la première matinée de la deuxième année et nous pouvons faire ce que nous voulons. Nous faisons ensemble de la pâte à modeler. Marc fera un citron et moi, Patrick, je ferai une pomme. Mélissa a de la difficulté à faire un citron aussi beau qu'elle le voudrait ; elle lâche alors la plasticine, mais me dit que je peux continuer à faire ma pomme. Elle, elle préfère faire de la peinture (ce en quoi elle excelle particulièrement).

---

[22] Ce n'est pas le moment d'entrer dans la discussion du sens dynamique du matériel de cette séance. Je peux quand même affirmer qu'à compter de cette séance, Mélissa s'est mise sur la voie de surmonter son fonctionnement phallique, accédant ultérieurement à un mode incontestablement œdipien. En fait, l'attitude d'opposition à la mère (attitude qui a justifié la demande de consultation) nous a semblé reliée à une reconnaissance phallique insuffisante, ce que la thérapie a permis de relever et de lever (avec le concours des parents).

Quand j'ai terminé ma pomme, je range la pâte à modeler dans sa boîte. En la rangeant, j'ai dû défaire ma pomme. Mélissa me dit alors que c'est dommage, car elle était jolie. Suite à cela, elle peint quelques gribouillis et prend un petit air de peintre. Elle écrit sur sa feuille "Art Pedro". Je lui demande ce que c'est. Elle me répond qu'elle vient d'inventer cela. Elle m'apprendra à faire de cet art en mélangeant toutes les couleurs. C'est d'ailleurs ce qui occupera la portion restante de la séance. Elle utilise énormément de peinture. Elle en a plein les doigts et la table elle-même est abondamment garnie. Je suis surpris de la voir se salir autant.

Lorsque je l'avertis qu'il est l'heure de ranger, Mélissa reprend le rôle du professeur qui dit à ses élèves qu'il est déjà midi et que c'est l'heure pour eux d'aller dîner. Après cela, nous nettoyons le matériel. Je l'accompagne ensuite à la salle d'attente où se trouvent toujours sa mère et sa sœur. Une fois dans cette pièce, Mélissa se comporte très correctement à mon endroit ; contrairement aux fois précédentes, elle ne m'insulte pas ni me ridiculise en présence de sa sœur ».

On aura noté le relatif effacement du thérapeute en regard de l'élaboration du scénario ; dans la mesure du possible, il laisse Mélissa s'impliquer et ... se commettre ; il se contente de prendre les initiatives que lui permet l'enfant : par exemple, désigner le nom de son personnage, celui de Mélissa. Il laisse celle-ci l'utiliser comme un instrument mis à la disposition de son élan projectif. C'est ce qui fait que le matériel révèle tellement la dynamique de l'enfant, qu'il le fait avec tant de limpidité et tant de ... "lisibilité", dirait un spécialiste de la situation projective (Brelet, 1994).

J'en viens maintenant à ma deuxième vignette. Il s'agit du contenu de la toute première séance entre une thérapeute et un petit bonhomme de quatre ans, Maxime. Cet enfant nous a été référé par la directrice de la garderie qu'il fréquente depuis trois mois. Il avait au moment de son arrivée en garderie un gros problème de verbalisation et de mentalisation, ce qui le faisait paraître comme un enfant beaucoup plus jeune. On a même pensé à la garderie qu'il pouvait être autiste. Il s'est amélioré quelque peu sur ce plan, réagissant favorablement à la surstimulation de la garderie et à une attention plus soutenue de la part de la mère. Cependant, au moment où débute la thérapie, Maxime n'a pas encore acquis la propreté. Il est agressif avec les jouets et quelques fois avec les pairs. On parle de lui comme d'un enfant "téflon", c'est-à-dire d'un enfant qui est difficilement éducable. L'histoire développementale de l'enfant révèle qu'il pourrait avoir très mal encaissé l'arrivée dans la famille de sa sœur cadette alors qu'il avait deux ans et demi. Les parents vivent ensemble et s'entendent apparemment très bien. Le père travaille beaucoup et il n'a pas beaucoup de disponibilité pour les enfants ; la mère elle-même travaille quatre jours par semaine. Voici le contenu de la séance :

> « Le premier contact avec Maxime se réalise de belle façon. Dès mon arrivée à la garderie, je salue l'enfant et je me dirige vers l'éducatrice responsable du groupe. Celle-ci m'assigne un local pour la thérapie et m'aide à le préparer (des enfants y terminent leur repas). Maude, un enfant qui a bénéficié d'une relation d'aide l'an dernier, manifeste son désir de jouer avec moi. L'éducatrice lui dit alors que je dois jouer avec Maxime, comme quelqu'un a pu jouer avec elle l'an dernier. Maude s'empresse d'aller communiquer cette nouvelle à Maxime qui me regarde ébahi. Il n'a donc pas été difficile de le motiver à venir avec moi au local de thérapie. Mais il m'a fallu écarter Maude, qui ne renonçait toujours pas à son désir de jouer avec moi. Sacrifiant à la petite une partie de ma plasticine, j'ai pu enfin me retrouver seule avec Maxime, qui avait déjà débuté son jeu.
>
> Maxime prend l'auto de police et me donne la jeep. Nous passons par le garage où je dois demeurer. Il m'assigne une nouvelle maison sur le balcon de laquelle se trouve le personnage de la mère. Il fait sauter celle-ci ; elle se cogne la tête au plafond ; elle tombe ensuite par terre et meurt. L'enfant refait ce scénario une deuxième fois. Puis il poursuit dans la même veine : la police vient chercher la mère (il utilise une autre figurine) et répète les mêmes actions que précédemment. Il reprend ensuite la première "mère", qui se fait alors frapper par l'auto de police ; elle n'en meurt pas cependant cette fois, mais elle est blessée, quoique légèrement.
>
> L'enfant introduit ensuite d'autres personnages, soit le garçon, le papa, la grand-maman et le bébé. S'ensuit un jeu où chacun des membres chute et se blesse. Le garçon est devenu le grand-père. La figurine représentant la mère me semble être manipulée plus durement que les autres. Les personnages tombent en bas de la table ou du toit de la maison. Puis, ils sont tous déclarés morts. Maxime prend les autos ; celles-ci n'avancent plus : elles sont brisées. Puis le Père Noël vient les guérir comme par magie. Mais lui aussi, il tombe du toit. La maison se met ensuite à trembler. Maxime la fait culbuter doucement sur le côté : "il n'y a plus de maison", déclare-t-il.

Maxime prend de la plasticine et il confectionne un bonhomme de neige ; celui-ci tombe. Il relève la maison et la tourne. C'est une nouvelle maison. Il saisit le bébé et le fait pleurer. Lorsque le bébé pleure, tous les personnages sursautent à tour de rôle et se frappent sur la table. Puis, c'est au tour du grand-père, du père, du bébé et de la grand-mère de tomber en bas de la table où il y a du feu. Cependant le gentil policier les attrape au vol et les empêche de se brûler. Puis la maison se met à trembler et elle se renverse à nouveau.

L'enfant revient à sa création en pâte à modeler. Il s'amuse à peler la peau trop longue du bonhomme de neige à l'aide du gentil policier. Vers la fin de l'opération, le bonhomme de neige se transforme en viande. J'informe Maxime qu'il ne reste que cinq minutes à notre rencontre. Il rétablit alors la maison pour y monter des chargements de viande pour les parents contents. Puis la maison se remet à trembler, mais elle garde sa stabilité cette fois ».

Comme on peut le voir, Maxime en a gros sur le cœur et il ne se prive pas de le montrer. On est loin de l'autisme ici. L'enfant éprouve de la rancœur à l'endroit de sa maman qui, de son point de vue plus ou moins conscient, l'a laissé tomber : ah ! celle-là, s'il le pouvait, il lui en donnerait toute une, pas qu'une en fait, mais plusieurs… Il n'y a pas qu'elle d'ailleurs qui y passerait. Tous ! Le papa, la grand-maman, le grand-papa et surtout le bébé. Ah lui, Maxime le transformerait en quartiers de viande qu'il apporterait aux parents. Il se plaît même à penser qu'ils seraient contents de son cadeau ! Une chance que le gentil policier (reconnaissons la thérapeute) arrive pour limiter les dégâts et l'aider à contrôler sa colère !

Cette séance est certes remarquable par son contenu. Elle l'est aussi et tout autant par l'attitude très "adaptée" de la thérapeute, qui, tout au long, sauvegarde magnifiquement le caractère projectif de la situation. On pourrait penser qu'il s'agit là de quelqu'un qui est parvenu à un tel niveau de maîtrise grâce à une pratique de plusieurs mois, sinon de plusieurs années. Il n'en est pourtant rien : il s'agit d'une étudiante de troisième année en psychologie qui vit là sa toute première séance de thérapie avec un enfant.

On réalise peut-être à ce moment-ci que sous ce titre *de la préoccupation de sauvegarder le caractère projectif de la situation*, je n'ai fait rien d'autre que de discourir sur l'attitude de neutralité que doit maintenir le thérapeute tout au long de son rapport avec le thérapisé. Effectivement, j'ai abordé exactement la même chose, mais sous un angle un peu différent, de façon à tenter de rejoindre le lecteur par une autre voie. Il y a souvent des avantages à varier l'angle de présentation des choses.

2. Particularité de la communication avec l'enfant en thérapie : appui sur une activité servant de support

En thérapie d'enfants, il faut s'attendre de voir le thérapisé jouer, dessiner ou encore réaliser des choses avec le matériel mis à sa disposition, c'est-à-dire du carton, de la pâte à modeler, etc. Il faut se convaincre d'une chose tout de suite, si ce n'est déjà fait : en séance, les enfants ne parlent pas d'eux-mêmes spontanément, pas directement en tout cas. Maxime n'a peut-être jamais insisté auprès de ses parents sur le fait qu'il n'avait jamais accepté la présence de la petite sœur dans la maison. On lui aurait demandé à la première séance s'il aimait sa petite sœur qu'il aurait sans doute répondu affirmativement, de peur de déplaire à sa maman et à son papa et ainsi... risquer de perdre le petit peu d'attention et d'affection qu'il reconnaissait encore recevoir d'eux. Il m'est souvent arrivé de voir des enfants qui cachaient une haine mortelle à l'endroit d'un frère ou d'une sœur plus jeune derrière une attitude très poussée de gentillesse et de protection ; on peut facilement imaginer la surprise des parents quand ils étaient mis au fait des véritables sentiments qui habitaient leur enfant[23].

Les enfants ne parlent pas d'eux-mêmes à la manière dont nous le faisons, nous qui sommes adultes et qui avons une conscience organisée et réflexive de nous-mêmes et de notre histoire, nous qui sommes conscients en grande partie de ce que nous avons été et de ce que nous sommes devenus ainsi que de la manière et par quels détours nous sommes ainsi devenus ce que nous sommes. Cette conscience réflexive à propos de soi qui facilite l'évocation (et donc la communication à propos de soi), elle manque aux enfants, mais il y a par contre chez eux

---

[23] Fait cocasse et illustratif à la fois de cette rivalité anaclitique féroce : l'un de mes étudiants avait l'an dernier en thérapie un tout-petit de quatre ans qui, le plus sérieusement du monde, avait caché son petit frère nourrisson sous une chaudière renversée sur laquelle il s'était ensuite assis ; il avait gardé sa position pendant un bon bout de temps ; il regardait la télévision, indifférent au spectacle de la recherche inquiète des parents et refusant de dire ce qu'il savait.

quelque chose qui compense et qui compense tout à fait : leur aisance dans l'expression ludique (j'inclus ici le médium graphique et les épreuves thématiques). Sur ce plan, ils sont à peu près tous plus ou moins exceptionnels dans l'art de mettre en scène ce qui les tenaille et cet art, certains d'entre eux le poussent jusqu'à un degré de raffinement littéralement renversant. Le petit Maxime nous a donné un bel exemple de cela ci-dessus.

Pour illustrer davantage ce point des modes particuliers de l'expression chez l'enfant, il m'apparaît opportun de faire appel à une autre vignette. Au contraire des deux précédentes, cette vignette nous met devant un enfant en fin de thérapie. Je donne tout d'abord un certain nombre d'informations pour saisir la nature du cas et son point d'évolution.

Alexandre est âgé de trois ans et demi quand il est référé par la psychologue de la garderie qu'il fréquente. Il est le deuxième et dernier enfant de sa famille, son frère aîné ayant un an et demi de plus que lui. Les parents sont séparés depuis un peu moins d'un an. La mère de l'enfant soutient que le père de ses enfants était très agressif à son endroit et à l'endroit de l'aîné, mais rarement à l'endroit d'Alexandre. Après un séjour avec ses garçons en foyer pour femmes violentées, elle a loué un appartement et a repris ses études. Depuis la rupture, les enfants voient leur père plutôt rarement. Alexandre ressentira durement la séparation des parents : il refusera pendant près de deux mois que sa mère le touche de quelque façon. Au moment de la référence, Alexandre posait de gros problèmes à la garderie, étant qualifié d'enfant pratiquement insupportable. Il s'était d'ailleurs fait renvoyer d'une autre garderie peu de temps auparavant. Les premières séances nous ont permis de faire apparaître la revendication affective de l'enfant, son besoin d'étayage, son désir de relation exclusive avec la mère prégénitale. Puis, après deux mois environ de ce régime, de narcissique (primaire) le désir de reconnaissance est devenu phallique, l'enfant profitant de toutes les occasions possibles pour montrer à sa thérapeute qu'il était grand, fort, capable de faire beaucoup de choses, cherchant souvent la compétition. Il y a environ trois semaines avant la séance ci-dessous, des éléments œdipiens ont commencé à pointer puis sont devenus depuis plus nombreux, plus incontestables aussi. Voici le récit de la dix-huitième séance :

> « Alexandre est très content de venir jouer avec moi encore cette semaine. Il grimpe sur le calorifère, descend et cherche l'araignée de la

séance précédente. Il frappe sur le classeur afin de la faire sortir, mais cette dernière doit bien être morte depuis ce temps. L'enfant regarde ensuite par la fenêtre et il passe quelques remarques sur une balle qui est sur le toit. Il me dit que sur le toit, il y a un papa qui prend son bain. J'essaie d'en savoir plus, mais l'enfant change souvent de sujet et j'ai du mal à le suivre. Il lève très haut un seau rempli de jouets et se compare à moi. Je lui dis que c'est important pour lui de me montrer qu'il est fort et qu'il est un grand comme moi. Il décide que nous allons jouer à la pâte à modeler.

L'enfant ne fabrique rien avec la pâte ; il ne fait que l'égrainer sur la table. Durant quelques minutes, il ne parle pas, s'amusant apparemment de manière purement sensori-motrice avec la pâte. Lorsque je lui demande ce que nous pourrions faire, il invente un jeu dont je n'ai saisi la description qu'à moitié : on devait sauter sur ses fesses sur les fesses de l'autre ! Bien évidemment, nous n'avons pas joué à ce jeu, qui en restera au stade de cette description sommaire ! Il prend ensuite la figure de Tarzan qu'il n'identifie pas en tant que telle. Il me dit que celui-ci est très fort et qu'il marche sur les cailloux, car il y a de l'eau sur la table. Il n'élabore pas davantage. Il grimpe plutôt sur le rebord de la porte de secours. Il me dit d'apporter le gros camion qui est conduit par le papa (Tarzan) alors que lui, il joue déjà avec le petit camion. Le petit est dit meilleur que le grand car celui-ci n'arrive pas à le rattraper. Il s'agit donc d'une situation où il est question du père et du fils.

Alexandre salue alors comme dans l'armée ; il incarne maintenant un pompier. Il y a le feu sur la table et moi, je suis l'eau ou le boyau littéralement. Je dois éteindre le feu. Sur la table, il y a de la pâte à modeler, du papier, des crayons et la voiture ainsi que le papa. Bref, une fois le feu éteint, l'enfant monte dans une boîte où il fait un chat qui sera offert en cadeau à maman (personnage que j'incarne), qui en est très heureuse. La maman doit flatter le chat. L'enfant incarne alternativement un chat et un bébé. Il me dit que moi, je suis le "sauveteur du monde". Chaque fois, il fait semblant d'être mort et la maman ou le "sauveteur du monde" doit le brasser afin de vérifier s'il est mort. Il se réveille à tout coup. À un moment donné, il a mis le pied sur une structure de protection en mousse provenant d'une boîte d'ordinateur et il tente de la briser. Je l'avise doucement qu'il ne faut rien briser ici, qu'il faut juste s'amuser avec les choses. Il semble plus ou moins d'accords, mais il ne retouchera plus à cette pièce.

Le dernier scénario produit par Alexandre me met sous la peau d'un monstre qui regarde le chat (personnage qu'il assume) dans la boîte en carton. Le chat jappe après le monstre, qui se sauve. Le chat sort de la boîte. Je deviens alors la maman et le monstre demeure tout près de nous. Le chat frappe le monstre, qui meurt, et la maman en est très contente. Quand j'avertis Alexandre qu'il ne reste que cinq minutes, il m'avise qu'il veut retourner tout de suite au local de son groupe.

Au cours de la rencontre, l'enfant m'a parlé à un moment donné de son parrain, me racontant ce qu'ils avaient fait ensemble. L'enfant aurait-il trouvé un modèle masculin d'identification ? »

Évidemment aux yeux d'un néophyte, l'imaginaire de cet enfant paraît labile, voire même débridé. Pourtant, pour peu que nous sachions décoder son jeu, il n'est pas difficile d'en saisir la signification profonde. La rivalité paternelle est assez évidente et elle n'est pas que phallique, c'est-à-dire qu'il ne s'agit pas d'une simple compétition avec un grand asexué : si, à trois ans et neuf mois, on peut penser à la mise en place d'un "jeu de fesses contre fesses" avec sa thérapeute, c'est qu'on est tout à fait capable d'appréhender les personnes de son entourage en tenant compte de leur dimension sexuée ! Le feu sur la table représente vraisemblablement la passion pour la figure maternelle (et pour la thérapeute en transfert). Ce feu menace le père et c'est la thérapeute (et la mère ?) qui est appelée à l'éteindre. Le chat est aussi une figuration symbolique du désir sexuel de l'enfant, de son désir œdipien pour la mère. La thérapeute est investie d'un rôle de protectrice ("sauveteur du monde") dans l'espoir qu'elle puisse mettre le sujet (œdipien) à l'abri de la colère vengeresse de la figure paternelle. La dernière séquence est particulièrement intéressante : le monstre est la figure paternelle ; Alexandre en vient à attaquer ce monstre, qui meurt, ce qui réjouit la maman ! Bon débarras ! L'enfant est donc manifestement aux prises avec deux désirs qui vont dans des directions opposées et qui apparaissent en alternance : d'une part, désir de la possession œdipienne de la mère (et peut-être aussi de la thérapeute en transfert) et, d'autre part, désir que la thérapeute l'aide à contrôler son élan vers l'objet désiré à cause des risques de vengeance qu'il encourt de la part du père. Voilà, me semble-t-il, ce qui se profile derrière ce matériel.

Ici encore, si passionnant que soit le sens de ce qui est joué, c'est surtout sur la forme, sur la mise en scène que je veux attirer l'attention. Alexandre se comporte comme un metteur en scène intarissable, infatigable, qui tantôt sur une jambe, tantôt sur l'autre, orchestre son "théâtre", élabore son scénario en toute spontanéité et en toute vérité.

Oui, et quel théâtre-vérité ! La thérapeute "se plie au jeu" de l'enfant ; elle se comporte de façon à pouvoir être un outil mis à la disposition de ce qui cherche à se dire chez lui. Hormis une question de mise en train à caractère assez général (qu'est-ce que nous pourrions faire ?) et, plus tard, une intervention sur la nécessité de ne pas détruire le matériel, elle laisse l'enfant élaborer en toute liberté et selon les besoins de son inconscient. Faisant cela, elle respecte admirablement le caractère projectif de la situation.

3. Quelques mots sur le matériel devant être mis à la disposition de l'enfant

Une question revient souvent eu égard au matériel : de quels éléments le thérapeute doit-il disposer pour les besoins d'expression de l'enfant ? En fait, cela revient à demander quels sont les moyens d'expression habituellement utilisés par l'enfant. De façon générale, celui-ci doit avoir la possibilité d'utiliser plusieurs médias : dessin, pâte à modeler, psychodrame ou jeu dans ses diverses formes (celle impliquant le sujet et le thérapeute, celle avec figurines et maison miniature, celle avec petites voitures ou camions, celle avec marionnettes, etc.). Plus jeune est la clientèle d'enfants que l'on reçoit, moins a besoin d'être diversifié le matériel que l'on met à sa disposition, au-delà du seuil minimal de variabilité que je viens de décrire. Les tout-petits font très souvent preuve d'une créativité étonnante avec peu de choses. Nous avons vu ce qu'Alexandre réalisait ci-dessus avec une simple boîte en carton. À mesure qu'ils s'approchent de la fin de la période de latence, les enfants apprécient une plus grande diversité dans le matériel mis à leur disposition. Plus les garçons que les filles, me semble-t-il. Il faut savoir limiter cette diversité à un moment donné, car elle peut devenir un piège, surtout pour l'enfant carencé affectivement qui peut voir en cela une manière pour lui de compenser son manque d'investissement affectif. Il importe en tout temps de ne pas mettre trop de jouets (ou de jeux) à la vue de l'enfant. Une armoire ou un coffre peut s'avérer utile sinon indispensable. Il y a en effet des enfants aux prises soit avec un déficit, soit avec un refus de mentalisation qui passent d'un jeu à l'autre sans pousser leur expression à un niveau profitable.

On aura sans doute noté que je n'ai évoqué jusqu'ici que les jeux qui ne servent qu'à l'expression et que j'ai écarté dans mon énumération les jeux de compétition. Les anglophones ont deux termes différents pour désigner chacun de ces types de jeu : *play* et *game*. Les jeux qui permettent l'expression sont du type *play* alors que les jeux de compétition (par exemple : jeux d'échec, de dames, othello, sacs, tous les jeux d'adresse, etc.) sont du type *game*. Il est généralement difficile de sauvegarder ou d'exploiter le caractère projectif de la situation thérapeutique avec un jeu du type *game*. C'est la raison pour laquelle il faut les mettre à l'écart de la salle de thérapie. Il me faut préciser qu'il n'est pas impossible de transformer en une situation projective une interaction avec un enfant impliquant l'utilisation de certains jeux de compétition, par exemple les épées battaka en mousse. On demande tout simplement à l'enfant d'imaginer l'identité des deux personnages qui vont s'affronter. Une telle mise en scène est plus facilement réalisable avec certains jeux qu'avez d'autres. Aux dames ou aux échecs, je ne l'ai jamais tenté ni fait tenter. Aux jeux de fléchettes[24], la chose peut être facilement réalisable. Il est généralement possible d'amener l'enfant à préciser ce sur quoi ou sur qui l'on vise (un papa, une maman, un petit frère, une petite sœur, etc.). Dans ces deux types de *games* (battaka et fléchettes) comme dans les jeux apparentés, il est généralement relativement facile de conserver à l'activité son caractère projectif, parce que la performance est courte et facilement répétée. Il faut cependant voir ces instruments comme des ressources d'appoint, marginales, qui, ponctuellement, vont permettre l'expression d'affects d'une manière assez directe et qui peuvent faciliter la mise en train ou une aisance plus grande avec le thérapeute.

L'enfant parvenu à la phase de reconnaissance phallique va se montrer particulièrement désireux de mettre en place des situations du type *game*. Il n'est pas nécessaire de mettre à sa disposition des jeux de ce type ; une telle stratégie ne permettrait pas de lui faire traverser cette phase de manière plus rapide ou plus profitable. En fait, il se montre le plus souvent particulièrement ingénieux à transformer les situations de type *play* en *games*, de façon à pouvoir montrer à son thérapeute qu'il est justifié d'être considéré comme pouvant faire partie du monde des grands.

---

[24] Ces fléchettes doivent absolument avoir une extrémité douce, dans le genre suce adhésive ; il faut absolument éviter les extrémités pointues, métallisées ou pas. Dans un élan spontané et imprévisible de violence ou d'agressivité, l'enfant pourrait, avec cette "arme", viser le thérapeute et le blesser au visage ou ailleurs.

4. Une vision diachronique du processus thérapeutique : les quatre phases de la thérapie

Chaque processus thérapeutique est singulier en soi. Il a son rythme propre qui découle du jeu des transferts, des défenses, de l'intensité de la demande affective, de l'importance de l'anxiété, entre autres facteurs, sans oublier bien sûr, dans le cas des enfants, du rôle déterminant de la motivation et de l'implication des parents. Y a-t-il suffisamment de traits communs à toutes les thérapies d'enfant pour qu'il soit possible de dégager une structure typique ? Est-il possible de cerner des phases dans le processus thérapeutique ? Il est en effet possible de repérer un certain nombre de phases, mais il faut être conscient du fait que celles-ci peuvent être fort brèves de telle manière qu'elles ne puissent pas être reconnues comme telles.

Cela étant, je propose de ramener à quatre les phases du processus thérapeutique : une première dite d'amorce, une seconde dite de clarification et d'appropriation consciente, une troisième dite de remise en route du développement et, finalement, une quatrième dite de terminaison. Je vais dire quelques mots au sujet de chacune d'elles.

4.1 L'amorce de la relation

Il y a une grande variation d'un enfant à l'autre eu égard à la manière dont la relation s'instaure. La plupart des enfants sont tout de suite à l'aise avec le thérapeute : « Hei ! il y a un grand (monsieur ou madame) qui veut bien s'occuper de moi tout seul et puis, il y a plein de jouets où l'on va et puis, en plus, on ne fait rien d'autre que jouer. C'est le *fun* ». Transposée en langage de plus vieux, telle est la remarque que livrent la plupart des enfants. D'autres, au contraire, ne sont pas faciles à apprivoiser : ils refusent carrément d'aller avec le thérapeute ou encore, ils tiennent absolument à ce que la mère ou le papa reste présent. Entre ces deux extrêmes, il y a toute une gamme de plus ou de moins intéressés et de plus ou de moins réfractaires. Ainsi s'amorce la relation.

La phase d'amorce peut être relativement courte, mais elle peut s'étendre sur quelques séances, surtout si l'on est en présence d'un enfant de plus de cinq ans. De façon typique, l'enfant accorde sa confiance à la personne du thérapeute. Il découvre sa tolérance, son humeur égale, sa patience. Il fait l'expérience de la liberté d'expression que la rencontre permet. Il a le sentiment que le thérapeute est là entièrement dévoué à lui, qu'il n'a rien d'autre à faire que de le faire jouer, de le faire parler, de l'écouter. Il explore les jeux mis à sa disposition, affiche sa préférence pour l'un d'eux, choisit celui qui convient le mieux à son envie de jouer, celui qui est le mieux calibré pour exprimer ce qui cherche à se dire chez lui, celui qui est le mieux adapté aux possibilités et aux limites de ses habiletés symboliques, de sa mentalisation aisée ou, au contraire, difficile. Très souvent, refusant de se limiter à un jeu ou à une activité, il établit une sorte de régularité : il commence la séance avec telle activité, enchaîne avec telle autre et termine avec une troisième. Le plus souvent dans ces premiers contacts, particulièrement s'il les vit comme plaisants, il cherche à prolonger la séance. Dans les cas où la relation de confiance et d'intimité (asymétrique) s'établit plus lentement, on peut entrevoir le caractère essentiel de cette phase : l'effort est davantage mis sur la recherche du bon médium, sur le fait de faire connaissance avec le thérapeute que sur la communication de ce qui est senti comme n'allant pas, de ce qui est vécu comme un malaise. Mais, même dans ces conditions plus feutrées, un clinicien aguerri ne manque pas de lire dans le jeu de l'enfant, dans la configuration de ses productions graphiques les signes plus ou moins discrets de ce malaise.

La phase d'amorce est normalement attendue, mais n'est pas toujours présente. Pour quelques enfants, l'accent est mis d'entrée de jeu davantage "sur le fond", sur ce qui est à communiquer que "sur la forme" ou à qui ou comment on le communiquera. Dès les toutes premières séances en effet, surtout si la revendication affective est forte et qu'est vif l'espoir d'une réparation narcissique, l'enfant peut s'exprimer sur des choses qui le préoccupent très profondément, il peut laisser voir qu'il vit son environnement familial comme un lieu hostile dans lequel il se sent menacé, contre lequel il lutte pour sa survie ; il peut afficher ses sentiments violents à l'endroit du frère ou de la sœur plus jeune[25] ; il peut dès ces premiers contacts mettre en scène et dénoncer une situation qui n'a jamais été confiée à quiconque jusque-là. Une petite fille a laissé voir dès la première séance que son papa (sous le personnage d'un loup) faisait des choses inadmissibles avec elle (ce qui ultérieurement s'avérera un abus

---

[25] C'est très exactement ce qu'a fait Maxime à sa toute première séance, comme nous l'avons rapporté ci-dessus.

sexuel). Chez certains enfants en somme, le besoin de parler est si pressant qu'avec eux, très rapidement, on entre dans la phase de clarification ou d'exposition du problème. La phase d'amorce est presque escamotée ou traversée en quelques minutes.

Avec Maxime, notre sujet de la deuxième vignette, j'ai déjà donné un bel exemple d'une amorce extrêmement rapide. Je vais en ajouter un second, tout aussi illustratif[26]. Il s'agit de Jessica, une enfant de trois ans et 11 mois au moment de la première séance. Cette fillette a été référée en raison de difficultés d'adaptation à la garderie : crises de colère, difficultés dans les relations avec les pairs, grande inhibition. Depuis six mois, elle vit chez son père, qui cohabite avec une nouvelle conjointe. Jusqu'alors, elle vivait avec sa mère en compagnie de deux demi-frères dont l'un est plus âgé de six ans et l'autre plus jeune d'un an. La mère a eu un parcours très difficile : sa première maternité est survenue alors qu'elle avait 16 ans. Elle a connu plusieurs conjoints, dont certains ont été violents (ses trois enfants sont de père différent) et elle s'est montrée peu responsable, très égocentrique dans la prise en charge de ses enfants. Le père de Jessica a pu obtenir la garde de celle-ci et la Direction de la protection de la jeunesse est intervenue pour confier la garde des deux autres à un milieu substitut. Voici comment s'amorce la relation entre la thérapeute et l'enfant :

> « Lorsque Jessica m'a aperçue, ses yeux se sont agrandis et un sourire est apparu sur ses lèvres. Sans hésitation, elle a accepté de me suivre jusqu'à la salle de thérapie en me tenant par la main. Arrivée au local, elle m'a semblé un peu inhibée. Je l'ai invitée à regarder les jouets que nous avions à notre portée. Puis je lui ai demandé ce qu'elle désirait faire. Elle a choisi de dessiner avec les crayons. Elle semblait impressionnée par ceux-ci, puisqu'elle changeait constamment de couleurs, comme si elle voulait tous les essayer. Je lui ai laissé le choix de dessiner ce qu'elle voulait. Elle a choisi de faire une maison. Elle a d'abord fait un rectangle tout autour de la page ; puis, elle a relevé la tête pour me dire fièrement : "Une maison". Elle s'est ensuite mise à faire ce qui m'est apparu comme des croix et des petits carrés. Ceux-ci représentaient des fenêtres. Je lui ai demandé ce qu'étaient les croix ; elle a répondu : "Des toiles pour les fenêtres, des toiles fermées". Je lui ai demandé s'il y avait quelqu'un dans la maison ; elle a répondu que non.

---

[26] On pourra compléter le matériel illustratif donné pour chacune des phases par la lecture de Bossé. Boileau et Moreau (1999).

Puis, j'ai pointé quelques-unes des autres croix qui apparaissaient sur son dessin, pour savoir à quoi elles correspondaient. Elle me répondit qu'il s'agissait d'autres toiles, sauf une qui était une plante. Elle me demanda alors un mouchoir pour se moucher. Elle revint ensuite à son dessin, le contempla et s'arrêta à ce point. Je lui demandai si elle voulait passer à autre chose. Elle choisit de jouer avec les figurines et la maison.

Ensemble, nous avons installé les meubles dans la maison. Je dis à Jessica que si elle voulait que je joue avec elle, elle n'avait qu'à me donner un personnage et me dire quoi faire. Elle prit le personnage de la mère et me donna celui du père. Elle mit l'un et l'autre personnage dans la voiture en disant d'eux qu'ils s'en allaient travailler. Puis elle les fit revenir à la maison ; elle éteignit la lumière, mit le bébé dans le berceau et coucha les parents, me disant qu'ils étaient très fatigués. Ce scénario fut repris plusieurs fois. Je lui demandai ce que faisait le bébé pendant que les parents travaillaient. Elle répondit qu'il dormait toute la journée : "Seul ?", lui demandai-je ; "Oui, tout seul", répondit-elle. Elle me proposa de changer de place avec elle de façon à pouvoir avoir accès à la partie de maison jusque-là inaccessible pour elle. J'acceptai. Elle s'est remise au même scénario, sans réel changement si ce n'est l'introduction d'une scène de déjeuner : la maman s'occupait de nourrir le bébé pendant que le papa se reposait à l'étage. Puis père et mère s'en allaient travailler.

J'avais apporté pour la séance d'autres personnages plus petits. Ceux-ci appartenaient à un jeu de station de service (d'essence), avec beaucoup de véhicules. Il y avait des grandes et des petites figurines, au sexe difficilement identifiable. Jessica les avait examinées en début de séance. Elle en prit une et trouva que son chapeau ressemblait à celui d'un pompier. Elle me dit alors qu'il y avait un feu et que je devais l'éteindre. Je pris le personnage, m'emparai du boyau (à essence) et fis mine d'éteindre le feu à l'endroit qu'elle m'avait indiqué. Cela la fit rire. Elle continua de fouiller dans la boîte. Je l'avertis que notre rencontre s'achevait ».

Lors de ce premier contact, Jessica a déjà beaucoup de choses à dire à sa thérapeute. Il s'agit, ne l'oublions pas, d'une enfant qui a été décrite comme inhibée. En même temps qu'elle s'habitue au contact, elle livre deux ou trois choses à son propre sujet et des choses qui sont très importantes : « Maman est comme une maison vide, aux toiles fermées ; elle ne s'occupe pas de moi ; c'est comme si j'étais une plante dans sa maison ». Le deuxième scénario est tout aussi chargé de sens : « Papa et maman (la conjointe du père) sont très occupés ; ils travaillent beaucoup et quand ils reviennent à la maison, ils sont très fatigués ; ils doivent alors se reposer ; moi, pendant ce temps-là, je dois être comme un petit bébé qui aurait à dormir tout seul durant la journée. Ah ! quelquefois, on s'occupe de moi au déjeuner ». Le troisième scénario doit être interprété avec plus de prudence. Cela étant, j'irais dans le sens suivant : « J'ai une grande colère à l'intérieur de moi (à cause de ce que je vis et que je t'ai raconté) et tu dois l'éteindre comme un pompier éteint un feu ».

Chaque enfant, j'insiste là-dessus, traverse cette phase d'amorce à sa manière. Il faut être alerte dès cette première séance, car, déjà à ce moment, l'enfant évalue la capacité du thérapeute de se mettre à son écoute. Il ne faut surtout pas penser qu'on profite d'un bon laps de temps pour se mettre à son diapason. Certes, il existe une marge permettant un certain attentisme ou une attitude prudente (d'autant plus longue généralement, cette marge, que l'enfant est jeune), mais on ne saurait en abuser ; de toute façon ce serait au prix de la souffrance de l'enfant.

4.2 La phase de clarification et d'appropriation consciente

J'ai déjà beaucoup écrit au sujet de cette deuxième phase, dans ma préoccupation de décrire de façon contrastée la phase d'amorce. Comment, de façon spécifique, se présente cette phase de clarification et d'appropriation consciente ? Après une amorce rapide ou lente selon les cas, l'enfant joue avec aise. Il aime beaucoup venir en séance. C'est un moment privilégié de sa semaine. Il ne se prive d'ailleurs pas de le dire au thérapeute : « J'aime tellement ça que tu joues avec moi ». Il arrive, se met à jouer avec empressement : soit qu'il ait prévu un scénario et que, d'entrée de jeu, il entreprenne de le réaliser, soit qu'il n'ait rien prévu du tout et qu'il se laisse aller à l'improvisation au gré de son inspiration. Ce peut être aussi l'une et l'autre manière consécutivement. Le matériel qu'il produit (jeu, dessin, etc.) laisse apparaître clairement et de façon souvent insistante ce qui se profile derrière lui. Voici un exemple, que je tire de la thérapie de Joey, un petit bonhomme de quatre ans et un mois au moment de la séance. Cet enfant est l'aîné de deux, son frère ayant un an et demi de moins. Sa mère est en situation monoparentale. Elle élève ses deux garçons sans aucune aide de la part du père, que les enfants n'ont d'ailleurs vu qu'à de rares occasions depuis leur naissance. Au moment de la référence, Joey est présenté comme très inhibé, interagissant très peu avec les enfants de son groupe à la garderie Il a en outre des difficultés d'élocution et des problèmes d'attention. Il ne tient pas compte des consignes : peut-être a-t-il du mal à les saisir ? L'enfant arrive souvent à la garderie avec des ecchymoses ; on soupçonne que la mère est impatiente avec lui et qu'elle le bat fréquemment. Elle donne d'ailleurs l'impression d'avoir peur qu'on lui enlève la garde de ses enfants. En tenant compte des enfants de cet âge, l'amorce de la thérapie s'est réalisée de façon plutôt lente, ce qui n'est pas surprenant compte tenu du caractère inhibé de l'enfant. Nous avons quand même entrevu derrière les premières productions une grande demande d'investissement affectif, un fort désir d'être aimé et d'être pris en compte. Puis, petit à petit, la violence à l'endroit du frère plus jeune est apparue plus directement, cessant d'être masquée derrière une attitude de surprotection, ce qu'elle était dès le départ. La violence à l'endroit de la mère apparaît à compter de la troisième séance. Ce double mouvement va être maintenu jusqu'à la huitième semaine inclusivement. Voici comment les choses se présentent à la septième semaine :

> « À mon arrivée, Joey ne semble pas surpris de ma présence. Il m'accueille avec beaucoup d'enthousiasme. Le sourire aux lèvres, il vient avec moi au local habituel. En route, il me mentionne encore une fois que c'est notre local à nous deux, que "nous allons dans le local à Claudie et à Joey". Une fois sur les lieux, nous installons tous les deux le matériel.
>
> Joey débute la séance en promenant le camion de pompier dans la pièce. Il faut noter qu'il ne met aucun personnage en scène dans cette séquence. Après un bref moment, le camion se fracasse sur le sol et s'en trouve démonté. Il semble que ce soit Batman qui est responsable de l'état du camion, mais je ne peux en savoir davantage.
>
> L'enfant met le camion (ou ce qu'il en reste) de côté pour s'attarder aux blocs Lego. En déversant le contenant, il découvre des roues. Il entreprend alors de construire une voiture, jeu dont il se lasse rapidement. Il porte dès lors son attention sur un autre camion de pompier et un camion-remorque en me disant : « Là, on va jouer à faire des accidents ». Il met deux figurines dans le camion de pompier. Il semble que ce soit deux cailloux. Mais suite à mon questionnement, il en vient à préciser que le conducteur est Caillou et que l'autre est Mousseline (sœur de Caillou). Dès lors, il fonce à toute vitesse avec le camion de

pompier dans le camion-remorque et, par la suite, dans tout ce qui se trouve sur son chemin. Il manifeste beaucoup d'agressivité durant cette séquence.

Joey laisse ces camions de côté pour jouer avec un autre camion (genre *pick-up*). Le questionnant, j'apprends que c'est le camion de la mère. Joey ajoute que la mère est à l'intérieur de son camion. À partir de ce moment, il fonce dans le mur avec le camion à d'innombrables reprises. Il laisse le camion et va chercher une figure de sexe féminin pour représenter la mère ; il la place dans le camion. Il refait la même séquence que précédemment avec cette fois la figurine dans le camion. Il se lève et prend une autre figurine. Il me dit que c'est Batman. Il prend celui-ci et cogne sur le camion de la mère. Je lui demande alors ce qu'il se passe. Joey me répond qu'il n'est pas gentil, car il a des yeux méchants. Avec la figurine de Batman, il cogne sur la mère à quelques reprises. Il me dit que Batman n'aime pas la mère, parce qu'elle n'est pas gentille. Puis, il reprend les figurines Caillou et Mousseline et les place à l'arrière du camion conduit par la mère. Les attaques de Batman se poursuivent. Mais seule la mère est attaquée. C'est cependant celle-ci qui écrase Batman avec son camion, ce qui met fin à la bataille. Au même moment, Mousseline tombe en bas du camion. À mon questionnement, Joey répond qu'elle est tombée, parce qu'elle est tannante quand elle pleure. Je lui demande alors s'il trouve son frère tannant quand il pleure. Il répond par l'affirmative. J'ajoute alors que Caillou comme Joey aimerait être tout seul avec la maman ; il répond affirmativement avec un large sourire. En même temps, il prend la figurine qu'il appelle la maman et la place la tête en bas dans le contenant des blocs Lego. Je lui demande : "Pourquoi la tête en bas ?". J'ai droit à une série de "parce que" ; puis j'apprends que la maman n'est pas gentille, car elle ne s'occupe pas bien de Caillou et de Mousseline. C'est ce qui termine cette séquence de jeu. [...].

J'avise Joey que je ne jouerai pas avec lui durant la prochaine semaine. Il me demande pourquoi. Il semble satisfait de ma réponse (à cause de la semaine de relâche universitaire) et me dit que sa mère aussi va être en congé. Par la suite, je lui dis qu'il ne reste plus que cinq minutes à notre rencontre. Il me signale qu'alors il faut tout ranger. À ce moment précis, il reprend la maman emprisonnée puis la replace dans le contenant ; il me demande le couvercle de celui-ci et l'ayant obtenu, il le place dessus. Suite à mon questionnement, il m'avise que la mère est en punition, car elle fait mal à Caillou et à Mousseline. Je lui demande alors si la maman fait mal, elle aussi, à Joey et à Pierre-Luc, son frère. Il me répond par l'affirmative et dit qu'elle claque les fesses et que ça fait mal. Nous finissons de ranger les jouets dans la valise et nous retournons à la garderie où l'enfant est attendu pour la sieste. Joey me salue en souriant ».

La reprise de contact laisse voir l'intensité de la relation. Joey est manifestement très attaché à sa thérapeute : « Nous allons dans le local à Claudie et à Joey ». La séance s'amorce par l'utilisation d'un camion de pompier qui vient à se briser. C'est à cause de Batman, lisons "à cause du soi violent". L'action se déplace quelque peu pour se préciser : « Là, on va jouer à faire des accidents ». Joey en vient à placer deux figurines (Caillou, support identitaire du soi en revendication affective, et Mousseline, figuration du frère cadet) dans le camion de pompier et celui-ci fonce sur le camion-remorque et sur tout ce qui se trouve sur son chemin. Il ne dit pas qui conduit le camion-remorque, mais on peut penser que c'est la mère, responsable de la violence qu'il subit. C'est d'ailleurs ce que confirme la séquence qui suit immédiatement. L'enfant prend le "camion de la mère" et le fait foncer dans le mur à plusieurs reprises. Mieux encore, il se met en quête d'une figurine pouvant représenter la mère et l'ayant trouvée, il la place dans le même camion ; il fait foncer ce dernier dans le mur. Puis Batman, personnage « pas gentil et aux yeux méchants » (toujours son soi violent) s'en prend à la mère, frappant sur le camion puis sur la figurine elle-même : « Tiens ! la mère ! Bon pour toi ! » Il est dit de Batman qu'il n'aime pas la mère parce que celle-ci n'est pas gentille. Joey réintroduit Caillou et Mousseline à l'arrière du camion conduit par la mère. Cependant, Batman ne s'en prend qu'à la mère. Il n'est toutefois pas assez fort pour affronter celle-ci et il se fait écraser, la mère étant décidément trop forte. Mousseline tombe du camion ; Joey en profite pour écorcher le tannant de petit frère qui est si dérangeant quand il pleure et qui, de façon générale, prend tellement de place entre la mère et lui ("Ah ! que j'aimerais bien être seul avec maman !"). Il revient ensuite à la mère pour la placer la tête en bas dans le contenant de blocs Lego, parce qu'« elle n'est pas gentille, car elle ne s'occupe pas bien de Caillou et de Mousseline ». Quelle confidence ! Toutefois, ce n'est pas tout à fait terminé : au moment de ranger les jouets, l'enfant revient à la maman emprisonnée dans le contenant ; il réclame le couvercle pour un enfermement plus complet : « La mère doit rester en punition, dit Joey, car elle fait mal à Caillou et à Mousseline ». La thérapeute questionne pour voir si la maman se comporte ainsi avec Joey et Pierre-Luc : « Oui, répond l'enfant, elle claque les fesses et ça fait mal ».

Cette séance, si émouvante par son contenu, s'est avérée un moment décisif dans la thérapie de Joey. J'y reviendrai ci-après. Pour l'instant, il nous faut renouer avec ce qui a justifié le recours à cette vignette. Dans la phase de clarification et d'appropriation consciente, la communication entre l'enfant et son thérapeute atteint un niveau très élevé, un niveau qui n'a rien à envier à ce qui peut survenir entre un patient adulte et son thérapeute. Pour laisser entrevoir ce à quoi correspond vraiment une thérapie pour un enfant (et pour un adulte), il me vient spontanément à l'esprit l'image d'un pontage (coronarien ou routier) d'une voie de contournement, d'une voie parallèle, d'un *by-pass* propose si éloquemment la langue anglaise. C'est dans cette deuxième phase que le *by-pass* se met vraiment en place et opère à plein régime. Le cas de Joey constitue de cela un exemple fort illustratif. À cette deuxième phase, l'enfant a investi sa thérapeute comme la bonne mère anaclitique tant désirée, la maman gratifiante si amèrement perdue : « J'aime tellement ça quand tu viens jouer avec moi », lui a-t-il dit dès la troisième rencontre. Profitant de cette avenue, de cette voie de contournement, il s'est confié à elle, toujours plus, pour en venir à aborder des choses qu'il n'aurait pu évoquer spontanément qu'avec difficulté, en même temps que s'étoffait le plaisir d'être là avec elle et de sentir qu'il comptait pour elle. Voilà ce qu'est la deuxième phase essentiellement, la phase de l'instauration du *by-pass*.

4.3   La phase de remise en route du développement

Une fois qu'a été abordé en thérapie ce qui fonde la souffrance de l'enfant, une fois qu'ont été pleinement exprimés la frustration et l'espoir, sentiments masqués par des comportements inadaptés, dysfonctionnels, embarrassants, voire insupportables, une fois que le ou les parents ont commencé à mettre en place une nouvelle façon d'interagir avec l'enfant, une façon plus respectueuse de ses besoins développementaux, l'élan maturatif se réinstalle, le développement reprend son cours. C'est comme la fraîcheur ensoleillée d'une journée qui suit une nuit d'orage, un temps si propice à la croissance. Ceux qui ont charge de l'enfant observent avec étonnement les modifications qui se font jour dès lors : l'enfant ne fait plus dans ses pantalons, il va à la toilette, il respecte les productions des pairs, il ne règle plus ses conflits avec des coups de poing ou de pied, il se comporte comme un grand et affirme qu'il est un grand ;

il est souriant, gai, ce qu'on ne connaissait pas de lui ; il écoute les consignes, il se mêle au groupe de pairs et se montre gentil ; il tolère beaucoup mieux le petit frère ou la petite sœur, s'amuse même avec lui ou elle pendant de longs moments, du jamais vu ; il ne réclame plus en toute exclusivité l'attention de l'adulte ou de la mère, il n'entre plus en conflit à tout moment avec les autres ; il tend plutôt à entrer en compétition, il veut montrer que lui aussi, il grandit ; etc. Dans le cas de Joey, deux séances après celle rapportée ci-dessus, sa thérapeute raconte :

> « Au retour à la garderie, Joey est tout excité de raconter aux copains ce que nous avons fait. Pendant ce temps, discrètement, l'éducateur me demande si cela va bien avec Joey. Suite à ma réponse affirmative, il me précise qu'il a remarqué quelques changements. Il dit qu'il est plus attentif, qu'il écoute plus quand on lui parle et qu'il participe davantage aux activités. Il semble heureux de constater une amélioration ».

Au cours de la même huitième séance, Joey a produit un matériel qui faisait montre d'une grande ambivalence à l'endroit de la mère et du frère : la mère était toujours attaquée, mais elle faisait pour la première fois l'objet de mesures de sauvetage (il en allait d'ailleurs de même pour le frère). De plus, des éléments phalliques pointaient dans le jeu, pour la première fois également. Ces éléments se préciseront à la neuvième séance avec l'entrée en scène du personnage du grand-père maternel, figure qui prendra toujours plus d'importance ensuite. À la dixième séance, il y a apparition des premiers éléments œdipiens francs. Dès lors, la thérapie entre dans sa dernière phase, la phase de terminaison.

Évidemment, chez un tout-petit de quatre ou cinq ans, la progression peut être extraordinairement rapide : la traversée de la période phallique peut être affaire de deux ou trois semaines. Chez l'enfant de six ans ou plus, la durée de cette traversée est généralement plus longue ; les comportements phalliques peuvent meubler la thérapie pendant deux mois et même plus, si l'enfant a entre sept et dix ans. Le sujet cherche à se mesurer à son thérapeute à la moindre occasion. Il se comporte de la même manière à la maison avec les parents, avec les membres plus vieux de sa fratrie, etc. Et que dire de son comportement à l'école ou dans les activités parascolaires ou sportives ![27]

---

[27] Le scénario type d'un processus thérapeutique que je donne ici correspond à ce qui survient fréquemment : l'enfant arrive avec une revendication affective plus ou moins

4.4 La phase de terminaison

Une fois qu'a été suffisamment assouvi le besoin de reconnaissance phallique, les premières manifestations œdipiennes apparaissent. L'enfant s'approche du point de développement atteint normalement à son âge par les enfants qui se portent bien. L'attachement au thérapeute devient sexué. D'ailleurs, la dimension sexuée des personnages est prise en compte dans les productions ludiques, psychodramatiques ou graphiques. Dans la troisième vignette présentée précédemment, Alexandre (le petit bonhomme qui voulait jouer à sauter des fesses sur les fesses de sa thérapeute !) nous donnait un bel exemple de la façon dont les choses se passent en séance quand cette étape est atteinte. Pour compléter cette illustration, retrouvons Maxime, notre sujet de la deuxième vignette, à sa douzième séance :

> « Maxime vient vers moi. Il prend les deux batmans ; j'apporte des personnages féminins. Il me dit de fermer la porte pour que nous soyons tranquilles. Nous prenons chacun un batman. Je lui demande ce qu'il arrive, lui précisant que c'est lui qui décide. Il répète que c'est lui qui décide, qu'il est le chef. Il a le méchant batman et moi, le bon. Nos personnages se battent. C'est le mien qui perd. Il tombe en bas de la table. Maxime m'apprend une nouveauté, à savoir qu'il n'y a pas de lave en bas de la table, mais de l'eau. Mon bonhomme peut donc remonter avant de manquer de souffle et se battre à nouveau. Il y a à nouveau bataille, mais c'est toujours le personnage de Maxime qui l'emporte. Au cours du dernier combat, l'enfant me parle des fesses de mon batman et il dit à un autre moment que le sien lui a donné un coup de pied au pénis. Puis il cache son Batman derrière le plat et le

---

importante ; il a donc un fonctionnement affectif de type anaclitique ou limite ; grâce à la thérapie et à l'implication des parents, il accède d'abord à la période phallique (étape ultime du fonctionnement anaclitique), puis finalement, à l'œdipe, donc à un mode de fonctionnement de niveau préstructuré névrotiquement (Bergeret, 1974). Un certain nombre d'enfants, moins nombreux heureusement, arrivent avec un déficit nettement plus important, manifestant un fonctionnement préstructuré psychotiquement ou très voisin de celui-ci (parapsychose). Inutile de dire que la thérapie de ces sujets est plus délicate, plus longue (pourra-t-elle être menée à terme ? Quels bénéfices apportera-t-elle ?) ; pour ces enfants la thérapie démarre un "cran en dessous" du point que j'ai évoqué ci-dessus et le point d'arrivée œdipien restera hors d'atteinte, sauf exception. Par ailleurs, un grand nombre d'enfants arrivent en thérapie avec un fonctionnement œdipien plus ou moins décompensé (ils sont donc en névrose) ; l'évolution de ces cas en sera d'autant simplifiée comparativement au cheminement type : le processus sera en général de beaucoup raccourci, toutes choses étant égales par ailleurs (notamment une très bonne implication des parents). Bien évidemment, je reviendrai sur ces cas ultérieurement.

fait surgir pour assaillir mon batman qui, tout ébranlé, se demande ce qui s'est passé. Mon personnage cherche qui l'a attaqué, mais il ne voit rien. Puis, il doit avoir peur lorsque Maxime fait hurler le sien. Puis il saisit un robot et me dit que c'est l'ami de mon batman. Son propre batman décide de tuer ce robot. L'enfant prend un autre des amis robots de mon personnage et lui réserve le même sort. Je demande comment il se fait qu'il tue tous mes amis. Maxime me dit que c'est pour que mon batman reste tout seul. Mais ce ne semble pas pour qu'il ne joue qu'avec moi. Il s'agit plutôt de le punir, pour qu'il soit à l'écart. L'enfant me dit que son personnage est invincible. Je lui demande si lui-même, il se sent fort comme son batman. Il me répond : « Ben oui ! ». Il compare alors nos personnages sur le plan de la force (grosseur des muscles) et de la grandeur. Bien que le mien soit plus grand, Maxime déclare le sien supérieur [...].

L'enfant me donne ensuite un bonhomme qui nourrit son batman avec des fruits. Mais celui-ci n'aime pas ça et vient cracher sur mon batman ce qu'il a avalé. Puis Maxime va chercher un gorille plus fort que mon batman ; ensuite, nos personnages se battent. Le mien perd évidemment. L'enfant me montre les ailes du gorille (muscles du dos) et son pénis. Ce gorille va dans l'école et devient le professeur. Mon batman doit y entrer, mais il se fait jeter dehors, parce que c'est un grand et que l'école, c'est pour les enfants. [...] J'annonce à Maxime que nous devons terminer notre rencontre. Il me demande pourquoi je ne reste pas jouer avec lui toute la journée. Je lui dis que je dois partir même s'il aimerait que je reste. Comme je ramasse les jouets, il me dit qu'il s'ennuie de moi quand je ne suis pas là et qu'il pense souvent à moi avant de "faire dodo" ».

Le matériel semble à première vue plus phallique qu'œdipien. J'ai proposé à mes étudiants de le lire comme bel et bien œdipien : le batman confié à la thérapeute n'est pas la figuration d'un simple grand à affronter ; il n'est pas la figuration de la thérapeute (appréhendée de manière non sexuée) ; il s'agit plutôt d'un grand sexué qui symbolise soit la figure paternelle, soit une figure de transfert de cette dernière, par exemple, l'ami présumé de la thérapeute, ce que confirmera de toute façon le matériel produit à la séance suivante. La confidence donnée par l'enfant en fin de séance (véritable déclaration amoureuse !) appuie mon hypothèse. C'est comme si l'enfant disait à travers tout le matériel : « Je te désire pour moi, toi, Karine (ce qui est le nom de la thérapeute), "celle" que j'aime. Je veux écarter tout autre homme qui tournerait autour de toi, si grand soit-il. D'autant plus qu'ici, nous sommes à l'école et que l'école, ce n'est pas pour eux (les rivaux). Montre-moi que tu m'aimes ; reste avec moi. Je m'ennuie tellement de toi quand tu n'es pas là. Et puis, je pense souvent à toi avant de faire dodo ».

On peut se demander comment il faut procéder pour amener un enfant si intensément amoureux à accepter finalement de se détacher de sa thérapeute. C'est effectivement un passage délicat. Il faut savoir manœuvrer de manière à ne pas heurter l'enfant. Ce sujet comporte suffisamment d'aspects pour que je lui consacre une section entière ultérieurement. Je peux tout de suite dire que ce passage se trouve grandement facilité par le réinvestissement par l'enfant du parent de sexe différent ou encore par l'investissement d'une petite fille (pour les garçons) ou d'un petit garçon (pour les filles). C'est là qu'aboutit le pontage, le *by pass* mis en place au cœur de la thérapie. C'est en somme ce parent ou ce pair qui profite de l'héritage affectif du thérapeute quand celui-ci s'efface.

Il m'importe de mentionner que pour les enfants qui ont moins de cinq ans quand leur accès à l'œdipe s'est réalisé, la psychothérapie ne va pas nécessairement se poursuivre tant et aussi longtemps que la renonciation à la quête (œdipienne) du parent aimé ne se sera pas réalisée, d'autant moins nécessairement que les symptômes à la source de la référence initiale auront disparu. Il suffira au psychothérapeute d'orienter les parents sur les attitudes qu'ils devront maintenir avec l'enfant pour que cette renonciation survienne. Il en va tout autrement, bien évidemment, pour la thérapie des enfants de plus de plus de cinq ans qui avaient dès le début de la prise en charge un mode de fonctionnement œdipien : dans le cas de ceux-là, c'est le fait de ne pas avoir renoncé à la victoire œdipienne qui pose problème et qui en constitue le cœur de la problématique, à moins que ce ne soit la culpabilité encourue pour avoir désiré la rupture du couple parental. Dans leur cas, la poursuite de la psychothérapie s'impose jusqu'à la levée de la problématique.

Conclusion

Grâce au matériel que nous avons passé en revue dans ce chapitre, nous avons pénétré dans l'intimité du processus thérapeutique. Nous avons étudié plusieurs de ses facettes essentielles. Malgré le chemin parcouru, il nous reste encore beaucoup d'aspects à étudier, des aspects qui sont également très importants. Ce sera l'objet du chapitre huitième de poursuivre dans cette direction. Nous devons auparavant nous pencher sur la réalité de la supervision (chapitre sixième) et sur diverses facettes du travail avec les parents (chapitre septième).

Chapitre sixième

La nécessaire présence du superviseur

Introduction

L'accent mis sur le cadre thérapeutique, sur certains éléments généraux de ce cadre, sur les étapes de la thérapie et sur la lecture des vignettes utilisées pour illustrer l'un ou l'autre point abordé ainsi que les commentaires apportés sur ces vignettes a vraisemblablement provoqué une certaine anxiété, à tout le moins des sentiments mitigés chez celui qui n'est pas encore familier avec l'expérience psychothérapeutique. Faire de la thérapie d'enfant peut en effet sembler à certains simple "comme un jeu d'enfant". Aux yeux d'autres aspirants à cette pratique, ce travail peut apparaître comme plutôt complexe. Ma présentation des choses n'a sans doute pas suffisamment insisté sur le fait que dans ce travail, le thérapeute, néophyte ou non, n'est pas seul. Il est accompagné par un superviseur qui le guide et qui lui permet de développer ses habiletés progressivement dans les diverses tâches reliées à ce type d'interaction avec l'enfant. Il importe, avant d'aller plus avant dans notre étude des aspects de la thérapie, de dégager pleinement le rôle que se trouve à assumer le superviseur par rapport au thérapeute.

1. Les diverses facettes du rôle du superviseur

En discourant au chapitre précédent sur la sauvegarde de la projectivité de la situation thérapeutique, j'ai fait allusion à la fonction que se trouve à remplir le superviseur dans l'application et l'opérationnalisation de ce principe. D'autres fonctions tout aussi essentielles s'ajoutent à cette première fonction : vérifier la justesse du diagnostic concernant le niveau de fonctionnement affectif du thérapisé ; vérifier la compréhension de ce qui cherche à se dire chez lui à travers chacune de ses élaborations ; discuter des interprétations à proposer au patient et déterminer en quelles circonstances ; dans la pratique auprès des enfants et des adolescents, s'ajoute l'examen des interrelations avec les parents, des prises de conscience à favoriser chez eux, des recommandations à leur faire ; etc. Il importe de développer chacun de ces points.

1.1 Vérifier le degré de sauvegarde du caractère projectif de la situation de thérapie

Une des missions importantes de la supervision consiste à vérifier dans quelle mesure le caractère projectif des situations qui se sont mises en place entre thérapeute et thérapisé a été respecté et exploité au mieux, dans quelle mesure l'action et la réaction du thérapeute ont été des éléments favorables, dans quelle mesure elles ont facilité l'élan projectif du thérapisé. J'ai donné au chapitre précédent beaucoup d'exemples dans lesquels le principe de la sauvegarde de la projectivité des situations était respecté. Les exemples sont faciles à repérer, car ils abondent dans la pratique courante. Donner un exemple où les choses n'ont pas été vécues de la bonne façon constitue une tâche un peu délicate. Il faut pourtant que je m'y résolve pour les bénéfices de l'enseignement. Je vais tirer le premier exemple d'une thérapie magnifiquement conduite jusque-là par une étudiante fort brillante par ailleurs. À la dix-huitième séance s'est présentée une situation devant laquelle celle-ci n'a pas bien réagi. Je me permets de préciser que la thérapie en est à la quatrième phase, l'enfant ayant commencé depuis peu à adopter dans son jeu un mode de fonctionnement franchement œdipien ; cet enfant présentait, au point de départ, un fonctionnement anaclitique typique, avec des sentiments violents à l'endroit de sa sœur de sept mois ; il avait quatre ans et 11 mois au moment de la séance rapportée ci-après :

> « Nicolas était dans la cour avec son groupe lorsque je suis arrivée à la garderie. Il m'a donc suivie à l'intérieur, mais il m'a rapidement fait savoir qu'il n'avait pas envie de jouer en bas avec moi, préférant demeurer dehors. Je lui ai alors proposé de sortir avec lui, ce qu'il accepta avec joie. Une fois à l'extérieur, il prit ma main (ce qu'il n'avait jamais fait auparavant) pour m'emmener vers les bacs à jouets, où il me demanda de prendre le ballon.
>
> Nous avons donc joué durant une heure au soccer. Évidemment, d'autres enfants tentèrent de se joindre à nous, ce qui semblait déranger beaucoup Nicolas puisqu'il se fâchait ou pleurait alors (c'est arrivé à deux ou trois reprises). Il désirait vraiment m'avoir pour lui tout seul !

À quelques reprises, les enfants en récréation dans la cour d'école adjacente lancèrent accidentellement leur ballon dans la cour de la garderie. Chaque fois, Nicolas se dépêchait d'aller chercher le ballon et le leur relançait en me faisant un sourire fier (comme s'il voulait me signifier qu'il jouait avec les grands, qu'il était donc grand et bon lui aussi).

Après m'avoir appelée près de lui, il grimpa sur un petit arbre et y cueillit une branche qu'il lança de l'autre côté de la clôture, sur le trottoir. Une petite fille passa alors le bras à travers la clôture et se saisit de la branche, ce qui fâcha Nicolas. Je lui expliquai que ce n'était pas grave, puisque j'avais vu qu'il était capable de grimper et de cueillir cette branche. Il sembla d'accord avec moi et nous reprîmes notre jeu.

Il voulut entrer dans la garderie pour boire de l'eau. Je l'y accompagnai donc, pendant qu'il me tenait la main. De retour à l'extérieur, quelques enfants me demandèrent de l'aide pour atteindre des jouets placés dans les bacs. Nicolas m'aida à les atteindre, remettant lui-même les jouets aux plus petits, semblant vouloir, encore une fois, m'impressionner et me montrer qu'il était lui aussi un grand capable de bien s'occuper des petits.

Après une heure de jeu, je lui dis qu'il était temps pour moi de repartir. Il me demanda si c'était parce que je n'avais plus envie de jouer avec lui ; je lui expliquai que c'était seulement parce qu'il était l'heure de partir et que je reviendrais la semaine suivante. Il objecta qu'il serait seul pour jouer, mais je lui rappelai que beaucoup d'amis désiraient jouer avec lui un peu plus tôt. Il appela donc un petit garçon, puis me salua avec un signe de la main. Je voulus donc aviser Annie de mon départ et m'aperçus alors qu'elle était déjà rentrée avec son groupe. Je retournai donc voir Nicolas qui accepta de bon cœur de retourner dans sa classe, d'autant plus que son petit copain venait de lui faire mal ! Il me demanda s'il saignait (il n'avait qu'une petite écorchure) et me dit que ça ne lui faisait "même pas mal" ! Il rentra en me donnant la main ».

La thérapeute a été manifestement déconcertée par le refus initial de Nicolas de venir au local de thérapie comme à l'accoutumée. Elle s'est laissée séduire par la perspective d'une séance réalisée dans la cour de la garderie, ce qui lui a semblé préférable à ne pas avoir de séance du tout. Il est manifeste que durant cette rencontre, le caractère projectif de la situation thérapeutique n'a pas été sauvegardé. La thérapeute a dû quitter son rôle habituel pour jouer celui d'une éducatrice spécifiquement affectée à l'enfant ; elle a interagi avec celui-ci dans le réel de son environnement de la garderie. Face à des conditions qui échappaient à son contrôle et à sa prévision, elle a dû à quelques reprises "chausser les souliers" d'un parent protecteur et bienveillant. On aura noté que l'enfant lui-même, à sa manière, a réagi négativement à ce changement de cadre et de rôle. Qu'aurait dû faire la thérapeute ? Tout simplement dire à l'enfant : « Je comprends ça, Nicolas, que tu n'aies pas envie de venir. Je m'en vais quand même à notre local habituel et si tu décides de venir, tu vas me trouver là ». Le garçon serait très probablement allé retrouver sa thérapeute après peu de temps. Et s'il n'était pas venu, pourrait-on questionner, ce temps aurait été perdu, non ? Pas vraiment : son absence aurait signifié un début de détachement vis-à-vis de la thérapeute, ce que confirmera d'ailleurs la façon dont l'enfant réagira deux semaines plus tard à la fermeture de la thérapie. De toute manière, sur le plan même de la thérapie, la rencontre "en plein air" n'a strictement rien donné. Heureusement, la thérapie en était ici à ses dernières séances ; les inconvénients auraient été beaucoup plus difficiles à surmonter si elle en avait été à la première ou à la deuxième phase, par exemple.

Les manquements à l'égard du principe de sauvegarde de la projectivité peuvent revêtir différentes formes. Le débordement que nous venons d'étudier en est un assez évident. D'autres sont moins apparents et quelquefois assez subtils. Dans le vif de l'interaction avec l'enfant, le thérapeute peut être entraîné à assumer des personnages d'une manière qui témoigne beaucoup plus de sa propre dynamique psychique que de celle de l'enfant[28]. Ce que le personnage assumé réalise se trouve à ce moment-là en rapport avec ce qui intervient chez le thérapeute indépendamment de ce qui a trait à la problématique de l'enfant. La prise en charge d'un ou de plusieurs personnages dans le jeu de l'enfant (jeu de figurines à deux, psychodrame, etc.) demande de la part du thérapeute beaucoup de décentration (par rapport à soi) ; elle exige qu'on se préoccupe sans cesse d'arrimer la trame de ce qu'on réalise sur l'élaboration en émergence de l'enfant ; elle exige qu'on situe sa participation dans le sillage

---

[28] Un fait qui laisse entrevoir la singulière importance d'être au clair avec sa propre dynamique et la nécessité, pour aller plus avant dans cette pratique professionnelle, de se soumettre soi-même à un processus thérapeutique. La supervision peut à l'occasion faire apparaître la pertinence de cette démarche personnelle.

de celle de l'enfant. Il ne faut pas que cette participation soit la locomotive de l'interaction entre l'enfant et le thérapeute (à moins qu'on ne profite d'une telle occasion pour transmettre une interprétation, ce qui est une tout autre chose). Le recours au superviseur, facteur d'appréciation décentrée, est absolument nécessaire pour évaluer cela.

Une autre forme de manquement au principe de la sauvegarde de la projectivité, forme également fréquemment rencontrée, est le questionnement indu. Voici un exemple fictif : l'enfant met en place un certain nombre de figurines et se plaît à les nommer ; l'action n'a pas encore véritablement démarré ; or, voilà que le thérapeute mitraille l'enfant de questions : « Pourquoi telle chose à tel endroit ? Pourquoi tel nom à tel personnage ? Est-ce qu'il connaît, lui, l'enfant, une personne qui porte ce nom ? » etc. En fait, le thérapeute qui agit ainsi limite l'espace projectif que l'enfant s'apprête à utiliser. Il faut laisser le jeu s'installer ; il faut laisser la spontanéité de l'enfant prendre son envol ; il faut laisser se déployer l'imaginaire de l'enfant et éviter de lui couper les ailes. L'identification consciente d'un personnage qui se masque derrière telle ou telle figure a pour effet d'amener l'enfant à devoir parler ouvertement de quelqu'un ou de quelque chose, ce à quoi il n'est pas nécessairement prêt. Ici encore, l'éclairage et la critique (encourageante et constructive) du superviseur sont précieux pour garantir un nécessaire réajustement.

Pour terminer sur ce point, je donnerai une illustration qui est, elle aussi, en relation avec le maintien du caractère projectif de la situation de thérapie. Cette illustration nous place devant une relation qui s'amorce, l'enfant venant pour sa première séance. Il s'agit d'une fille de huit ans qui se présente avec une problématique œdipienne selon toute apparence (impression que dégage l'entrevue d'anamnèse avec les parents. Dans le cours de la séance, invitée à produire ce qu'elle veut avec le matériel mis à sa disposition, l'enfant exprime sa satisfaction à pouvoir travailler avec une pâte à modeler qui est restée molle et très malléable, celle qu'elle a à la maison étant durcie et pratiquement inutilisable. En toute fin de séance, s'étant rappelé l'allusion de l'enfant, la thérapeute lui propose de garder la pâte et de l'apporter chez elle. Il ne s'agit pas d'un faux-pas très important, mais il constitue néanmoins ouverture à une gratification directe et concrète de l'enfant... En s'installant dans le rôle de "quelqu'un de gentil", de "quelqu'un qui donne facilement", la thérapeute limite indéniablement l'espace de transfert. Qu'adviendra-t-il, par exemple, si cette attitude de thérapeute "gentille et généreuse" est maintenue, quand l'enfant va ressentir le besoin d'exprimer plus expressément ses sentiments agressifs à son endroit (en transfert) ? L'enfant va se sentir coincée : elle va craindre de heurter la thérapeute, va se sentir coupable, non reconnaissante, mauvaise fille, etc. Les choses n'auraient pas été plus simples si la thérapeute avait été en présence d'un enfant à fonctionnement anaclitique. Au contraire, l'enfant se serait présenté à chaque séance ultérieure avec des attentes de cadeaux, qu'il aurait fallu frustrer à un moment donné. Sans parler des retombées sur les autres patients présents dans la salle d'attente et témoins de ces cadeaux particuliers, retombées qu'il aurait fallu gérer aussi... Voilà ce que la supervision a permis de faire ressortir.

1.2 Vérifier la manière dont a été exploitée la situation de thérapie sur le plan projectif

Il arrive fréquemment, surtout en début de pratique, que même si le thérapeute a sauvegardé magnifiquement le caractère projectif de la situation thérapeutique, il n'ait pas su l'exploiter au mieux, de telle manière que l'élaboration de l'enfant s'est en quelque sorte arrêtée en chemin, à tout le moins qu'elle ne s'est pas déployée comme elle aurait pu le faire. Nous nous retrouvons ici avec le défaut contraire de la précipitation à agir ou à questionner que nous avons rencontrée dans la section précédente. Dans ces cas de figure, le thérapeute a cédé à la tentation de l'attentisme, de la simple écoute et du laisser-faire. Une bonne occasion de faire s'accroître la conscience du thérapisé a pu être manquée. Il ne faut pas en faire un plat, car une autre occasion se présentera généralement peu de temps après. Il faudra dès lors savoir en profiter. Ce point laisse voir la nécessité d'une supervision réalisée à un rythme rapproché, de façon à ce que la psychothérapie puisse progresser à un rythme optimal.

Les incidents du genre de celui que j'évoque ici se produisent le plus souvent avec des enfants qui ont des problèmes de mentalisation (fonctionnement anaclitique ou limite) ou qui, pour une raison ou pour une autre (passage difficile, retour de vacances au cours desquelles ils ont eu l'impression d'être abandonnés, etc.), ont comme attitude de ne communiquer que le moins possible. Avec ces enfants, si l'on ne se contente que de ce qu'ils donnent spontanément, on risque de perdre du temps et on risque aussi de voir diminuer la motivation à venir en thérapie. Il faut donc chercher à maximiser l'élaboration, à étirer cette "peau de chagrin" que l'enfant arrive tout au plus à produire. Encore faut-il le faire d'une manière qui sauvegarde le caractère projectif de la situation, d'une manière qui n'influe pas sur la direction et le sens de l'élaboration de l'enfant, d'une manière qui n'induit pas celui-ci à dire ou à faire quelque chose pour la simple raison que c'est ce qui est désiré ou attendu par le thérapeute. Même à l'intérieur de ces balises, un grand nombre d'interventions restent possibles pour assurer la relance ou la poursuite de l'élaboration de l'enfant : « Pourquoi X fait-il telle chose ? » « Je remarque que tu as mis tel personnage à part ; peux-tu me dire pourquoi ? » « Je vois que tu es prêt à passer à autre chose ; mais auparavant, j'aimerais que tu me dises comment ça finit » ; « Et lui, qu'est-ce qu'il pense ou dit de tout cela ? » ; etc..

Le superviseur doit avoir un niveau élevé de compétence dans l'art d'exploiter la situation projective. Profitant d'un certain recul (il n'est pas impliqué dans le "feu de l'action" comme l'est le thérapeute), il est en mesure d'évaluer rapidement si les situations qui se sont présentées au cours de la séance ont été exploitées au mieux ou, à tout le moins, convenablement. En vertu précisément de son expérience et de sa compétence, cette habileté est comme une "seconde nature" pour lui. Il doit faire preuve sur ce plan d'une aisance comparable à celle d'un entraîneur compétent ou d'un instructeur très concentré qui repère rapidement les faux-pas ou les défauts techniques dans la performance et qui suggère rapidement ce qu'il faut faire pour les corriger.

Je tire de ma supervision du jour un petit fait illustratif du point que nous sommes à étudier. Ce petit fait est survenu dans la thérapie de Véronique, enfant au fonctionnement limite (phallique) de dix ans. C'est une fille qui se remet lentement d'une problématique d'abandon, la mère, très égocentrique, ayant souvent ignoré ou négligé de combler ses besoins développementaux les plus légitimes. La thérapie en est à sa vingt-troisième séance. Véronique avertit d'abord sa thérapeute du fait qu'elle ne pourra venir pendant un certain temps, à cause des vacances. Elle aborde ensuite ce qu'elle fera pendant l'été. Elle parle des possibilités que lui offre le cadeau qu'elle a reçu à son anniversaire (matériel de camping). Elle se remémore des souvenirs en liaison avec le père. Puis elle coupe un bout de corde et le met autour du poignet de la thérapeute (une façon de dire à celle-ci qu'elle voudrait la garder avec elle). Je cite le récit de la thérapeute :

> « Elle me demande combien j'ai d'enfants dans la vraie vie. Je lui demande pourquoi elle veut savoir ça. Elle me dit pour rien. Je lui réponds que je ne parle pas de moi ici. Elle prend un carton et elle dessine toutes sortes de choses. Elle fait des confettis qu'elle me lance ».

Je suis d'avis que la préadolescente a vécu comme plutôt frustrante la justification de la thérapeute (« Je ne parle pas de moi ici ») et qu'elle a réagi avec une certaine agressivité suite à cette réponse, en faisant des confettis et en les lançant à la thérapeute. J'estime que cette réponse, pas vraiment incorrecte quant au fond, était peut-être inappropriée quant à la forme. Il aurait mieux valu reconnaître tout de suite le besoin de reconnaissance anaclitique phallique qui se profilait derrière la question, par exemple, par l'intervention suivante : « Se pourrait-il que tu veuilles savoir si tu dois me partager avec quelqu'un d'autre ? » Au lieu d'être ressentie comme une porte sur laquelle on se cogne le nez, sentiment que semble très précisément avoir provoqué la réponse de la thérapeute, l'alternative aurait laissé voir que sa demande affective de la fillette était doublement reconnue : d'une part, celle-ci aurait été clairement identifiée par la thérapeute par la question elle-même ; d'autre part, elle aurait également été reconnue par le sens de la question : s'il est question de "partage", c'est qu'à tout le moins une place est concédée et reconnue à l'enfant.

1.3 Vérifier la compréhension de ce qui cherche à se dire dans la production du thérapisé

C'est un art que de créer et de maintenir, en séance, les conditions qui vont faire en sorte que l'enfant va s'exprimer librement par le jeu, par le dessin ou par tout autre moyen adapté à son besoin ou à son désir d'expression. Cet art ne constitue pas à lui seul la compétence à faire de la thérapie, ni peut-être même l'essentiel de cette compétence, comme on pourrait le penser à ce moment-ci, compte tenu de l'importance que j'ai lui accordé jusqu'à maintenant. Il existe un autre art qui lui est complémentaire et qui revêt peut-être encore plus d'importance. Il s'agit de celui qui se rapporte à la capacité de comprendre le sens profond de ce qui cherche à se dire dans la production de l'enfant[29]. J'ai déjà affirmé dans un chapitre antérieur que le thérapeute est une sorte "d'accoucheur de sens". Oh certes ! il n'est pas celui qui produit ce sens, mais il participe néanmoins à sa mise au jour. Idéalement, il doit être capable de l'identifier avant même le thérapisé, s'il veut être utile à celui-ci. Je dis idéalement, car je suis bien conscient que cette habileté ne peut véritablement être en place au niveau des premiers pas dans le métier. Cette habileté se développe progressivement, plus ou moins rapidement selon le talent et le travail de chacun ou selon la facilité du cas. En attendant qu'elle soit relativement robuste et capable de s'exercer sur un nombre suffisamment grand de problématiques, c'est le superviseur qui supplée. Celui-ci travaille sur deux plans donc : d'une part, il permet la compréhension du sens latent du matériel produit par l'enfant et, d'autre part, il veille au développement des habiletés de compréhension chez le supervisé. Cette entreprise conjointe d'interprétation donne rapidement des résultats fort intéressants. Bien sûr, au début, la capacité d'interprétation du supervisé fonctionne un peu comme à la traîne de celle du superviseur, mais la thérapie n'en souffre pas vraiment pourvu que la supervision ait un rythme hebdomadaire. Assez rapidement, le thérapeute prend de l'assurance, se risque à des hypothèses qu'il soumet à son superviseur pour discussion ou vérification.

Il est pertinent ici encore de faire appel à une vignette pour illustrer le niveau de capacité auquel un supervisé peut parvenir après quelques mois. Karine R. (c'est son nom) assume en thérapie le cas de Caroline (nom fictif) depuis près de quatre mois. Nous en sommes à la toute dernière séance, la seizième. L'enfant a quatre ans et dix mois à moment-là. Elle nous a été référée quatre mois plus tôt en raison de ses difficultés d'adaptation à la garderie. Elle était alors décrite comme une enfant méfiante, farouche et qui entrait difficilement en contact avec ses pairs. Elle était aussi présentée comme une enfant maussade (sans raison apparente), immature. Elle est l'enfant d'une jeune femme qui était adolescente (14 ans à peine) au moment de l'accouchement. Alors en cohabitation avec le père de l'enfant, la jeune femme devait se séparer de celui-ci au moment où l'enfant avait huit mois. Caroline devait revoir son père

---

[29] Ces arts ne sont pas complets à eux deux en regard de la compétence globale du thérapeute ; à eux s'ajoutent nécessairement deux autres atouts incontournables : un bon équilibre psychique et l'habileté de susciter ainsi qu'à maintenir la participation des parents. Je reviendrai ultérieurement sur chacun de ces deux points.

quelques fois jusqu'à ses dix-huit mois ; elle ne le revit plus par la suite. Après la séparation, la jeune mère est revenue vivre avec sa fille chez ses propres parents. Son frère vit aussi dans la même maison. Le matériel des trois premières séances est assez touffu, laissant voir des éléments qui pouvaient être interprétés dans un sens tout aussi bien anaclitique qu'œdipien. La mentalisation nous a paru d'emblée étonnamment riche, compte tenu de la description qui nous avait été faite de l'enfant. Le matériel de la quatrième séance prend une allure œdipienne bien affirmée. La suite de la thérapie ne devait pas remettre en cause cette évaluation. Il s'est rapidement avéré que l'enfant était fortement amoureuse du copain de la mère. Les changements qui s'opérèrent dès lors chez l'enfant à la maison comme à la garderie furent très marqués. Voici le contenu de la séance :

> « Caroline est reconduite au local par sa mamie. En m'apercevant, elle se cache d'abord derrière celle-ci pour venir me rejoindre ensuite. Ce matin, elle se montre moins dynamique et plutôt songeuse. Le faible niveau d'intérêt peut être lié à la tristesse causée par le fait que c'est notre dernière rencontre ou à un désinvestissement normal de la psychothérapie pour cette même raison.
>
> La séance se débute par le dessin. Un seul dessin est produit (voir la figure 1). Caroline lui consacre environ 15 minutes ; elle s'applique beaucoup et inscrit plusieurs détails. La description et le contenu verbal qui se rattachent au dessin lui font évoquer deux histoires. D'abord, elle trace un bonhomme avec une tête en forme de porte. Ce bonhomme s'est cogné la tête sur une porte ; il tient un ballon qui vole dans les airs. Un soleil est ajouté ainsi qu'une maison. Dans la maison, il y aurait un petit garçon dans sa chambre qui a peur du monstre. Le garçon avertirait sa mère, qui est aussi dans la maison, qu'il craint le monstre. Ces premiers éléments peuvent se lire en tant que fonctionnement œdipien. Le grand "bonhomme-porte" représenterait le moi œdipien (à la forme monstrueuse, que l'on cogne sur la porte) qui tient un ballon volant vers le père-soleil. La mère serait enfermée dans la maison avec l'enfant qui a peur. Plus loin, Caroline ajoute une petite souris qui fait du saut à la corde. La souris est une fille ; un autre enfant, un ballon à la main est ajouté, ainsi que des balançoires. Caroline me montre son dessin, mais s'aperçoit qu'il manque les parents. Une fois les parents représentés (ils se tiennent par la main), elle mentionne qu'ils ne veulent pas que la souris et le personnage au ballon jouent. Un doigt ensanglanté est alors ajouté au "bonhomme-porte" du début.

On pourrait interpréter le refus des parents comme indiquant l'interdiction de briser le couple parental et voir le personnage-porte comme figurant le support identitaire qui est fortement amoureux du conjoint de la maman et qui doit être puni. Caroline manifeste alors de désir d'aller rejoindre ses amis, mais change d'idée et décide d'utiliser la pâte à modeler.

L'enfant me demande alors de faire un monsieur bonhomme de neige, du feu et finalement une maison, pendant qu'elle-même fabrique une madame bonhomme de neige. Selon elle, une grande fenêtre est à la base de la maison. Le monstre pourrait regarder les bonshommes se marier, par cette fenêtre. Le monstre n'est pas content. Je demande si le monstre est fâché parce qu'il veut le papa pour lui. Caroline répond par l'affirmative. Pour ce qui est du feu, elle décide de ne pas l'intégrer à l'histoire, mais son apparition témoigne tout de même de la passion pour la figure masculine ou de l'agressivité envers la figure féminine maternelle. Mon monsieur bonhomme de neige et la madame doivent se présenter l'un à l'autre. La dame dit s'appeler Sarah, mais l'enfant ajoute que ce n'est pas son vrai nom. Elle précise à mon monsieur que son autre nom est un secret. À la suite de ce discours, Caroline me regarde en disant : "C'est dans le jeu, ça hein !". Ensuite, sa Sarah part se battre contre "l'autre", c'est-à-dire contre le monstre. Elle ne veut pas élaborer sur ce qu'il se passe, mais après que Sarah bonhomme de neige devienne toute amochée, Caroline lève un bras dans les airs en disant : "C'est Caroline qui a gagné !". Ensuite, elle raffermit le bonhomme féminin, le rapproche de mon monsieur et lui dit : "Viens, on va aller faire dodo dans la maison". Une fois les personnages à l'intérieur de la maison, Caroline décide qu'ils ne feront plus dodo pour l'instant, mais seulement "plus tard, un autre jour, peut-être…" On doit défaire les personnages et les autres confections, car Caroline désire aller dehors rejoindre ses amis. Je l'accompagne au vestiaire pour l'aider à enfiler son manteau. Une fois à l'extérieur, elle semble un peu perdue. Ne voyant pas son éducatrice habituelle, elle parle à une autre éducatrice et en ma présence, sur le bord des larmes, elle se met à parler de son autre mamie qui est en haut (au ciel) et de son chien qui est à l'hôpital. Je lui demande si elle s'ennuie d'eux. Elle acquiesce et, l'air moins tendu, elle part rejoindre le groupe, cette fois, sans au revoir ni étreinte. Je la salue de loin alors qu'elle me regardait. Je n'ai pas réalisé sur le coup, car j'étais surprise, qu'elle parlait de sa mamie au ciel, mais se pourrait-il que ce soit lié au fait qu'elle ne me reverra plus, non plus ? »

Figure 1 – Dessin produit par Caroline

Voici maintenant le contenu de la supervision de cette séance, supervision qui a été réalisée à distance, par courrier électronique (la session universitaire étant terminée depuis trois semaines) :

> « Tu as bien lu le premier matériel pour l'essentiel : le fait qu'elle se soit cogné la tête sur la porte indique que son dessin œdipien a été contré ; le petit garçon la représente aussi, mais sous le volet positif de son ambivalence à l'endroit de la figure maternelle : "Maman, aide-moi ; maman, pardonne-moi" ou encore "Si j'étais un garçon, ce serait plus facile pour toi et pour moi, pour nous". La séquence qui suit est en relation, comme tu l'as bien vu, avec l'interdiction de briser le couple et avec la punition que l'enfant encourt du fait de son dessin œdipien (doigt ensanglanté symbolisant la castration ou la punition). Caroline trouve difficile d'aborder cela ; c'est ce qui l'amène à vouloir retourner avec ses amis.
> Le dernier volet de la séance montre que Caroline ne renonce pas si facilement., comme tu l'as bien vu. Dans le scénario, elle triomphe de la figure maternelle et décroche le papa œdipien : "C'est Caroline qui a gagné". Tu as remarqué qu'auparavant, elle avait refusé de s'identifier ("Son autre nom est un secret"). Tu remarques aussi qu'une fois

dans la maison, Caroline et le monsieur ne feront pas dodo : "Plus tard, un jour, peut-être..."

Tu as bien compris le sens de sa réaction ultime : c'est bien à toi qu'elle faisait allusion ; elle disait en fait : "J'ai de la peine aujourd'hui (parce que c'est la dernière fois que je te vois) comme quand mon autre mamie est morte et comme quand mon chien est parti pour l'hôpital".

Ouf ! Quel matériel magnifique et quelle expérience pour toi ! »

Je trouve très satisfaisant personnellement de voir évoluer les enfants qui nous sont confiés en thérapie. Je dois tout de même avouer que cette satisfaction est multipliée quand je constate qu'en rendant un tel service à l'enfant et à ses parents, le thérapeute fait progresser de façon considérable sa capacité de lire et de décoder le matériel. De telles expériences laissent voir le véritable rôle du superviseur : à la manière d'un tuteur, celui-ci est là pour donner au supervisé de l'assurance dans les fonctions essentielles de son travail. Cela est particulièrement vrai du travail de compréhension du matériel de thérapie, travail qui est le noyau central de la thérapie.

1.4 Porter attention aux interprétations à proposer à l'enfant, aux modalités et aux circonstances dans lesquelles ces interprétations seront proposées

Une fois qu'a été dégagé le sens de ce qui cherche à se dire chez l'enfant, l'interprétation qui va lui en être proposée doit être mise au point et les modalités ainsi que les circonstances à surveiller pour la transmission de cette interprétation doivent être précisées. C'est évidemment le rôle du superviseur d'assister le supervisé dans la réalisation de cette double tâche. Au tout début, le supervisé s'en remet souvent au superviseur sur ce plan, puis, au fur et mesure de sa progression, il en vient rapidement à assumer la tâche lui-même. Il me faut rappeler que le thérapeute garde toujours une certaine part dans la décision finale de toute façon ; il n'est jamais, même au début, un simple exécutant. Il y a plusieurs raisons à cela. Tout d'abord, comme il est en relation directe avec le thérapisé, il est en mesure de sentir son humeur et la nature de ses émotions, ce qui est relativement inaccessible au superviseur, si expérimenté soit-il. Ensuite, il porte en lui une connaissance intuitive du thérapisé, connaissance qui inclut des éléments échappant au récit qu'il peut faire d'une séance passée en sa compagnie. Cette connaissance intuitive, le superviseur doit la respecter et surtout en favoriser l'émergence, même en début de supervision. Autre aspect important, le supervisé doit être convaincu de la pertinence de l'interprétation pour pouvoir la proposer à l'enfant avec le maximum d'aise et de naturel, pour qu'elle puisse s'insérer tout naturellement dans "le tissu" de la relation à deux vécue entre thérapeute et thérapisé. Pour parvenir à cela, il faut que le superviseur se montre à l'écoute de ce que le supervisé ressent face au sens profond de l'interprétation ou face aux modalités et circonstances dans lesquelles celle-ci sera proposée à l'enfant.

Au fur et mesure que le supervisé accroît sa maîtrise de la fonction interprétative, le superviseur transforme sensiblement la manière dont il assume la fonction précédente : son rôle devient plus discret en quelque sorte. Cela étant, il porte néanmoins attention à la pertinence des interprétations proposées, au caractère approprié des circonstances dans lesquelles ces interprétations ont été communiquées et aux modalités selon lesquelles elles l'ont été. En interaction avec le supervisé, il s'assure que soient dégagés ce que l'interprétation a provoqué chez le patient et le sens profond de cette réaction.

1.5 Vérifier la compréhension de l'évolution du thérapisé

L'ensemble des événements constitutifs d'une thérapie peut se lire à deux niveaux. D'une part, chaque séance correspond à une unité qui peut être plus ou moins intégrée. On peut facilement reconnaître que chacune des séances commande un effort de lecture et d'interprétation. Ce matériel nous situe à un premier niveau. D'autre part, chaque séance s'ajoute à celles qui l'ont précédée et le matériel qu'elle renferme s'inscrit dans un mouvement plus large, lequel commande aussi un regard élargi. Il s'agit là du deuxième niveau. Il y a donc considération à la fois du pas-à-pas (premier niveau) et du parcours accompli, de la direction empruntée avec sa terminaison possible (deuxième niveau). À cause de son manque d'expérience, le supervisé n'est pas en mesure de pratiquer avec aise la lecture et la compréhension de ce qui se vit chez l'enfant à ce deuxième niveau. En cela aussi, il a besoin du support et de l'assistance du superviseur : « Où en sommes-nous avec cet enfant ? », « Comment comprendre, dans le cadre de ce qu'il a connu comme évolution, ce qu'il produit depuis deux ou trois séances ? », « Qu'est-ce qui se profile derrière ce mouvement régressif constaté depuis deux semaines ? ». Voilà autant de questions qui attestent de ce niveau de lecture. Ces considérations, qui sont de l'ordre du bilan provisoire, peuvent meubler à l'occasion une partie importante du temps de supervision.

L'évocation de ce second niveau de lecture laisse entrevoir l'importance d'un suivi relativement serré par le superviseur de ce qui survient en thérapie pour que la supervision soit efficace et éclairante, à tout le moins lors des premières thérapies. Comment le superviseur peut-il en arriver à saisir vraiment ce que l'enfant et le thérapeute vivent en thérapie s'il n'a qu'un accès superficiel au contenu des séances ou s'il n'entend parler d'un cas qu'une fois par mois ou moins souvent encore ? Comment peut-il en venir à saisir le mouvement fin de l'évolution (progressive ou régressive) de l'enfant s'il se tient ou s'il est tenu "à une telle distance" des événements constitutifs de la thérapie ?

1.6 Discuter des interrelations entre parents et enfant ; préciser les objectifs et les modalités de l'intervention auprès des parents

La supervision ne porte pas que sur ce qui intervient entre le thérapeute et le l'enfant ; elle laisse également une large place à la discussion des interrelations entre les parents et l'enfant de même qu'à la préparation et à la revue des interactions entre le thérapeute et les parents. Cela n'est en rien surprenant : les parents sont si présents, si impliqués idéalement et cette implication est si importante pour la réussite de la thérapie. Il faut donc leur accorder une grande attention et nécessairement, cela transparaît dans l'activité de supervision.

L'interaction avec les parents est une facette importante de la pratique psychothérapeutique auprès des enfants. C'est aussi une réalité assez complexe, variée, singulière. C'est ce qui fait que je ne vais pas tenter ici d'entrer dans le détail de ce volet. Je vais plutôt me limiter pour l'instant à rappeler l'importance de ce volet pour la supervision, sachant que cette question est suffisamment importante et inspirante pour meubler un chapitre entier, celui qui va suivre.

2. Les atouts et habiletés que doit posséder le superviseur

La qualité que l'on veut donner à sa pratique est fonction de la qualité des moyens que l'on est prêt à mobiliser pour y parvenir. Je l'ai dit au tout début de cet ouvrage : l'art de la psychothérapie ne s'apprend pas tout seul ; il ne s'apprend pas non plus dans un ouvrage, pas plus dans celui-ci que dans d'autres, bien que certains de ces ouvrages puissent être extrêmement utiles. De tous les moyens auxquels on doit avoir recours pour sa formation, nul n'est plus important qu'un superviseur compétent, nul autre n'est aussi indispensable. Cependant, n'est pas superviseur compétent qui le prétend. Car s'il est un domaine où il est facile de faire illusion, c'est bien celui-là.

Cela étant, y a-t-il moyen de dégager des critères qui puissent permettre de jauger la compétence d'un superviseur ? Plus positivement, y a-t-il moyen de circonscrire les atouts et les habiletés qui feront d'un superviseur un "tuteur" solide sur lequel on pourra s'appuyer pour le développement de ses habiletés professionnelles en psychothérapie d'enfant ?

Sans chercher à être exhaustif, je proposerai six habiletés ou atouts dont la présence me paraît absolument nécessaire pour l'exercice de cette fonction. Voici comment je les présenterais.

Le superviseur doit pouvoir compter sur une solide expérience de la thérapie d'enfant – Il doit avoir pu mener à terme un nombre important de thérapies d'enfant. Une expertise ne doit donc pas lui être reconnue sur la simple considération d'années d'expérience ; la qualité du travail accompli doit absolument être prise en compte. La supervision est un travail de senior ; on ne devrait pas y accéder simplement après deux ou trois années de pratique, ce qui est hélas très souvent le cas en milieu universitaire, si supérieures qu'aient été les études qui ont conduit à la diplomation.

Le superviseur doit prendre appui solidement sur un schéma de développement – Il doit pouvoir faire référence à ce schéma de la façon la plus aisée, à défaut de quoi des énormités apparaissent qui minent radicalement la crédibilité du superviseur prétendu, le plus souvent à son insu : connaissances lacunaires des données du développement de l'enfant ou présence de positions bizarres (par exemple, ignorance de la période phallique et de ses particularités), positions selon lesquelles cette "phase" interviendrait après l'œdipe ; incapacité de distinguer des choses assez élémentaires comme la relation d'objet d'un enfant anaclitique et celle d'un enfant œdipien ou incapacité de distinguer une relation d'objet anaclitique de bas niveau d'une relation d'objet phallique, etc. ; positions saugrenues concernant le moment d'apparition de l'œdipe : un enfant de huit ans peut être dit "en pleine crise œdipienne " soi-disant parce que, hyperactif en d'autres temps, il se calme en présence de la mère si celle-ci se consacre exclusivement à lui ; etc. Ces positions risquent d'être fort dommageables sur la façon dont les parents et le thérapeute doivent se comporter avec l'enfant : par exemple, j'ai entendu d'un collègue superviseur en milieu universitaire affirmer qu'on doit aller jusqu'à recommander aux parents et au thérapeute de montrer à l'enfant à la recherche d'un comblement phallique que le plus fort c'est l'adulte et que lui n'est qu'un petit ou un faible qui doit se résigner à sa position de petit ou de faible, que même en séance de thérapie le thérapeute doit se comporter ainsi avec l'enfant...

Le superviseur doit avoir fait la preuve de sa compétence au niveau du diagnostic – Cet atout est proche parent du précédent. Il lui est en fait complémentaire en même temps qu'il dépend de lui. La compétence clinique (entendons ce terme au sens strict d'évaluation ou de diagnostic) consiste très précisément en l'habileté de repérer le point du continuum de développement affectif (celui-ci étant considéré comme de l'intérieur) atteint par le patient. Ce diagnostic peut être établi à l'aide des moyens cliniques usuels : CAT, Pattenoire ou TAT pour les enfants plus vieux (c'est-à-dire à partir de 13 ans), Rorschach (pour les adolescents de 13 ou 14 ans et plus), analyse de productions oniriques ou ludiques, épreuves graphiques du genre dessin de famille, maison-arbre-personnage ou maison-arbre-chemin, dessin libre, etc.). Il peut être établi également (souvent, mais pas toujours) en considérant les données de l'anamnèse que fournissent les parents. Il peut être établi par une analyse du matériel des premiers contacts avec l'enfant. Le superviseur doit de plus être en mesure de repérer dans les productions de l'enfant les indices qui peuvent laisser soupçonner qu'un abus sexuel a été subi ou est toujours en cours. Ces indices existent en effet au niveau des productions ludiques, graphiques, oniriques ou thématiques. Rien de plus désolant pour un superviseur de constater qu'un enfant a subi pendant des mois, voire des années une telle expérience abusive sans que le psychologue – et très souvent les psychologues qui se sont penchés sur son cas ou qui l'ont reçu en thérapie – n'ait été en mesure de le découvrir.

Le superviseur doit exercer un suivi relativement proche de ce qui survient en thérapie – Si le superviseur n'exige pas de son supervisé de rapport relativement exhaustif du contenu des séances ou si, d'une supervision à l'autre, il écoute sans prendre de notes, il y a fort à parier que la supervision va être très "relâchée", qu'elle va manquer de rigueur. Il est facile à comprendre pourquoi : le superviseur ne peut compter sur un dossier de supervision, lequel lui permettrait de dégager le sens de l'évolution ou de la régression de l'enfant.

Le superviseur doit avoir une idée précise de ce qui est essentiel et de ce qui est accessoire ou marginal – La supervision ne doit pas porter essentiellement sur le "senti" ou le "ressenti" du supervisé au détriment de l'analyse de la dynamique de la thérapie ou du patient ; c'est précisément cette analyse qui est l'objectif essentiel de la relation supervisé-superviseur. Qu'il soit fait référence à ce senti à l'occasion, cela peut se comprendre. Toutefois, bon nombre de superviseurs incompétents utilisent cette direction pour "assujettir" leurs supervisés, de façon à pouvoir vivre avec eux une relation de domination : l'exploitation du vécu personnel du supervisé (en présence des cosupervisés) donne à l'entreprise un caractère tout à fait insoutenable et indéfendable. Une telle confusion des rôles (superviseur vs thérapeute et mauvais thérapeute en plus !) constitue pour bon nombre d'étudiants un bien mauvais tremplin pour la suite de leur pratique.

Le superviseur doit manifester un respect rigoureux pour le caractère projectif de la situation thérapeutique – Si le superviseur a comme politique de prendre des supervisés[30] en thérapie de façon parallèle à l'activité de supervision, il affiche une méconnaissance ou une ignorance des exigences de la neutralité et de celles de la sauvegarde de la projectivité de la situation thérapeutique. Ce faisant, il laisse voir qu'il n'a tout simplement pas la compétence pour être superviseur. Et, disons-le carrément, il n'est certainement pas un thérapeute compétent.

---

[30] La même restriction s'applique aux étudiants ayant fréquenté, fréquentant ou devant fréquenter ses cours ; pour la même raison, ceux-ci ne peuvent d'aucune façon être pris en thérapie par cette personne.

3. La supervision est-elle toujours nécessaire ?

Il m'apparaît opportun de fermer ce chapitre en répondant à cette interrogation : la supervision est-elle toujours nécessaire ? La réponse doit tenir compte de la qualité que l'on veut donner à sa pratique. Ce serait là très précisément mon premier élément de réponse. Il se trouve en effet que la pratique psychothérapeutique n'est pas quelque chose qu'on peut exercer tout seul, pas avant d'avoir acquis un bon niveau de maîtrise en tout cas. Au début de sa pratique professionnelle, le thérapeute doit absolument compter sur un "lieu de décentration et d'objectivation". Il doit absolument faire valider sa compréhension et sa pratique. La question qui se pose alors est la suivante : ce "lieu" peut-il être autre chose qu'une relation avec un superviseur ? Ne pourrait-il pas être une relation avec un collègue psychothérapeute avec qui on partage tout ce qu'on fait professionnellement ? C'est possible qu'une telle relation puisse apporter un éclairage utile et suffisant pendant des mois, à condition d'être régulière et surtout que le superviseur *de facto* soit à la hauteur de la tâche. Cette conjoncture ne me paraît exister que de manière tout à fait exceptionnelle. Ce "lieu" ne peut-il pas être fourni par l'insertion dans un groupe de psychothérapeutes et, dans la meilleure hypothèse, dirigé par un superviseur compétent ? La supervision de groupe offre des avantages certains, notamment en termes d'accès rapide à des situations de thérapie fort diverses, car chacun des psychothérapeutes profite de l'expérience des autres membres du groupe. C'est la forme qui est la plus souvent pratiquée en milieu de formation universitaire. Cette forme garde tous ses mérites en milieu de pratique professionnelle, tout autant si les supervisés oeuvrent dans un même milieu que s'ils sont de milieux variés. Dans ce dernier cas, il n'est cependant pas facile de concilier les horaires et il peut être difficile de maintenir l'activité de supervision sur plusieurs mois.

La supervision individuelle est certainement celle qui a la plus grande vogue. Elle peut facilement être maintenue aussi longtemps qu'on le désire. Elle offre l'avantage de coller de très près à la pratique du supervisé, une pluralité de cas étant habituellement passés en revue de manière régulière. Sans doute, cette validation ou cette objectivation qui est recherchée dans la supervision après les années de formation n'a-t-elle pas besoin d'être aussi étroite que dans les premiers mois de l'initiation à la pratique ou d'une forme de pratique, en l'occurrence la psychothérapie par le jeu. De toute manière, si thérapeute et superviseur peuvent maintenir leur relation, c'est qu'ils savent ou ont su développer au cours de leur cheminement commun des façons de faire qui satisfont suffisamment à la fois les critères de rigueur et les conditions favorisant l'autonomie tant dans l'exercice séance après séance de la psychothérapie auprès de chaque patient que dans le décodage ou l'interprétation du matériel projectif produit par l'enfant. La relation superviseur-supervisé peut dès lors évoluer considérablement, devenant toujours plus égalitaire. C'est ce qui fait qu'elle finit par devenir ponctuelle, portant dans ces circonstances sur des cas vraiment difficiles qui demandent un éclairage tout à fait particulier.

Conclusion

Je m'en voudrais de ne pas évoquer en conclusion à ce chapitre le fait que le passage de la fonction de supervisé à celle de superviseur survient inévitablement, puisque c'est là l'aboutissement normal d'une formation et d'une pratique professionnelle de qualité. Le psychothérapeute gagne énormément à cette nouvelle pratique. Il découvre que placé par sa nouvelle fonction dans une situation de recul par rapport à la prise en charge thérapeutique, il voit la problématique des cas dans une perspective plus large, plus objective et très souvent moins dramatique que celle du supervisé. Il ne peut manquer de s'émerveiller de pouvoir de manière si intense et si passionnante continuer son développement professionnel en contribuant à la formation de psychothérapeutes plus jeunes et moins expérimentés.

Chapitre septième

Le travail auprès des parents

Introduction

Il est déjà loin le temps où l'on pouvait penser faire évoluer un enfant sans l'implication réelle de ses parents. C'est de nos jours en effet l'un des faits les plus incontournables de la pratique auprès des enfants que l'efficacité et la viabilité d'un processus psychothérapeutique ne peuvent émerger sans que les parents ou ceux qui tiennent lieu de parents ne viennent par une modification du style de leurs interactions avec leur enfant prendre le relais de ce qui s'amorce et se vit avec le psychothérapeute. À défaut de cette implication, le processus piétine, stagne ou même s'arrête, quelles que soient les habiletés du thérapeute, quelle que soit la qualité de son expérience. Ce pouvoir qu'exercent les parents sur la mise en place ou la continuation de la thérapie est sans doute l'une des limites les plus redoutables de la pratique auprès des enfants. Heureusement, ce pouvoir, la grande majorité des parents acceptent de l'exercer de façon responsable, d'une manière qui privilégie le bien-être psychologique de leur enfant. C'est sans doute ce qui fait que les thérapeutes d'enfants ne se laissent pas décourager par les cas de refus ou de retrait qui surviennent à l'occasion et qu'ils se disent que tôt ou tard ces parents négligents ou "refuseurs" finiront par faire ce qui s'impose, qu'ils auront semé dans leur esprit quelque chose qui finira par éclore.

J'ai déjà écrit dans l'un des chapitres précédents que l'habileté à mettre en place, à maintenir, voire à développer l'implication des parents constituait avec les habiletés à interagir avec l'enfant et les qualités affectives personnelles les trois piliers centraux de la compétence d'un bon thérapeute. C'était déjà circonscrire l'importance de ce volet qu'il est plus que temps de considérer.

Si je m'arrête un tant soit peu à réfléchir sur ce thème du travail avec les parents, je deviens rapidement conscient des aspects qui peuvent en meubler l'élaboration. Il me serait tout de même facile ici de perdre la mesure. C'est ce contre quoi je dois d'abord me garder. Pour y parvenir, je vais me rappeler que l'objectif premier de cet ouvrage est de pouvoir constituer un outil utile pour l'initiation à la pratique psychothérapeutique auprès des enfants. Cela étant, je considère qu'il est pertinent et sage de donner priorité ici aux aspects du travail avec les parents avec lesquels il faut rapidement se familiariser en début de pratique, avec l'aide avisée d'un superviseur compétent. Cela ne m'empêchera pas d'évoquer un grand nombre de modalités d'interaction avec les parents, car il se trouve que celles-ci se diversifient rapidement à mesure que s'accroît l'expérience d'un thérapeute d'enfants. Le contexte ainsi créé sera favorable à la discussion de façons de faire inspirées de la psychanalyse ou d'autres perspectives. C'est ainsi que seront successivement abordés les éléments suivants : l'hétérogénéité de la population des parents, la suppression des obstacles à la confiance des parents, la tâche première du psychothérapeute, le rôle du thérapeute d'enfants à l'endroit des parents, l'importance pour le thérapeute de voir les parents lui-même, le rythme des rencontres, le lieu des rencontres, le contenu de la communication avec les parents.

1. L'hétérogénéité de la population des parents :

Pour peu qu'on ait accès à la pratique psychothérapeutique auprès de l'enfant, comme c'est le cas des étudiants à leur toute première expérience dans un groupe de supervision (forme couramment pratiquée en milieu universitaire), on ne manque pas d'être frappé en tout premier lieu par l'hétérogénéité de la population que se trouvent à composer les parents d'enfants référés en thérapie. Cette hétérogénéité est grande à ce point qu'il serait peut-être quelque peu hasardeux de chercher à dégager des traits communs chez les individus ou les couples qu'on y trouve, tâche qui ne serait certainement pas démesurée, par contre, si elle devait être réalisée à propos des parents d'enfants qui se développent bien, nous y reviendrons ci-après. De la mère totalement égocentrique, à l'affectivité dramatiquement enlisée dans des besoins narcissiques tout à fait primitifs, jusqu'au couple de vraies bonnes personnes complètement dépassées par les symptômes parapsychotiques d'un enfant adopté, en passant par ces pères contrôlants, brutaux et froids, par ces mères franchement dépressives ou luttant contre la dépression, qui ne peuvent assurer la présence et la disponibilité nécessaires au bon développement de leur enfant, par ces pères mous ou effacés, incapables d'imposer une présence qui permettrait à l'enfant de se mettre à distance d'une mère intrusive ou à la revendication phallique exacerbée, par ces mères incapables d'être satisfaites libidinalement qui, par compensation, jettent leur dévolu sur leur garçon, voilà pour les seules fins d'une évocation rapide (sans égard à la représentativité de l'échantillonnage) une illustration du genre de parents qui se retrouvent dans le bureau d'un psychothérapeute d'enfants. Aussi bien le dire franchement : il faut au thérapeute d'enfants se préparer à travailler avec toute sorte de monde et avoir l'espoir que ces personnes arriveront mobilisées ou accepteront de se mobiliser aussitôt que possible devant la souffrance qui afflige leur enfant ; il lui faut avoir l'espoir très fortement enraciné en lui que ces parents vont pouvoir en venir à reconnaître qu'ils sont au premier chef concernés par la difficulté que manifeste l'enfant d'être avec soi et avec les autres.

Cette hétérogénéité des parents appelle-t-elle nécessairement une hétérogénéité des modalités d'interaction avec eux ? Pas tout à fait, encore qu'il faille savoir moduler son action en tenant compte de la réalité des parents, ce qui suppose une grande capacité d'adaptation, beaucoup de tact, de délicatesse, de compassion, d'amour de l'humain, de confiance inébranlable en ce bon côté présent chez beaucoup de gens, etc. Cette hétérogénéité se réduit considérablement à partir du moment où l'on tient compte du niveau de développement qu'a atteint l'enfant avant de venir en consultation. Si l'on se retrouve face à un enfant qui, tenant compte de son âge, ne présente pas de retard sensible sur les plans cruciaux de son développement (affectif, social, cognitif et langagier), il y a fort à parier que les parents (à tout le moins l'un des deux parents) ont su remplir leur rôle de façon convenable. C'est tout de même très fréquent. Par exemple, sur une dizaine d'enfants dont on se plaint du comportement en garderie, quatre ou cinq peuvent appartenir à ce type. Dans ces cas, la plupart du temps, on se retrouve face à un cas plutôt léger, dont la problématique résulte d'une situation relativement récente, généralement facilement identifiable et relativement rapidement soluble. La qualité de la présence parentale est attestée par la rapidité avec laquelle l'enfant entre en relation avec le thérapeute, par la fécondité de son imaginaire et par son niveau relativement élevé de fonctionnement affectif :

ces enfants sont soit en œdipe, soit tout près de l'être. Ils n'ont besoin que d'un coup de pouce pour que leur développement reprenne son cours et que leurs difficultés s'estompent. Travailler avec les parents de ces enfants est généralement chose aisée. On se retrouve face à des gens mobilisés, sensibilisés aux besoins développementaux de leur enfant et prêts à remettre en question leurs façons de faire. Le plus souvent dans ces cas, la tâche du thérapeute d'enfant se limite à amener les parents à prendre conscience des conditions à la source de l'impasse dans laquelle se trouve l'enfant, à analyser avec eux l'origine de ces conditions (leur part personnelle, en somme, la plupart du temps) et à préciser avec eux comment elles peuvent être surmontées[31].

La tâche est généralement plus ardue avec les parents des enfants qui arrivent en consultation avec un déficit affectif plus marqué. Je pense bien sûr à ces enfants aux prises avec une revendication affective, que celle-ci soit manifeste ou, au contraire, qu'elle soit cachée, et qui font montre d'un mode de fonctionnement anaclitique. Le déficit étant ici plus marqué, on n'aura pas de mal à saisir qu'ont également été plus marquées les limites parentales dans la qualité de la présence donnée à l'enfant. Cela étant, on rencontre assez fréquemment des parents qui ont toutes les qualités nécessaires pour être de vrais bons parents, mais qui n'ont pu les exercer avec aise, de façon circonstancielle, en raison d'une malchance ou d'un malheur qui a frappé la famille (perte d'emploi et chômage prolongé chez le père, maladie grave ou décès de l'un des parents, d'un frère ou d'une sœur plus jeune, etc.). Or, il s'est trouvé que cette malchance ou ce malheur est survenu à un moment critique du développement de l'enfant qui nous est amené et que, débordés ou déboussolés par ses effets sur celui-ci, les parents n'ont pas su réagir comme il fallait. Plus généralement cependant, les parents de ces enfants revendicateurs d'affection et d'attention présentent des failles narcissiques importantes et celles-ci peuvent venir compliquer considérablement la tâche

---

[31] On n'a souvent que peu de choses à apprendre à ces parents sur le fonctionnement dynamique manifesté par leur enfant : ils l'ont généralement observé eux-mêmes et ils n'ont aucun mal à l'évoquer avec amusement. Récemment, le père d'un enfant de quatre ans au fonctionnement œdipien racontait que revenu à la maison un soir après sa journée de travail, il avait trouvé son épouse et son fils installés sur le lit dans la chambre des parents (la mère était à raconter une histoire). Le père interpella l'enfant : « Hei ! le jeune, qu'est-ce que tu fais dans mon lit avec ma femme ? » Battant aussitôt en retraite vers la sortie, le petit œdipien rétorqua tout penaud : « C'est ma femme aussi » !

du thérapeute, non seulement dans l'interaction avec eux, mais également dans la relation avec l'enfant. J'ai souvenance ici d'un enfant de quatre ans et demi qui était littéralement insupportable en garderie : très turbulent, il était incapable de se soumettre à la moindre consigne ; son éducatrice disait de lui qu'il exigeait d'elle à lui seul l'énergie qu'elle pouvait donner à plusieurs enfants. La mère de cet enfant était très mal en point sur le plan narcissique. Elle ne pouvait se faire à l'idée que son enfant avait besoin d'être aidé. Au moment de la référence, elle me contacta personnellement pour me faire part de son hésitation face à la psychothérapie. Suite à ce contact, elle accepta que son fils fût suivi, mais ce consentement était très précaire : sa motivation chuta dramatiquement le jour (à la cinquième semaine) où la thérapeute lui laissa entrevoir avec une grande délicatesse que les difficultés de l'enfant n'étaient manifestement pas dues au manque de sévérité ou au défaut d'encadrement de l'éducatrice de la garderie, mais qu'elles semblaient plutôt devoir être mises en relation avec les affects de tristesse qui marquaient ses productions imaginaires ; narcissiquement, elle ne pouvait s'accommoder du fait que les problèmes de son enfant avaient quelque chose à voir avec elle-même. De concert avec son mari, elle adopta dès lors une attitude de résistance larvée, faute de ne pouvoir mettre fin à la thérapie de peur de déplaire à la direction de la garderie et de voir l'enfant renvoyé de celle-ci. Nous en sommes venus à croire par la suite qu'elle avait dès lors intimé à son enfant de ne rien raconter à la thérapeute ; le petit bonhomme venait à ses séances, tournait le dos à la thérapeute, s'amusait avec les voitures et les figurines et refusait absolument de dire quoi que ce fût. Nous mîmes fin au processus, non sans avoir appris que cette mère avait vécu beaucoup de choses difficiles dans les deux années précédant le moment où avait débuté la thérapie de l'enfant : elle avait notamment perdu ses deux parents et son emploi ; elle avait connu ensuite un épisode dépressif très marqué dont elle n'était sans doute pas vraiment sortie. Il y a fort à parier qu'elle avait un grand besoin de croire en la normalité du développement de son enfant de façon à pouvoir s'appuyer sur lui. Elle l'avait vraisemblablement investi de la mission de la renflouer psychologiquement.

Que dire de cette mère célibataire qui, récemment, fit l'impossible pour que nous prenions en thérapie sa fille de deux ans et demi, enfant fort mal en point également, mais qui avait assez d'énergie et d'espoir pour réclamer agressivement à la mère son dû affectif. Celle-ci se plaignait en effet de l'agressivité de l'enfant à son endroit. Nous devions découvrir assez rapidement que cette mère avait amené son enfant en thérapie comme on amène sa voiture au garage : « Trouvez ce qui ne va pas, réparez-la et appelez-moi quand elle sera prête ». La rencontre de ce type de parents surprend toujours. Il nous a été déchirant d'assister au spectacle de cette mère infantile, irresponsable, refusant toute mise en cause d'elle-même, qui s'est mise à un moment donné à souhaiter ouvertement la fin de la thérapie, au moment même en fait où l'enfant réagissait magnifiquement à l'investissement de la thérapeute et commençait à manifester une joie de vivre et un entrain que l'on ne lui avait pas connus jusque-là.

Comme on peut l'entrevoir, il existe généralement un assez bon parallèle entre l'état dans lequel se présente un enfant en début de thérapie et le degré de qualité éducative et affective du milieu dans lequel il est né et a grandi. Il y a quand même des exceptions qu'on peut toutefois comprendre sans sacrifier le moindrement l'applicabilité du constat que je viens d'évoquer. Les enfants adoptés après un départ catastrophique, conditions qui ont été maintenues malheureusement un trop grand nombre de mois, fournissent bien souvent un exemple de cela. J'ai fait allusion ci-dessus au cas de ces vrais bons parents aux prises avec un problème de parapsychose chez leur enfant. J'avais alors à l'esprit la situation des parents d'un enfant de dix ans, adopté à trois ans après un séjour de deux ans chez la mère naturelle, laquelle avait de graves problèmes de santé mentale. Ces parents avaient eu la garde de l'enfant quatre mois au cours de sa première année de vie et, en l'adoptant deux ans plus tard, ils avaient l'espoir de le ramener à la santé (psychique) une seconde fois, lui qui leur était revenu en très piteux état après son long séjour chez la mère naturelle.

Je ne peux manquer d'attirer l'attention sur ces parents qui s'efforcent de faire bonne impression lors des contacts avec le thérapeute, mais qui, aussitôt en route vers la maison, "remettent leurs vieux habits", retrouvant leur naturel. Ces parents peuvent être assez difficiles à débusquer, surtout quand on en est à ses premiers pas dans le métier. Toute personne dotée d'un niveau normal de santé psychique a comme penchant naturel de faire confiance et de ne pas être particulièrement soupçonneuse. C'est toujours avec un sentiment de désolation qu'on découvre que des parents dépensent beaucoup de temps et d'énergie pour maintenir un "faux *self*" aux dimensions imposantes au détriment du bien-être de leur enfant. Ces parents se sentent en quelque sorte forcés d'"envoyer" leur enfant en thérapie ; ils ont accepté la démarche au départ, ne sachant pas trop ce que celle-ci allait exiger d'eux ; puis, ils ont découvert que l'évolution de leur enfant ne pouvait se faire sans la remise en cause de leurs manières d'agir avec lui et de certaines de leurs attitudes à son endroit ; ils n'étaient manifestement pas disponibles pour cela ; mais la perspective de voir leur enfant renvoyé de l'école ou de la garderie les a amenés à adopter une attitude de résistance passive et à faire semblant de "marcher dans l'affaire". Une expérience de ce genre peut être plutôt décourageante pour un thérapeute qui en est à son premier cas. Il faut toutefois rapidement se convaincre que ces cas sont l'exception et qu'on a tout simplement eu la malchance d'en rencontrer un au tout début. On aura tout simplement vécu là quelque chose sur lequel on pourra capitaliser à un autre moment. C'est ainsi que l'expertise se constitue : "pierre par pierre". Il faut d'ailleurs prendre comme règle cardinale qu'autant avec les enfants qu'avec leurs parents, il n'y a pas en pratique thérapeutique de mauvaises expériences en soi, si l'on fait son travail selon les règles de l'art ; il n'y a que des faits dont on peut tirer profit pour son travail ultérieur. Et qu'on se dise bien que même pour les parents récalcitrants, l'expérience n'aura pas été négative nécessairement : quelque chose aura été semé en eux qui finira peut-être par germer et croître ; ces gens pourront retourner voir un psychologue, si leur enfant maintient ou accentue ses appels à l'aide ou ses protestations, si l'angoisse atteint chez eux un niveau suffisamment élevé. Tout ce qu'on peut espérer, c'est qu'ils puissent alors tomber sur quelqu'un de compétent. Vraiment désolante, par contre, est la situation de l'enfant, qui aura perdu par l'insouciance ou la négligence des parents une occasion rapide, efficace (parce que précoce) de se sortir du pétrin, de mettre fin à sa souffrance et de remettre en route son cheminement vers l'équilibre. Ce temps perdu ne reviendra pas et l'enfant aura à en payer le prix, un prix qui pourrait être très lourd dans certains cas.

2. Lever les obstacles à la confiance des parents, la tâche première du psychothérapeute

Au chapitre quatrième, quand il s'est agi de préciser les objectifs de la première rencontre avec les parents, j'ai fait allusion à la nécessité pour le thérapeute d'établir aussitôt que possible une relation de confiance avec eux. Il est opportun de revenir sur ce point ici pour le développer bien davantage. Cette confiance mutuelle entre thérapeute et parents constitue l'un des atouts indispensables pour la mise en place de la thérapie et pour sa réussite. Cela est si évident à mes yeux que, disant cela, j'ai l'impression d'énoncer une banalité. Allons tout de même au-delà de l'évidence.

Dans un contexte d'initiation à la pratique, le psychothérapeute est trop souvent présenté aux parents comme un étudiant en situation de stage (maîtrise ou doctorat) ou de mini-stage (baccalauréat). Cela est fait dans un souci d'honnêteté et de transparence. On doit s'en accommoder. Il est indéniable cependant qu'une telle façon de faire entraîne des inconvénients. Des parents peuvent aller jusqu'à faire une démarche auprès d'un psychologue en pratique privée pour vérifier la teneur du diagnostic que leur a donné le "stagiaire" au sujet de leur enfant. Il ne faut donc pas se laisser désarmer par les doutes ou la suspicion qui meublent l'esprit des parents et qui peuvent même être explicitées carrément lors des premières rencontres. Ces parents savent généralement (encore que, quelquefois, on doive en venir à le leur rappeler) que le soi-disant stagiaire qui est devant eux est encadré, supervisé, ce qui garantit une qualité de service au moins égale, sinon supérieure (tout dépendant de la qualité de la supervision) à la moyenne de ce qui est offert en pratique privée.

Qu'on le prenne pour acquis, les parents récalcitrants à la thérapie de leur enfant trouvent toujours matière pour justifier leur position. J'ai à l'esprit ce père, ingénieur de formation, chercheur de son état, qui affichait l'attitude la plus méprisante à l'endroit des données que la psychothérapeute disait pouvoir tirer du jeu et des histoires de son enfant. Ce monsieur prétendait que c'était des balivernes puisées dans les films ou dans les émissions vues à la télévision. Il fut assez franc pour avancer sa position au cœur d'une rencontre parents-thérapeute. Cette dernière, qui n'en était pas à ses premières armes et qui en avait vu bien d'autres, lui demanda : « Vous souvenez-vous, monsieur, d'avoir vu à la télévision un film dans lequel une petite fille va au parc avec son papa, voit avec grande tristesse celui-ci aller s'asseoir bien loin d'elle pour lire son journal en paix ? », Et puis encore : « Vous souvenez-vous, monsieur, d'avoir vu à la télévision une émission dans laquelle une petite fille se plaint constamment de ne pouvoir avoir vraiment accès à son papa, d'avoir un papa qui travaille tout le temps, qui arrive toujours fatigué, qui ne sourit jamais, qui passe son temps à dire, comme s'il était fâché, "Fais ceci, ne fais pas ça" ? ». Le monsieur en question resta interloqué. Il admit sur-le-champ : « Je vois que vous connaissez très bien votre affaire ». S'il avait été moins résistant ou plus humble, il aurait pu préciser : « Je vois que vous savez très bien comment je me comporte avec mon enfant » ! Cette intervention eut un effet heureux sur la suite des choses : le papa accepta de réviser sa manière d'être et sa petite évolua autant qu'on pouvait l'espérer.

Nous n'avons que rarement besoin de nous montrer aussi fermes avec les parents. La plupart du temps, la confiance vient naturellement, de part et d'autre. Il y a des facteurs qui jouent sans trop qu'on s'en rende compte, facteurs qu'on peut cependant deviner, à tout le moins en partie. Par exemple, un thérapeute, s'il aime profondément son métier comme cela doit être, ne peut manquer d'être rejoint par l'anxiété d'un parent troublé par les comportements dysfonctionnels de son enfant. Il lui est facile de recevoir l'anxiété et l'inquiétude de ce parent, parce que, lui-même, il voue sa vie au mieux-être des enfants. Et puis ce parent, s'il a pris la peine de le contacter, s'il a accepté de le rencontrer pour discuter avec transparence des difficultés que pose ou que rencontre son enfant à l'école ou à la garderie, c'est qu'il a le courage de voir les choses telles qu'elles sont. Comment ne pas compatir avec lui, lui qui est si ébranlé, si abasourdi par ce qu'on lui a appris au sujet de son enfant ? Des faits comparables peuvent jouer chez le parent en faveur du thérapeute : le papa ou la maman peuvent se dire que si cette personne paraît si intéressée au cas de l'enfant, si elle en parle comme si elle le connaissait de longue date, comme si elle avait vécu avec lui, que si elle obtient de telles confidences de la part de l'enfant, c'est qu'elle doit être une professionnelle compétente, digne de confiance.

Au-delà de ces faits et sentiments qui jouent incontestablement un rôle positif, il y a des attitudes chez le thérapeute qui facilitent grandement les choses. L'assurance, le degré de confiance dans la qualité de ses services, la foi dans sa compétence, tout cela constitue des atouts considérables. Les parents détectent assez rapidement la fausse assurance qui se cache derrière une attitude hautaine ou froide. Si on a un problème de cet ordre, si on est porté à adopter ce style, il faut savoir y remédier et rapidement. Il faut aussi absolument éviter de se présenter comme un juge en attente de jugement ou pire, de condamnation ; il faut enfin mettre de côté à tout prix l'attitude inquisitrice du policier enquêteur ; il faut savoir attendre, il faut accepter ce principe de base que les parents vont se livrer à leur rythme, selon leurs capacités, selon l'état de leurs résistances. La sérénité, le calme, la capacité d'entendre des choses difficiles sans paraître déconcerté, démonté, jouent également un grand rôle. Le thérapeute est face à des gens anxieux, préoccupés du du bien-être, de la bien-portance de leur enfant : le moindre indice d'une impression d'insécurité, voire d'effarement de sa part peut avoir chez eux un effet déprimant ou négatif. Il pourrait leur être difficile de rester confiants et mobilisés.

Dans les cas plus délicats, par exemple ceux qui impliquent un désaccord entre conjoints quant à la pertinence de la démarche, il faut savoir être patient et compréhensif ; il faut chercher à établir la cohésion du couple sur ce plan et, surtout, ne pas chercher à écarter le conjoint défavorable. Il faut se dire tout à fait sereinement qu'assez rapidement, l'enfant va de toute façon livrer un matériel qui permettra de neutraliser les résistances parentales.

Certains parents sont bien difficiles à supporter, je l'ai déjà dit, particulièrement ceux qui refusent absolument de considérer le rapport entre leur attitude et les difficultés de leur enfant ; ils se comportent comme si seule importait vraiment leur réalité individuelle. Il faut toujours se rappeler que ces parents souffrent beaucoup ou se défendent contre une grande souffrance, qu'ils ont eux-mêmes une problématique découlant en bonne partie de la négligence ou des carences de leurs propres parents, négligence ou carences subies au moment de leur enfance. Penser et agir ainsi ne permet pas d'accepter leur façon d'interagir avec leur enfant, mais cela permet de comprendre celle-ci et d'avoir à leur endroit une plus grande patience et le niveau d'empathie nécessaire pour collaborer avec eux de la meilleure façon possible. Cette stratégie sert d'ailleurs dans toute situation de thérapie. J'ai eu en thérapie pendant plusieurs années un homme aux prises avec un grave problème : il était pédophile. Objectivement, je dois avouer que les abus sexuels commis sur des enfants sont les déviances qui soulèvent chez moi le plus de répulsion (après le meurtre). Et cette situation prévalait chez ce patient au début de la thérapie. À compter du moment où j'ai pu avoir accès à un certain nombre d'événements de l'enfance de ce sujet, ce qui s'est d'ailleurs produit très rapidement, je n'ai pas eu de difficulté à éprouver et à maintenir une réelle empathie pour lui. On peut très facilement éprouver de l'empathie pour un malade, même si on déteste sa maladie comme la peste.

Chaque année, ma pratique de la supervision me donne l'occasion d'assister à de fort belles choses au titre de l'établissement de ce climat de confiance entre parents et thérapeute. Des étudiants réalisent des exploits sur ce plan. Très souvent, ils semblent "venir de nulle part", comme on dit couramment en langage sportif. Très discrets dans les cours, ils peuvent même me conduire à poser la question : « Comment vont-ils se débrouiller avec de vrais parents ? » Très souvent, je suis ébahi par leur façon de faire. J'ai le souvenir de l'un de ces étudiants qui s'était retrouvé avec un cas de parent particulièrement difficile : cette mère acceptait difficilement de le voir. Le thérapeute ne perdit pas contenance ; il fit preuve d'une patience, d'un tact et d'un savoir-faire tout à fait remarquable à l'endroit de cette femme qu'il fit progresser bien au-delà de tout ce que je pouvais espérer. Il y avait eu entre eux deux un vrai bon *matching* (transfert et contre-transfert très positifs). La relation parents-thérapeute charrie (au sens positif du terme) beaucoup d'éléments du vécu antérieur de chacune des personnes qui y sont impliquées. On a l'habitude d'analyser le transfert des parents sur la personne du thérapeute. À moins que les choses aillent mal ou précisément parce que les choses vont bien, on passe le plus souvent sous silence les phénomènes transférentiels et contre transférentiels qui courent du thérapeute à la personne des parents et qui concourent à faire en sorte que ceux-ci réalisent une évolution tout à fait remarquable. Il y aurait pourtant beaucoup d'enseignement à tirer d'une telle analyse. Je suis d'avis qu'on verrait davantage se manifester l'importance pour le thérapeute d'avoir eu une enfance somme toute heureuse avec des parents amoureux l'un de l'autre, éducateurs éclairés et affectueux à l'endroit de leur enfant.

3. Peut-on être à la fois psychothérapeute des parents et psychothérapeute de l'enfant ?

La particularité du rapport que le thérapeute doit établir avec les parents me conduit tout naturellement à poser la question : peut-on être à la fois le psychothérapeute des parents et psychothérapeute de l'enfant ? Assez rapidement, en effet, l'un des deux parents, généralement celui qui est le plus impliqué dans la genèse des problèmes de l'enfant, confie des éléments de son histoire personnelle qui éclairent singulièrement la dynamique de la situation actuelle. Il peut être tentant pour le thérapeute d'enfant d'approfondir la voie qui s'ouvre ainsi et d'accepter de devenir le thérapeute du parent en même temps que celui de l'enfant. Il fut un temps où cette pratique était en vogue et largement pratiquée. Il me semble qu'elle est moins répandue aujourd'hui. Il existe cependant encore des lieux de pratique où elle est souhaitée. Il m'est arrivé pendant quelque temps de devoir accompagner un stagiaire dont le milieu de stage ne laissait guère le choix face à cette pratique. Ce que j'ai vécu là (et vu vivre) m'a convaincu du bien-fondé de mes réticences quant à cette pratique, bien que je sois conscient qu'on n'érige pas une théorie sur un cas ou deux. C'est qu'un thérapeute ne peut pas fournir ou maintenir de front deux espaces thérapeutiques (avec toutes les exigences nécessaires en regard du caractère projectif de ces espaces) à deux personnes qui partagent un très large secteur de leur vie affective. Cela s'applique aux conjoints, cela va de soi ; c'est aussi le cas d'amis intimes ; c'est le cas, bien évidemment, des parents et de leurs enfants. Dans ce dernier cas, il y a un obstacle supplémentaire : le thérapeute est conduit très souvent dès la première rencontre à jouer le rôle de conseiller éducatif auprès des parents. Il est en effet conduit, dans ses échanges avec ceux-ci, à prendre position quant à des pratiques ou à des attitudes éducatives, que celles-ci soient à écarter ou à adopter dans leur interaction avec l'enfant. Cette fonction est incompatible avec la possibilité d'aménager un espace thérapeutique (c'est-à-dire doté d'un véritable caractère projectif) pour l'un ou l'autre des parents.

La situation dans laquelle j'ai été impliqué à titre de superviseur a laissé entrevoir une difficulté encore plus fondamentale. Nous étions alors en présence de deux sujets, mère et fille, en revendication affective. Chez la fillette âgée de sept ans, cette revendication était assez bruyante : tendance au vol, agressivité, encoprésie. La mère vivait de son côté une situation difficile avec un deuxième conjoint, qui, en outre, n'était pas du tout intéressé à interagir avec l'enfant ; le premier conjoint, père de l'enfant, homme violent, s'était suicidé cinq ans plus tôt. Assez rapidement, la revendication affective de la mère a pris le dessus sur celle de la fille. Madame annulait les rendez-vous de celle-ci pour pouvoir être reçue par le thérapeute. En fait, elle faisait l'impossible pour démontrer qu'elle était celle qui avait le plus besoin d'être aidée.

4. Vaut-il mieux pour les fins de la guidance parentale que les parents soient vus par quelqu'un d'autre que le psychothérapeute de l'enfant ?

Le fait qu'il ne soit pas nécessairement simple de "respecter les balises" dans les rapports avec les parents a conduit un certain nombre de praticiens à suggérer qu'il valait mieux que les parents soient vus par quelqu'un d'autre que le psychothérapeute de l'enfant (un travailleur social, la plupart du temps), même pour tout ce qui touche les relations des parents avec l'enfant, sous le prétexte qu'on ne pouvait éviter que ces relations tournent en psychothérapie. Je suis devenu très critique au regard de cette façon de faire[32] à compter du moment où j'ai commencé à recevoir des enfants en pratique privée.

Il me faut insister ici sur le fait qu'il peut s'avérer pertinent ou souhaitable que des parents entreprennent une psychothérapie à la suite du constat découlant de la rencontre avec eux du jeu important des conflits personnels actuels ou anciens dans la genèse des troubles de leur enfant, que ce soit chez le papa ou la maman, ou encore chez les deux. Il arrive souvent, en effet, dans le cours d'une thérapie d'enfant que l'attitude d'un parent à l'endroit de son enfant ait sur celui-ci un effet si toxique que l'élan maturatif tarde à se remettre en route ou n'arrive pas à se maintenir. Il y a manifestement présence chez l'un des parents d'une dynamique avec laquelle il s'avère impossible de négocier dans le cadre étroit du rapport établi par le psychothérapeute avec l'enfant : dépression, rejet de l'enfant, impulsivité, etc. Le parent est par ailleurs ouvert à la remise en cause de soi ; il reconnaît qu'il a avantage à fouiller sa propre histoire et à se mettre à la recherche de ce qui, de son vécu antérieur et souvent lointain, s'agite derrière les difficultés de l'enfant ou avec l'enfant. L'évolution de ce dernier ne peut que profiter de cette démarche du parent.

Que l'un des parents soit en thérapie ou non ne change rien à la nécessité pour le thérapeute d'interagir avec ceux-ci tout au long de la thérapie de l'enfant. Il se trouve que le rapport avec les parents n'est pas thérapeu-

---

[32] Soit dit en passant, c'est une façon de faire dont j'ai dû m'accommoder du temps de mes années de formation en France alors que j'étais psychothérapeute à l'Institut médico-pédagogique (IMP) de Saint-Maximin dans l'Oise.

tique au sens strict, même si on ne peut et on ne doit pas écarter la possibilité que les échanges du psychothérapeute avec eux fassent surgir la présence et l'influence sur la problématique de l'enfant de problèmes les affectant, ce qui peut déboucher sur une recommandation d'une thérapie personnelle ou de couple. Comme nous le verrons ci-dessous, l'interaction du thérapeute de l'enfant avec les parents comporte un menu très chargé. Selon moi, aucun intervenant n'est mieux placé pour faire ce travail que le thérapeute lui-même, de la rencontre d'accueil jusqu'à celle du bilan final. Tout intermédiaire à qui l'on déléguerait ces fonctions en lieu et place du thérapeute, que ce soit un collègue thérapeute, un travailleur social, un pédopsychiatre, ne pourrait dans la plupart des cas que causer des entraves à la thérapie en cours ou compliquer inutilement le travail de suivi auprès des parents.

5. Rythme des rencontres avec les parents

À quel rythme doit-on rencontrer les parents ? J'aurais tendance à dire aussi souvent que nécessaire, mais ce n'est guère précis. Les parents sont rencontrés au tout début, nous l'avons vu au chapitre quatrième. Ils sont revus après deux ou trois ou, plus rarement, quatre séances de thérapie avec l'enfant. La thérapie étant lancée, il est indiqué de les revoir aux quatre ou cinq semaines. Dans le cas d'une thérapie avec un enfant à problématique analytique de quatre ou cinq ans, les parents sont vus cinq ou six fois pendant la durée du traitement (quatre mois), ce qui n'exclut pas que des contacts moins formels puissent se réaliser en plus de ces rencontres (par téléphone ou par courriel, notamment). Il faut éviter les échanges prolongés spontanés avec le parent après une séance avec l'enfant, parce qu'ils risquent d'indisposer l'enfant. Celui-ci peut alors entendre son thérapeute dire quelque chose qu'il interprétera comme un bris de confidentialité. Il pourra également entendre le parent confier au thérapeute des informations qui l'indisposeraient. Il vaut mieux faire discrètement comprendre au parent que vous communiquerez avec lui par téléphone.

L'interaction avec les parents séparés ou divorcés pose un problème particulier en ceci qu'il est fréquemment impossible de voir le père et la mère ensemble. Il ne faut pas prendre prétexte de cette situation pour ne pas voir le parent qui n'a pas la garde de l'enfant, mais qui peut le recevoir la fin de semaine ou deux jours aux deux semaines. Le père est généralement celui qui se retrouve dans cette situation. Il faut s'efforcer dans la mesure du possible de tenir un même discours aux deux parents. La chose n'est pas toujours applicable cependant. Par exemple, des problèmes particuliers peuvent se poser dans la relation mère-enfant et une information transmise au père peut motiver celui-ci à faire une démarche de révision pour le droit de garde. Il faut savoir user de tact et rester discret dans les cas où les conflits entre conjoints couvent sous la cendre et n'attendent qu'une brise se lève pour se réinstaller.

On peut à l'occasion rencontrer des parents (généralement des mères) qui veulent avoir accès (par téléphone) après chaque séance à un résumé exhaustif de ce qui s'est dit et de ce qui s'est passé entre l'enfant et le thérapeute. Cette demande est pleine de signification en elle-même. Elle laisse généralement entrevoir que l'on est en présence d'un parent intrusif ou contrôlant, qui supporte mal l'arrivée du thérapeute dans l'intimité familiale et qui veut laisser entendre plus ou moins tacitement que la thérapie est en sursis, qu'elle va pouvoir durer tant et aussi longtemps qu'il pourra la supporter. Ici encore, il faut savoir user de tact pour ne pas heurter de manière trop directe le système défensif du ou des parents. On peut leur laisser entrevoir que l'enfant, pour se confier en toute liberté, a besoin qu'on lui assure un espace où la confidentialité lui est assurée, ce qui n'empêchera pas le thérapeute de communiquer à ses parents un certain nombre de choses tout à fait importantes avec l'autorisation de l'enfant. C'est d'ailleurs l'une des justifications essentielles des rencontres parents-thérapeute, rencontres qui ponctueront la durée de la thérapie. À cela s'ajoute le fait que, bien souvent, le thérapeute n'est pas en mesure de décoder le sens profond du matériel produit par l'enfant dans une séance donnée, qu'il a besoin de davantage de temps avec celui-ci pour que le message se raffine ou se précise. Il peut arriver en outre que l'essentiel du message soit le même sur plusieurs séances. Comment pourrait-on rendre compte de cela aux parents sans risquer de mettre en péril leur motivation ou leur confiance à l'endroit du processus en cours ?

6. Où doit-on rencontrer les parents ?

Bien évidemment, pour les psychothérapeutes qui ont leur propre cabinet, la réponse à cette question va de soi. Il en va autrement pour ceux qui n'en sont pas encore là (notamment les étudiants) et qui, en vertu de leur statut de stagiaires, travaillent sur les lieux mêmes dans lesquels se trouve à séjourner l'enfant : garderie, maternelle ou école. Généralement, ces milieux ont des horaires d'ouverture assez précis en dehors desquels il peut être difficile de recevoir des parents. Il peut donc arriver qu'en raison de contraintes liées à leur propre horaire de travail, un certain nombre de ces derniers ne puissent être reçus dans le milieu de thérapie. Doit-on alors accepter d'aller les rencontrer dans le milieu familial ? Il faut dans la mesure du possible éviter une telle éventualité ou ne s'y résoudre que quand on n'a pu s'entendre sur un autre lieu de rencontre qui pourrait mieux convenir. Pourquoi devrait-on avoir une telle réticence à rencontrer les parents chez eux ? La principale raison derrière une telle réticence est qu'en acceptant d'aller au foyer des parents (et de l'enfant), on prend le risque d'avoir à gérer des conditions interférentes qui n'auront pu être prévues. Ces conditions peuvent être purement matérielles : les caractéristiques du logement peuvent être telles qu'il est pratiquement impossible de communiquer avec les parents en toute intimité et tranquillité (présence de l'enfant en thérapie, d'un grand parent, d'un autre enfant et particulièrement d'un nourrisson très demandant, etc.). Ces conditions peuvent être aussi psychologiques : il faut en effet savoir que très souvent de telles rencontres donnent lieu chez les parents à l'expression d'affects assez marqués (de tristesse, de colère, etc.) et qu'en vertu de cela précisément, on a tout avantage à ce que les lieux ne soient à la source d'aucun embarras particulier pour le ou les parents concernés. Je suis pour ma part très sensible à l'effet que les visites au domicile de l'enfant peuvent avoir sur la thérapie. Même avec les plus grandes précautions, on n'arrive pas vraiment à éviter que ces visites soient équivalentes à des accrocs au principe de neutralité et d'indétermination qui doit caractériser la présence du thérapeute tout au long de sa relation avec l'enfant. Tant pour l'enfant à fonctionnement anaclitique ou limite que pour l'enfant œdipien, la venue du thérapeute dans son monde réel constitue l'équivalent d'un "passage à l'acte", d'une intrusion dont il faudra gérer les conséquences : « La prochaine fois, tu vas venir juste pour moi et puis, on ira tout le temps dans ma chambre ». Il en résulte une ambiguïté aux yeux de l'enfant, ambiguïté qu'il faudra lever à un moment donné et non sans qu'un certain coût ne lui soit rattaché.

Il faut savoir qu'il y a toujours une alternative possible à la rencontre à domicile. Il faut que l'organisme responsable du stage (c'est-à-dire l'Université) prévoie un local qui soit utilisable à cette fin. Un tel local n'étant pas disponible ou accessible, on peut toujours se rabattre sur l'un ou l'autre de ces petits restaurants qui, moyennant une consommation (un café ou une eau minérale) permet l'accès à un petit salon où l'on peut converser en toute intimité.

7. Que dit-on aux parents ?

J'ai laissé entrevoir ci-dessus que l'interaction psychothérapeute-parents se réalise selon plusieurs fonctions. Il est opportun, avant de fermer ce chapitre consacré à cet aspect du travail, d'expliciter chacune de ces fonctions. Il n'y a pas de meilleure façon selon moi, de répondre à la question "Que dit-on aux parents ?" On notera que ces diverses fonctions sont assumées de façon successive dans le cours de la thérapie de l'enfant et qu'elles témoignent à leur façon de la progression du travail.

7.1 Le thérapeute interprète aux parents le sens profond des comportements de l'enfant en rattachant ceux-ci à son niveau de développement

Dès après la deuxième ou troisième séance au plus tard, le thérapeute d'expérience a généralement une vision assez précise du mode de fonctionnement affectif de l'enfant. Comptant déjà sur les données de l'anamnèse que lui ont fournies les parents lors de la première rencontre et sur ce qu'il a pu dégager comme sens profond des jeux ou productions de l'enfant au cours des deux ou trois premières séances avec lui, il est en mesure d'élaborer une ou des hypothèses assez précises et assez fiables sur ce qui est à la source des difficultés de l'enfant, sur les événements ou attitudes qui ont enrayé ou figé son développement. Quel que soit le degré d'assurance qu'il ressent quant à son diagnostic, il a avantage à adopter une attitude de recherche avec les parents. En d'autres mots, il lui faut éviter d'avoir l'air trop sûr de ses hypothèses et, cela étant, d'adopter une attitude dogmatique. L'une des bonnes façons de s'assurer la collaboration des parents, c'est de leur donner l'occasion de participer à la découverte de la dynamique de leur enfant. Mettant en relation un certain nombre des éléments déjà mis de l'avant par les parents et mettant à profit ses connaissances des modes de fonctionnement affectif, le thérapeute pourra avec grand avantage chercher à leur faire compléter l'ensemble du tableau des symptômes ; il pourra ensuite voir avec eux s'il n'y a pas lieu de mettre en relation l'apparition de ces symptômes avec l'événement ou les événements présumés possiblement facteurs de déclenchement. Cette expérience de codécouverte pourra éventuellement culminer dans la prise de conscience par les parents du rôle qu'ils se sont trouvés à jouer dans l'enchaînement des faits et, dans le meilleur des cas, dans la prise de conscience également des motivations personnelles (c'est-à-dire liées à leur propre histoire affective récente ou moins récente) fondant ce rôle.

7.2 Le thérapeute joue le rôle de "traducteur" à l'endroit des parents de ce qui surgit en thérapie ou dans l'analyse du cas de leur enfant

Il est parfaitement légitime de la part des parents de vouloir avoir une idée de ce que l'enfant révèle à son thérapeute. Ceux-ci sont responsables du développement de leur enfant. Ce sont eux qui acquittent les frais de la thérapie. Hormis les cas d'exception, ce sont eux qui ont pris l'initiative de contacter le thérapeute. Le problème, c'est qu'il y a grand risque que l'enfant cesse de se confier en thérapie s'il a la conviction que ses parents ont accès à tout ce qu'il y raconte. En effet, s'il prend plaisir à s'exprimer devant son thérapeute, c'est qu'il peut le faire en toute liberté, sans avoir à craindre de déplaire à ses parents, de devoir encourir les conséquences que l'expression de tels ou tels sentiments ou telles ou telles pensées ou confidences lui attireraient à la maison. Il est donc également parfaitement légitime que l'enfant puisse compter sur la confidentialité de son thérapeute.

Beaucoup de thérapeutes trouvent difficile de concilier ces deux attentes. Comment y parvenir sans avoir l'impression de devoir aller de Charybde en Scylla ? Il faut éviter de raconter aux parents le détail de ce que fait ou dit l'enfant. La communication avec eux doit porter sur le sens profond de ce qui est fait ou dit. En d'autres mots, il faut que le thérapeute "traduise" aux parents ce qui est dit ou cherche à se dire chez l'enfant. On ne doit faire appel au matériel ou à la manière concrète dont ces choses sont dites ou agies que dans la mesure où la chose sera incontournable.

Ce peut être le cas, par exemple, quand on est face à un parent sceptique sur un point important ou sur l'utilité ou la pertinence de la thérapie face à un parent peu motivé, qui résiste à se remettre en cause, etc. Qu'on se rappelle le cas donné ci-dessus du papa ingénieur-chercheur qui doutait ouvertement de la pertinence pour le thérapeute de s'appuyer sur le jeu pour comprendre la dynamique de son enfant.

Il est toujours prudent, quand on doit évoquer un matériel concret fourni par l'enfant au cours de la thérapie, de demander aux parents de ne pas faire référence à ce matériel devant lui, de ne pas échanger avec lui à ce sujet, à moins qu'il n'y vienne de lui-même. De manière parallèle, il peut être avantageux de dire clairement à l'enfant (particulièrement quand il s'agit d'un enfant plus âgé) ce sur quoi pourrait porter l'échange avec ses parents, particulièrement s'il cherche à le savoir ; il peut être avantageux de lui demander son accord pour l'abord de ce sujet. Dans beaucoup de cas, l'enfant va suggérer des éléments complémentaires.

7.3 Le thérapeute aide les parents à mettre au point des correctifs susceptibles d'améliorer la situation psychologique de l'enfant

Une partie importante des échanges avec les parents va porter sur les correctifs susceptibles de faire en sorte que la situation psychologique de l'enfant puisse s'améliorer. Souvent, le thérapeute n'a pas besoin d'être très actif dans cette fonction, particulièrement si le climat de la rencontre a favorisé la découverte du lien entre, d'une part, les difficultés de l'enfant et le sens de son appel à l'aide et, d'autre part, le rôle qu'ont joué les parents dans la genèse de la situation. Il n'a qu'à accompagner les parents dans leur démarche de prise de conscience des mesures à prendre et dans leur engagement à les mettre en place. Il est le témoin de cet engagement. Toutefois, avec un certain nombre de parents, il doit être plus actif, plus direct. Dans leur cas, l'engagement ne semble que superficiel et le retour dans les vieilles ornières paraît inévitable. Il faut que le thérapeute sache débusquer ce fait et, avec patience et tact, mettre les parents devant la réalité.

7.4 Le thérapeute assiste ou supporte les parents dans leur manière révisée d'interagir avec l'enfant, capable qu'il est de montrer les effets heureux de cette nouvelle manière sur le fonctionnement dynamique de celui-ci

Cette fonction nous place à un moment où l'enfant est entré dans la troisième phase de la psychothérapie (remise en route du développement). Ont disparu la majorité des symptômes qui avaient motivé les parents à amener leur enfant chez le psychothérapeute. L'enfant, au dire même des parents, n'est plus tout à fait le même ; il a l'air plus heureux ; il s'entend mieux ou plus longtemps avec son frère ou sa sœur ; il a maintenant un ou des copains (ou des copines, si c'est une fille) ; il fait des choses qu'on ne lui connaissait pas, il est plus serviable par exemple ; il encaisse plus facilement les frustrations ; les crises de colère se font plus rares et moins intenses ; l'enfant accepte l'effort et le maintient plus longtemps ; il est beaucoup moins compliqué de le coucher le soir ; etc. Même si tout cela est indéniablement présent, il y a encore des petites rechutes, qui ne remettent cependant pas en cause l'impression générale d'amélioration : « Il y a encore un bout de chemin à faire, mais on commence à voir la lumière au bout du tunnel ! » C'est un moment intéressant dans la relation thérapeute-parents parce qu'il est généralement très facile de montrer que les changements de l'enfant résultent en partie des modalités différentes selon lesquelles les parents interagissent avec lui[33]. Il est important de le faire, parce que c'est très motivant pour les parents de se le faire dire, comme il peut être très éclairant de chercher à comprendre ce qui survient dans ces moments où la progression semble hésitante.

---

[33] Je dis bien en partie, car, contrairement à ce que pensent les praticiens familialistes (d'orientation systémique), il n'aurait pas suffi que les parents modifient leurs modalités d'interaction avec l'enfant pour que le développement déficitaire de ce dernier se récupère tout à fait. Je ne fais en somme que rappeler l'importance de l'investissement de l'enfant dans la personne du thérapeute et celui du thérapeute dans la personne de l'enfant pour la récupération et la remise en route de l'élan maturatif.

7.5 Le thérapeute décrit aux parents la nature de l'étape à laquelle le processus thérapeutique et le réajustement de leurs modalités d'interaction permettent à l'enfant d'accéder et il leur précise les effets que ce nouveau fonctionnement est susceptible d'entraîner pour l'enfant et pour eux

Comme celle qui suit, cette fonction intervient généralement vers la fin de la thérapie, c'est-à-dire au moment où l'enfant a mis en place un fonctionnement indiscutablement œdipien. Les conditions d'équilibre qui ont été instaurées à la maison laissent croire que le développement de l'enfant va se maintenir sans l'aide directe de la thérapie. À titre d'illustration, je cite l'échange que nous avons eu, la thérapeute et moi, au sujet de Caroline, notre petite thérapisée du chapitre précédent, au cours de la supervision de la seizième séance de thérapie et en vue de la dernière rencontre avec la mère de l'enfant et son copain :

> « Dans la rencontre, il importe de mettre la mère et A. (le copain de celle-ci) au fait de ce qu'il se passe, tout en leur demandant la discrétion la plus absolue vis-à-vis de l'enfant à propos de ce que tu vas leur dire. Il faut leur révéler l'état amoureux de Caroline pour A. et les sentiments de rivalité qu'elle ressent pour la mère. Il est important de les rassurer au sujet du fait que cette étape est absolument normale et souhaitable pour le bon développement de l'enfant et qu'elle devrait durer au moins six mois, peut-être un an encore. Je te suggère d'insister sur l'importance pour A. de maintenir sa bonne attitude à l'endroit de Caroline tout en évitant toute ambiguïté : "Je t'aime comme mon enfant, et non comme mon amoureuse, c'est-à-dire comme ta mère". Quant à la maman, elle doit se montrer patiente, tolérante, non vengeresse, pleine d'humour face à la situation. Elle ne doit inférioriser Caroline d'aucune manière.
>
> Je te suggère de laisser voir à la mère que tu restes disponible pour une reprise de l'intervention si le besoin s'en fait sentir, ce qu'on ne peut prévoir à ce moment-ci ».

Comme je l'ai signalé ci-dessus, pour beaucoup de parents, il n'y a rien de bien nouveau dans ce qu'on pense devoir leur révéler : ils ont découvert eux-mêmes ce qui se passait chez leur enfant. Ils sont même en mesure la plupart du temps d'enrichir la description du thérapeute en livrant le récit d'événements survenus en leur présence, événements qui confirment le diagnostic du thérapeute.

7.6 Le thérapeute aide les parents à prendre conscience des attitudes qu'ils auront à adopter pour maintenir l'élan maturatif de leur enfant

Comme la dernière illustration a permis de le faire apparaître, cette dernière fonction s'imbrique tout naturellement dans la fonction précédemment évoquée. Il n'y a rien de surprenant en cela : une fois que la situation a été clairement décrite, il est en effet tout à fait naturel que les parents posent la question : « Comment devons-nous agir dorénavant ? Quelle attitude devons-nous avoir ? » Il est important que le thérapeute puisse être en mesure de donner les indications qui s'imposent et de le faire en tenant compte de la réalité sexuée de l'enfant et de chacun des parents. Par exemple, il ne revient pas à la mère, mais bien plutôt au père de "poser l'interdit de l'inceste" à la fille. Inversement, c'est à la mère qu'il revient de mettre les choses au clair avec son fils, la plupart du temps par le message : « Je t'aime comme mon fils, non comme mon homme (ton père) ».

Conclusion

Dans ce chapitre, nous avons réfléchi à plusieurs aspects du travail avec les parents. Je ne prétends pas avoir épuisé le sujet, car ce travail est si vaste et les réalités auxquelles il confronte le psychothérapeute sont si variées. Je me suis soucié d'aborder de la façon la plus simple les aspects avec lesquels il faut se familiariser le plus rapidement possible, sous le tutorat d'un superviseur compétent. Je souligne cette condition parce qu'elle revêt à mes yeux une très grande importance. Le travail avec les parents constitue un volet fondamental de la pratique psychothérapeutique auprès de l'enfant, on l'entrevoit maintenant sans doute plus facilement. Il faut mentionner pour conclure que ce travail est souvent délicat à réaliser et qu'il exige généralement beaucoup de doigté, beaucoup de tact, une grande assurance et, aussi, un flair clinique certain pour repérer ce qui se joue du côté des parents. C'est pourquoi il est si important d'être bien guidé au point de départ, de pouvoir s'appuyer sur les connaissances et l'expérience d'un superviseur compétent.

Chapitre huitième

Le travail thérapeutique auprès de l'enfant : quelques aspects plus particuliers

Introduction

Maintenant qu'ont été abordés des questions aussi importantes que la supervision et le travail avec les parents, il nous faut renouer avec celle du travail thérapeutique auprès de l'enfant, en nous intéressant cette fois à des aspects plus particuliers. J'ai choisi d'inclure dans le présent chapitre tous les sujets pertinents à la conduite de la thérapie qui n'ont pu être étudiés au chapitre cinquième. Ces sujets seront étudiés sous les titres suivants : que dit-on à l'enfant au sujet du pourquoi de la thérapie ? ; la consigne concernant la communication ; l'assurance concernant la confidentialité ; les contacts physiques ; les cadeaux ; la gestion du contre-transfert ; la gestion du transfert amoureux ; les manifestations à caractère sexuel.

1. Que dit-on à l'enfant au sujet du pourquoi de la thérapie ?

Très souvent, vient un moment où il faut préciser à l'enfant pourquoi il vient en thérapie. Cela est vrai des enfants plus jeunes tout particulièrement, car pour les plus vieux les choses ont généralement été clarifiées entre les parents et eux. Cependant, même avec ceux-là, la justification doit parfois être précisée ou reprécisée, car les raisons qu'ils auront retenues sont essentiellement d'ordre comportemental, c'est-à-dire reliées à des conduites ou attitudes dérangeantes. Comment les choses peuvent-elles se présenter concrètement ? En fait, ce questionnement peut prendre différentes formes. Pour Pierre-Luc, le premier sujet des *Tout-petits jouent, parlent et ... se transforment* (Bossé, Boileau et Moreau, 1999), il a surgi à la dixième séance sous la forme de l'interrogation : « Pourquoi tu joues à la maman avec moi ? ». Cette forme est fréquente avec les tout-petits ; elle recoupe le désir également très souvent exprimé, notamment par les enfants en revendication affective, de voir la thérapeute se comporter comme une maman tout à fait disponible. On peut dès lors entrevoir que la manière dont surgit la question est à relier au fonctionnement dynamique de l'enfant. Une petite œdipienne pose à son thérapeute masculin la question « Pourquoi tu joues avec moi et pas avec les autres ? » pour obtenir confirmation de la résonance de ses sentiments amoureux. Chez les enfants anaclitiques, ce sont des préoccupations de possession exclusive du parent non (encore) œdipiennement perçu qui se profilent derrière la question.

Chez les enfants plus vieux, la question apparaît généralement plus tôt, quand elle est posée (ce qui me semble arriver moins fréquemment que chez les petits) : « Pourquoi je viens te voir, moi ? » peut être la formulation la plus souvent utilisée. Elle peut surgir à un moment où les résistances paraissent mettre en péril le processus ou à une période où "le prix à payer" pour venir en thérapie paraît à l'enfant plus lourd qu'en temps normal, par exemple si la thérapie intervient un jour de congé (à l'école), si elle tombe au moment où joue à la télévision telle ou telle émission attrayante pour l'enfant ou si elle survient à un moment où l'enfant a l'habitude de jouer avec un copain.

Une fois la question posée, comment le thérapeute doit-il réagir ? Je conseille toujours de prendre pour règle qu'il faut tenir compte de ce qui a été vécu et abordé dans la thérapie jusque-là, en ayant à l'esprit la nécessité de sauvegarder le caractère projectif de la situation (et donc également sa propre attitude de neutralité). L'une des bonnes façons consiste à renvoyer la question à l'enfant, pour établir l'idée qu'il se fait (consciemment) de la justification de la démarche : « Qu'est-ce que tu en penses, toi ? Pourquoi, selon toi, t'a-t-on amené ici ? » On peut dès lors élaborer à partir de ce que l'enfant propose, en reformulant, en complétant ou en développant quelque peu. Généralement, la réponse de l'enfant va donner une bonne indication de ce qu'il souhaite entendre ou de ce qu'il est capable d'entendre. On peut très bien aller dans le sens suivant et même quelques fois, on peut y être conduit par l'enfant : « On a senti que ça n'allait pas bien pour toi », « On a senti que tu étais préoccupé par quelque chose (qu'on peut même préciser en tenant compte de ce qui a été abordé en thérapie) », « On a eu l'impression que tu n'étais pas un enfant vraiment heureux », « On a senti que tu avais besoin d'être écouté », « On a senti que tu avais besoin qu'on s'occupe de toi davantage » (une justification, est-il besoin de le préciser, qui rejoint particulièrement les enfants à fonctionnement anaclitique), etc. Bien évidemment, on adapte sa réaction – et éventuellement sa réponse – en tenant compte de l'âge de l'enfant. Avec les enfants plus vieux, l'échange peut aller étonnamment loin. Il peut être l'occasion d'un bilan provisoire ou encore, il peut jouer le rôle de tremplin pour une nouvelle avancée. Comme on peut le voir, on raterait quelque chose la plupart du temps en renvoyant tout simplement l'enfant à un échange avec l'un ou l'autre de ses parents, échange qui pourrait facilement tourner autour de la présence des conduites dérangeantes.

Influencé par une certaine pratique psychologique, on pourrait être tenté de profiter de cette occasion, surtout si elle intervient en début de thérapie, pour "passer un contrat" avec l'enfant, un contrat qui porterait sur la nécessité de "travailler ensemble" à la disparition de l'un ou l'autre de ses comportements "indésirables" (aux yeux des parents, de la garderie, de l'école, etc.). Dans la perspective qui nous inspire ici, une telle "entente" n'est pas défendable. J'ai à suffisamment de reprises insisté sur la nécessaire neutralité du thérapeute en regard de tout ce qu'exprime l'enfant pour ne pas avoir à développer davantage sur ce point. Laissons à certains éducateurs la possibilité de pratiquer ce style d'interactions. Le psychothérapeute par le jeu se situe ailleurs, très nettement ailleurs.

2. La consigne concernant la communication

Dans la pratique avec les adultes, il est de mise pour l'analyste d'aviser son patient, dès après que celui-ci se soit étendu pour la première fois sur le divan, qu'il est invité à dire ce qu'il pense et ressent sans rien omettre de ce qui lui vient à l'esprit, même si ces pensées lui paraissent désagréables, ridicules, dénuées d'intérêt ou hors de propos. Tel est ce qu'en termes psychanalytiques on désigne par l'expression "la règle fondamentale". Avec les enfants, bien évidemment, on ne saurait procéder avec la même formule, même si l'esprit de la règle peut être entièrement sauvegardé. L'enfant qui arrive en salle de thérapie découvre avec émerveillement la panoplie des jouets qui sont mis à sa disposition. Le thérapeute lui dit alors qu'ici, il peut jouer avec l'un ou l'autre des jouets, avec plusieurs jouets en fait, que c'est à lui de décider ce qu'il veut faire et ce à quoi il veut jouer. Il lui dit également que si c'est son désir, il peut, lui, thérapeute, faire bouger ou faire parler tel ou tel personnage, qu'il peut, sans gêne de part et d'autre, participer à ses jeux. Il ajoute alors : « Je vais te demander une chose cependant : de me dire en tout temps ce qu'il arrive dans ton jeu, de toujours me raconter ce qu'il se passe. Mais si tu as envie de dire des choses auxquelles tu penses quand tu joues, tu me les dis également, même si tu penses que ça n'a pas de rapport avec ton jeu, parce qu'ici tu peux dire tout ce que tu as envie de dire ». Voilà la règle fondamentale adaptée à la psychothérapie des enfants.

Il arrive cependant très fréquemment (et peut-être même le plus souvent avec les moins de cinq ans) que le thérapeute n'ait pas d'emblée à énoncer cette consigne. L'enfant se met à jouer et spontanément, il dit ce qui survient dans le jeu mis en scène. Bien plus, emporté par le climat qui se crée entre lui et le thérapeute, ravi par la disponibilité de celui-ci, il livre des confidences sur ce qu'il se passe à la maison ou à la garderie, sans même qu'on le lui ait suggéré de le faire. Il ne faut surtout pas l'interrompre. Il faut plutôt tenir pour acquis que la consigne est prise en compte et mise en application tout naturellement. Il faut laisser aller l'enfant et attendre qu'une crise se produise dans la communication, ce qui peut ne pas se produire du tout comme c'est le cas la plupart du temps.

Dans la mesure où l'enfant est d'un âge qui s'approche de l'adolescence, il peut être pertinent d'adapter quelque peu la consigne. Des préadolescents nous arrivent quelques fois en disant qu'eux, ils aiment bien parler comme font les grands, qu'ils n'aiment pas tellement jouer. Avec eux, on peut très bien dire par exemple : « Ici, tu peux faire toutes sortes de choses, c'est toi qui décides : nous pouvons improviser des jeux de rôle et des situations ; tu peux tout simplement parler, en me disant ce qui te vient spontanément, ce que tu as envie de dire, sans chercher à écarter ce qui pourrait te sembler désagréable pour toi ou pour moi, ni ce qui pourrait te paraître ridicule ou sans rapport ; tu peux aussi composer une ou plusieurs scènes avec le matériel qui se trouve devant toi ; tu peux aussi dessiner ou faire des montages ; il suffit que tu me dises ce qui arrive dans tes productions ». Comme on peut le constater, cette forme, qui est utilisable avec beaucoup d'adolescents, est à mi-chemin entre la règle fondamentale et la consigne utilisée avec les enfants.

3. L'assurance concernant la confidentialité

La question de la confidentialité se pose aux yeux de l'enfant, surtout de l'enfant plus vieux de six ou sept ans, quand celui-ci apprend que le thérapeute doit rencontrer ses parents. Elle peut également se poser quand l'enfant hésite à livrer ou a livré un secret dont la levée peut être anticipée comme embarrassante pour la famille ou pour l'un des parents. De façon générale, il est préférable d'aviser l'enfant dès que la première bonne occasion se présente qu'on va rencontrer ses parents bientôt et que, normalement, on va les rencontrer de temps en temps. L'enfant peut n'y voir aucun inconvénient ; c'est le plus souvent le cas. Il peut toutefois arriver qu'il se montre quelque peu embarrassé par ce fait et qu'il pose la question : « Pourquoi tu dois voir papa et maman ? » ou encore « Qu'est-ce que tu vas leur dire ? ». On peut très bien répondre : « Tu sais, ce que tu me racontes ici reste entre toi et moi, à moins que tu me demandes d'en parler ; tu n'as donc pas à t'inquiéter au sujet de cela. Mais il y a aussi que tes parents veulent mieux te comprendre et qu'ils veulent savoir quelle est la meilleure façon de se comporter avec toi. C'est pour cela qu'ils viennent me rencontrer, pas pour savoir ce que tu me racontes. Tu sais, être parent, ce n'est pas toujours une chose facile en soi et c'est important pour tes parents de pouvoir en parler, indépendamment de toi et sans nécessairement parler de toi ».

Quand un certain nombre d'indices laissent penser que l'enfant est aux prises avec un secret lourd à porter, mais qu'il ne peut en parler ouvertement, il est de bon aloi de rassurer l'enfant sur le caractère confidentiel de ce qu'il raconte en thérapie. Dans certains cas, cette "rassurance" peut suffire, dans d'autres cas, non. Les thérapeutes qui reçoivent des enfants victimes d'abus physiques ou sexuels intrafamiliaux savent à quel point il peut être long et difficile pour ceux-ci de rompre le silence. En fait, les allusions à l'abuseur vont être faites de manière symbolique pendant des semaines, voire des mois (le loup, le requin, le vampire, le géant méchant, le monstre, etc.). L'enfant n'acceptera de parler que le jour où il se croira à l'abri de toute action vengeresse ou punitive. Inutile de mentionner qu'il serait très mal venu de créer une contrainte quelconque sur lui pour l'amener à parler : on ne ferait qu'envenimer les choses et ajouter à la pression qui est déjà ressentie.

La consigne qui contraint l'enfant au silence peut porter sur autre chose qu'une situation abusive. Il me vient à l'esprit un cas particulièrement illustratif. Lors de ma toute première année à titre de superviseur, il y a vingt ans, l'une de mes supervisées traitait du cas d'un enfant de sept ans qui était aux prises avec de graves difficultés scolaires, en dépit d'un potentiel intellectuel tout à fait intéressant. Cet enfant était notamment incapable de tout effort de concentration un tant soit peu soutenu. En séance de thérapie, il se comportait manifestement comme quelqu'un qui fuyait la communication en profondeur. Cette année-là, une situation vraiment singulière s'est présentée dans le groupe de mes supervisés : un autre étudiant se trouvait à remplir (contre rémunération) le rôle de surveillant des élèves pendant l'heure du dîner à l'école que fréquentait le même enfant. Celui-ci ignorait tout des activités académiques de son éducateur surveillant ; il ignorait tout particulièrement qu'il connaissait sa psychothérapeute et qu'il participait chaque semaine à la même activité de supervision qu'elle, ayant à rencontrer des enfants en thérapie dans son propre lieu de stage. Nous eûmes très rapidement à faire face à la situation suivante : l'enfant cherchait le contact avec l' "éducateur-surveillant" pour aborder avec lui ce qui aurait dû l'être avec sa thérapeute, ce qu'il n'osait faire, sachant que celle-ci voyait ses parents de temps à autre. Je me souviens du fait qu'il avait manié son *hot-dog* d'une manière particulière en disant : « Regarde, Pierre ; c'est comme une tombe ; avec un mort dedans ». À la rencontre suivante avec les parents, ceux-ci furent mis au fait de la difficulté de l'enfant à parler spontanément ; il leur fut notamment demandé s'ils étaient bien d'accord avec la démarche de thérapie et si quelque interdiction de parler avait été donnée à l'enfant. Je ne me rappelle pas si c'est alors ou dans une rencontre ultérieure que les parents en vinrent finalement à confier quelque chose qui était loin d'être banal. Trois ans plus tôt, la famille avait vécu un véritable drame : une petite fille qui y avait été placée en foyer nourricier depuis quelque temps (depuis plus d'un an, si mon souvenir est exact) avait perdu la vie dans un accident d'auto alors que le père allait la reconduire chez sa mère naturelle. Tous les membres de la famille s'étaient fortement attachés à cette enfant décrite comme absolument adorable, tout particulièrement le petit garçon, qui avait fait d'elle la compagne de tous ses jeux (les deux enfants avaient sensiblement le même âge). Aux prises comme leurs enfants (cette famille comportait un autre enfant plus vieux) avec un deuil extrêmement douloureux, les parents énoncèrent la consigne dès après les funérailles que désormais il n'était permis à personne de faire allusion à l'enfant disparu. Cette pratique commune avait empêché chez tous la liquidation d'un grand chagrin et avait singulièrement handicapé le jeune garçon dans son développement. Ce sujet cherchait manifestement à assouvir son besoin de parler de cette épreuve avec des gens qui n'avaient aucun contact direct avec la famille et qui, de ce fait, ne risquaient pas de rapporter son manquement à la consigne et de provoquer ainsi la colère des parents. C'est certainement quelque chose qui survient fréquemment. Ce qui est particulier dans ce cas, c'est que nous ayons pu profiter d'une circonstance tout à fait exceptionnelle pour prendre conscience de la quête d'écoute de l'enfant, quête maintenue très vive en dépit de l'interdiction.

4. Les contacts physiques

La question des contacts physiques constitue un sujet dont l'abord peut d'emblée ne pas paraître nécessaire. On peut facilement objecter : pourquoi se préoccuper de cela ? Pourquoi ne pas se laisser guider par sa propre spontanéité avec les enfants ? Justement parce que le thérapeute "se situe ailleurs", il ne peut se laisser guider par sa propre spontanéité et avoir après coup l'assurance tranquille qu'il a agi comme il convenait. De façon générale, je conseille à mes étudiants et praticiens de ne pas chercher le contact physique avec les enfants au-delà de la poignée de main. C'est l'attitude la plus souhaitable. Il importe de réaliser d'entrée de jeu que la liberté du thérapeute sur ce plan ne peut pas être celle de l'éducateur.

Une telle attitude de sobriété ne signifie pas que le thérapeute doive se raidir ou se retirer quand un tout-petit cherche à lui "donner un bisou", ou qu'il doive refuser à celui-ci de s'installer sur ses genoux pour jouer, s'il s'agit d'un tout-petit. Refuser à l'enfant la possibilité d'une telle marque d'affection ou l'expression d'un tel besoin de proximité entraînerait certainement chez lui une réaction d'incompréhension et peut-être aussi le sentiment d'être mis à distance ou même d'être rejeté. S'il ne faut pas rechercher activement ces manifestations d'affection ou de proximité, il ne faut pas se refuser à elles quand elles émergent. Il faut se borner à les accepter naturellement, sobrement, sans plus. L'enfant saisit assez tôt la bonne distance à maintenir entre lui et le thérapeute ; il saisit assez tôt ce qui convient et ce qui ne convient pas sans qu'on ait à le lui dire.

Si le thérapeute-stagiaire travaille dans le contexte d'une garderie, quand la température devient plus froide, il peut avoir à aider l'enfant à revêtir ses vêtements d'extérieur pour que celui-ci puisse aller rejoindre ses pairs. Ce n'est pas l'idéal, car il se trouve à remplir là une fonction qui ne convient pas tout à fait à son rôle. Très souvent il faut cependant accepter de le faire, l'éducatrice responsable de l'enfant ne pouvant absolument pas quitter son groupe pour venir assumer cette tâche.

Il va sans dire que les considérations avancées ici ne concernent pas les contacts qui peuvent survenir dans le cadre d'un jeu psychodramatique ou dans toute autre activité à caractère ludique. Par exemple, un enfant peut vouloir jouer à être un bébé et exprimer le désir de se faire nourrir au biberon par le thérapeute. Il peut aussi vouloir que le thérapeute soit un bébé qu'il nourrira lui-même au biberon. Ces activités doivent au contraire se réaliser avec la plus grande liberté d'expression possible, comme c'est le cas d'ailleurs de chacune des activités d'expression mises en place par l'enfant.

Mais même dans le cadre d'une interaction à fonction ludique, il peut arriver que l'enfant profite de l'occasion pour réaliser un rapproché à caractère sexuel. Nous sommes en présence alors d'un sujet qui fonctionne en œdipe. Il faudra porter attention à ce qui cherche à se dire et à être agi chez l'enfant, à rendre ce dernier pleinement conscient de ce qu'il se passe, de façon à ce que la thérapie puisse en tirer avantage. Je reviendrai sur ce sujet ci-dessous.

5. Les cadeaux

J'ai déjà effleuré la question des cadeaux dans un autre contexte. L'expérience m'a enseigné qu'il faut adopter à ce sujet une attitude assez comparable à celle proposée ci-dessus concernant les gestes d'affection. Il faut éviter en effet de donner des cadeaux à l'enfant, quelle que soit leur nature. D'aucune manière, ces gestes ne peuvent se concilier avec les exigences de neutralité qui se posent à la relation thérapeutique. Si désintéressée ou généreuse que soit l'intention du thérapeute, soit par les satisfactions qu'ils procurent ou par les attentes qu'ils créent, ces dons en viennent toujours à s'avérer des interférences pour la bonne marche du processus.

Qu'en est-il des cadeaux que l'enfant apporte à son thérapeute ? Celui-ci doit-il les refuser ? J'estime quant à moi qu'il doit les accepter, à condition qu'ils aient une valeur modeste et qu'ils ne soient pas des dons d'argent. Pourquoi, ici encore, cette politique "de deux poids, deux mesures" ? Il ne faut pas s'en surprendre ! Rappelons-nous le caractère asymétrique de la relation thérapeutique : le patient vient pour lui-même et la relation qu'il vit avec le thérapeute est tout le contraire d'une relation de mutuelle confidence. Refuser ces cadeaux entraîne plus d'inconvénients que de les accepter. L'enfant veut témoigner son attachement ou sa gratitude à son thérapeute ; celui-ci ne peut manifester une attitude de refus, laquelle ne pourrait que blesser l'enfant ou que lui donner, ici également, le sentiment qu'il n'est pas apprécié.

Il faut donc accepter ces cadeaux, qu'il vaut mieux cependant ne pas exhiber dans la salle de thérapie. Il faut éviter de laisser croire à l'enfant qu'on les survalorise ; il faut aussi éviter de donner à l'enfant l'impression qu'il est le "roi de ces lieux". Il en va ainsi, bien sûr, des dessins que l'enfant "donne" à son thérapeute : il est tout à fait contre-indiqué d'afficher ceux-ci sur les murs. Une telle attitude irait de toute manière à l'encontre de la sobriété et de la neutralité qu'il faut nécessairement pratiquer dans la relation thérapeutique. En affichant les dessins de l'enfant, vous signifiez plus ou moins clairement à l'enfant que vous le préférez à tous les autres. Si une telle déclaration n'est pas de mise au niveau du "langage parlé", elle ne l'est pas davantage au niveau du "langage agi".

Contourne-t-on le problème en affichant tous les dessins des enfants qu'on reçoit en thérapie ? Pas vraiment, à mon avis. En agissant ainsi (ce qui de toute façon deviendrait rapidement impossible concrètement), on dirait ouvertement à l'enfant qu'il n'est pas seul à venir et qu'il doit partager son thérapeute avec tous les auteurs de ces dessins, ce qui ne serait pas très habile. Et puis, il se trouve que beaucoup de dessins ont servi de tremplin à un échange en profondeur avec l'enfant sur un point précis de sa dynamique, échange qui a pu prendre justification dans un détail précis du dessin. Beaucoup d'enfants, particulièrement les plus vieux, vivraient comme une indiscrétion l'affichage de leurs productions.

Il me paraît assez facile de se laisser convaincre par l'attitude que commande la sauvegarde de la position de neutralité et du caractère projectif de l'espace de thérapie : faire voir à l'enfant que vous mettez son dessin dans une chemise, que vous allez le garder précieusement en toute discrétion comme tous ceux qu'il va réaliser à partir de ce moment-là, tant et aussi longtemps que vous allez le recevoir.

6. La gestion du contre-transfert

J'ai à plusieurs reprises insisté sur la notion de transfert pour cerner la réalité de certains faits du processus thérapeutique. Le patient, enfant, adolescent ou adulte, agit ou réagit dans la relation avec le thérapeute en attribuant à celui-ci des pensées, des affects, des motivations, des désirs, etc., qui, dans les faits, sont caractéristiques d'une autre personne (quelqu'un de familier, par exemple la mère, le père, le frère ou la sœur, le conjoint, etc.). L'analyse des phénomènes transférentiels constitue une partie importante du processus thérapeutique, nous l'avons entrevu déjà et nous aurons à y revenir encore. Les phénomènes transférentiels ne courent toutefois pas dans un seul sens : le thérapeute vit les choses d'une manière comparable. Lui aussi, il peut à l'occasion attribuer à son patient, petit ou grand, des pensées, affects, motivations, désirs, etc. qui ne sont pas le lot de celui-ci, mais de quelqu'un d'autre auquel le patient est en quelque sorte assimilé plus ou moins ponctuellement. Les phénomènes transférentiels propres au thérapeute sont susceptibles d'affecter grandement le processus thérapeutique parce qu'ils peuvent rendre difficile le maintien du caractère projectif des situations thérapeutiques. Je donne un premier exemple. Me vient en effet à l'esprit le cas de cette thérapeute dont le neveu bien aimé était décédé d'une leucémie. Cette praticienne s'était trouvée à assumer quelques mois plus tard le cas d'un enfant qui, à ses yeux, ressemblait beaucoup à l'enfant disparu. Il m'a fallu à plus d'une reprise faire prendre conscience à cette thérapeute que son attitude débordait les limites souhaitables de la neutralité et, chaque fois, il a été possible de repérer le transfert qui était à l'œuvre et la poussait au débordement. Deuxième exemple, un autre thérapeute éprouvait beaucoup de réticence à accepter l'hypothèse d'un fonctionnement œdipien chez une préadolescente. Le matériel était pourtant on ne peut plus évident. Il se trouve que cette patiente avait un problème de surpoids, comme c'était d'ailleurs le cas de ses deux parents. Le thérapeute, en raison du fonctionnement de personnes obèses de son environnement, ne pouvait comprendre autrement que comme une fixation prégénitale (et donc une manifestation de revendication affective visant la mère) l'attitude de l'enfant face à son alimentation et à son surpoids. Pourtant, la fillette voulait devenir aussi grande et grosse que sa maman pour pouvoir éventuellement lui prendre sa place auprès du père.

On pourrait certes désigner ces faits transférentiels par "transfert du thérapeute sur le patient", encore qu'une telle façon de faire pourrait comporter des risques de confusion et pourrait aller à l'encontre du caractère asymétrique de la relation thérapeutique. Il est cependant préférable d'inclure ces faits transférentiels dans ce qui est désigné par "contre-transfert". Il se trouve que cette appellation désigne également une autre catégorie de faits très voisins de ces premiers faits. Je veux évidemment faire allusion aux réactions du thérapeute aux manifestations transférentielles de son patient. Voici un exemple. Une thérapeute reçoit un garçon de huit ans pour la troisième séance. L'enfant parle peu ; il se montre poli, mais il cherche manifestement à éviter la communication ; il se met à explorer le matériel ; puis, il entreprend de démonter tout ce qui se présente à lui dans la salle de jeu ; il réduit toute construction en ses composantes les plus minimes possible ; il se livre à ce jeu pendant près de quarante minutes. Puis, il annonce qu'il veut partir. La thérapeute rage intérieurement à l'idée du travail de remontage qui l'attend à la fin de la séance, laquelle, fort heureusement, coïncide avec la fin de sa journée de travail. Elle n'en laisse cependant rien paraître extérieurement et réussit à maintenir la même attitude qu'elle avait affichée jusqu'à ce moment de la thérapie. Ce que cette thérapeute vit suite à la manifestation transférentielle du patient correspond très précisément au contre-transfert, dans le sens original du terme. On peut facilement entrevoir que de tels vécus contre-transférentiels vont abonder dans le cours d'un processus thérapeutique.

Le thérapeute n'est pas un robot. Il n'est pas de marbre. Il a des sentiments ; il vit des affects ; il aime certaines choses ; il en déteste d'autres, etc. Il ressent des choses devant le patient (ou derrière lui, si la rencontre se vit selon la modalité divan-fauteuil). Il a sa propre histoire et celle-ci continue d'influer sur lui. Il n'a pas à jouer au surhomme ou à la *superwoman*. Il est fort heureux qu'il en soit ainsi. Je n'ai pas de mal à imaginer l'inefficacité sur le plan thérapeutique d'un thérapeute froid, indifférent, complètement détaché. L'important, ce n'est absolument pas de ne rien ressentir, c'est bien plutôt de ne pas être débordé par ce qu'on ressent, c'est de n'en rien laisser paraître aux yeux du patient. Tâche difficile quelquefois, mais c'est l'idéal vers lequel on doit tendre, toujours. C'est très précisément ce qu'exige le maintien du caractère projectif de la situation thérapeutique. Je me souviens d'avoir été impliqué dans le petit fait suivant à titre de patient. Ma fille aînée avait été victime d'une poussée de fièvre très intense à l'âge de quinze mois ; sa température très élevée l'avait fait entrer dans un état convulsif, ce qui avait nécessité une hospitalisation de trente-six heures. Dans la journée, j'allai à ma séance régulière chez mon analyste. J'ouvris la séance en faisant avec un certain désarroi le récit de la réaction de mon enfant à l'hospitalisation. J'étais à ce point décontenancé que je ne fus pas surpris d'entendre quinze minutes plus tard l'analyste me dire que nous en avions terminé pour ce jour-là). Je me suis dit tout simplement : « Dieu ! que ça a passé rapidement aujourd'hui ! » Sur le trottoir, je découvris que la séance avait duré très exactement quinze minutes. Je démarrai la séance suivante en faisant remarquer à l'analyste que j'avais constaté, une fois à l'extérieur, que la dernière séance avait été considérablement écourtée et que je m'interrogeais sur les raisons pour lesquelles il avait ainsi agi. Il m'invita tout d'abord à préciser l'effet que cette interruption avait eu sur moi, ce que j'avais pensé ou ce qui me venait à l'esprit à son sujet. Cet exercice terminé, il m'avoua que la situation dans laquelle je me trouvais avait réactivé chez lui des affects reliés à une situation du genre et que ce sont ces affects qui avaient été à la source de son acte ... manqué, car, dans un premier temps, il avait, lui aussi, pensé que la séance avait duré quarante-cinq minutes, soit la durée habituelle. Je n'en sus pas davantage et cela me parut suffisant comme clarification. Il est manifeste que l'analyste avait été malgré lui débordé par ses affects ; il avait cependant su exploiter la situation au profit du processus analytique en me faisant travailler sur les effets de l'interruption ; il n'avait pas eu à révéler quoi que ce fût d'essentiel au sujet de son histoire ou de sa vie personnelle. Le principe de la neutralité avait été respecté malgré tout.

À chaque séance pratiquement, le thérapeute est sollicité affectivement. Il doit veiller à gérer le mieux possible le caractère contre-transférentiel de ses réactions. Il doit veiller à "garder le cap", à ne pas se laisser dériver par l'effet inconscient de ces réactions. Ici encore, la présence et l'éclairage d'un superviseur peuvent être indispensables, surtout en début de pratique, mais, à l'occasion, ils ne sont pas suffisants : le thérapeute doit s'interroger sur lui-même, "fouiller" sa propre histoire à l'intérieur d'une démarche thérapeutique.

Il y a un certain nombre de situations qui peuvent poser problème, qui posent problème en fait assez régulièrement. Ces situations ont comme caractéristique d'être vécues avec des affects d'une grande intensité de la part du patient. J'ai déjà donné un exemple de ces situations ci-dessus avec le cas de cet enfant "démonteur". Avec un nombre important de sujets, le processus thérapeutique donne lieu pendant une période plus ou moins longue à des manifestations d'agressivité ouverte. Bien sûr, cette agressivité n'a pas besoin d'être physique (ce qu'on ne doit pas tolérer de toute façon, nous le savons) pour n'être que difficilement tolérable. Le mépris affiché dans les demandes adressées au thérapeute, dans la manière de le désigner, dans le ton utilisé pour s'adresser à lui, dans les rôles qui lui sont confiés, etc., peut rapidement s'avérer suffisamment lourd pour qu'on en vienne à un certain moment à se poser la question « Quelle idée ai-je eue de m'embarquer dans ce cas ? ». Comme thérapeute, il m'est quelques fois arrivé de me dire à propos de tel ou de tel patient à un moment où l'agressivité, le mépris ou l'abjection étaient à la limite du supportable : « Franchement, si je me laissais aller, je le ou la prendrais par le bras et je le ou la jetterais en dehors de mon bureau ! », ou encore « Décidément, avec elle, je gagne mon salaire de ce temps-ci ! ». À peu près tous les thérapeutes ont à vivre une ou plusieurs situations du genre, quel que soit le type de leur clientèle, enfant, adolescent, adulte. Il faut absolument savoir contenir la réaction qui nous viendrait tout naturellement en d'autres temps et en d'autres lieux. Il faut rester à l'égal de ce qu'on a été jusque-là. Facile à dire, pas facile à faire, j'en conviens ! Il faut cependant y parvenir, car c'est impérieux. Il faut rester mobilisé pour ce travail indispensable, incontournable, consistant à débusquer ce qui fonde cette agressivité, ce à quoi celle-ci renvoie au-delà de ses justifications actuelles ou récentes. Car, s'il est une vérité dont il faut se convaincre, c'est que cette agressivité ne vise pas le thérapeute dans sa personne ; elle ne le vise que dans son rôle, qu'en tant qu'il est "lieu ou objet de transfert". Un tel constat peut sembler ne pas changer vraiment les choses en apparence. Pourtant, dans les faits, l'agressivité devient beaucoup plus facile à supporter. Qu'on se souvienne du sentiment de libération qu'on ressent quand on entend quelqu'un dire à propos de soi : « Tu sais, j'ai eu l'air de t'en vouloir et de te haïr tellement, mais au fond, ce n'est pas à toi personnellement que j'en voulais, ce n'est pas toi que je haïssais, mais bien telle autre personne avec laquelle je réglais mes comptes sur ton dos ». Bien évidemment, nos patients, petits ou grands, ne nous font pas de tels aveux, mais c'est tout comme. C'est qu'ils découvrent généralement d'une manière ou d'une autre (c'est-à-dire consciemment ou inconsciemment), c'est que l'un des usages que peut combler le thérapeute est d'avoir à "payer de vieilles factures" qu'ils ont apportées avec eux en thérapie. En tout cas, c'est très aidant pour le thérapeute de se rappeler ce constat dans ces moments où un patient est particulièrement difficile à supporter.

7. La gestion du transfert amoureux et des réactions contre-transférentielles qui lui sont associables

J'ai fait référence jusqu'ici, au titre de ces situations contre-transférentielles délicates, à celles surtout qui impliquaient des affects négatifs. Je m'en voudrais de passer sous silence celles qui se trouvent à l'extrême opposé, c'est-à-dire celles où le patient s'est très intensément amouraché de son thérapeute. Situations fort délicates aussi, est-il besoin de le dire ! Situations dans lesquelles la bonne gestion de son contre-transfert est également de la plus haute importance. Disons tout de suite que ce phénomène d'"enamourement" est pratiquement normal, qu'il est même indicatif d'une thérapie qui atteint son apogée et qui va livrer l'essentiel des fruits qu'on a espérés d'elle. Il est évident que son absence due à la similarité des sexes entre thérapeute et patient ne signifie pas que l'œdipe n'a pas été atteint ou réactivé. Il est fort possible en effet que les sentiments œdipiens (positifs) soient repérables dans la relation avec le parent de sexe différent ou avec toute autre personne significative du même sexe que ce parent.

Comment le thérapeute doit-il se comporter dans cette situation qui, normalement, s'étend sur plusieurs semaines et qui, dans les meilleurs cas de figure, va se conclure définitivement avec la fin de la thérapie ? Il doit ici encore se comporter à l'égal de ce qu'il a été depuis le début de la thérapie, démontrant qu'il n'est d'aucune manière perturbé par les sentiments du patient et qu'il supporte sans aucune difficulté son état amoureux. Il ne doit pas opposer une fin de non-recevoir aux prétentions du patient, pas plus qu'il ne doit lui laisser entrevoir que ces prétentions ont toutes les chances d'être prises en compte et de se réaliser. Il ne cherche pas à éviter ce terrain quand les productions du thérapisé l'y conduisent tout naturellement ; il propose les interprétations qui s'imposent de la même manière et avec la même sérénité que s'il s'agissait d'un sujet moins brûlant. Par contre, il ne fait preuve d'aucune précipitation à aller sur ce même terrain, précipitation qui pourrait être interprétée par le patient sinon comme une acceptation de ses prétentions, à tout le moins comme une ouverture. En somme, il prend cet état amoureux du patient pour ce qu'il est, c'est-à-dire comme un fait normal survenant à ce point de la thérapie. Il est aidé en cela par le constat que cet état amoureux, tout comme l'attitude agressive dont il vient d'être question, ne vise pas d'abord et avant tout sa personne réelle, mais la personne objet et lieu de transfert qu'elle se trouve à être face au patient. On se rappellera ici les propos que j'ai tenus au chapitre cinquième concernant cette expérience de "pontage" ou de *by pass* que vit l'enfant (il en va aussi de même pour les adolescents et les adultes) dans le processus thérapeutique. Dans l'état amoureux du patient pour son thérapeute, c'est précisément cette expérience qui s'achève, un peu à la manière d'un feu d'artifice. Le patient est amoureux de son thérapeute comme l'enfant devient amoureux du parent de sexe différent autour de son troisième anniversaire quand il se développe dans des conditions suffisamment bonnes. Il en devient amoureux parce qu'il vit pleinement avec lui, soit ce qui a été amorcé avec ce parent, soit ce qui ne l'a pas été parce que son développement s'est alors figé en amont de l'œdipe. Le thérapeute joue donc ici encore un rôle vicariant : il est là à la place d'une autre personne ; il rend possible que s'allume chez le patient le feu œdipien de l'amour objectal et génital ; ce feu continuera d'ailleurs très souvent de brûler après la terminaison de la thérapie à l'endroit du parent qui aurait dû, dans des conditions normales de développement, contribuer à son "allumage" par sa présence adaptée, objectalisante et sexualisante.

8. La gestion des manifestations à caractère sexuel

Freud avait suscité la surprise au siècle dernier en soutenant que les enfants avaient une vie fantasmatique imprégnée de sexualité (selon leur niveau). Une telle position surprend probablement encore un certain nombre de personnes de nos jours, mais certainement pas celles qui s'impliquent dans la psychothérapie des enfants. Il suffit simplement d'évoquer la ténacité avec laquelle les œdipiens vont chercher à accéder à l'intimité du parent passionnément aimé. En fait, les manifestations de cet ordre sont très courantes et une initiation à la pratique psychothérapeutique ne peut absolument pas les ignorer.

Pour désigner ces conduites de la part de l'enfant, il m'est apparu pertinent d'utiliser l'expression "manifestations à caractère sexuel". Ces manifestations peuvent avoir un caractère plutôt bénin. C'est ce qu'il arrive le plus souvent. On peut cependant se retrouver à l'occasion face à des manifestations excessives, qui résultent du manque de contrôle de l'enfant emporté dans un mouvement amoureux intense.

Ces manifestations peuvent être discrètes : par exemple, dans un jeu de rôle, un garçon peut faire mine de faire une chute pour réaliser un rapproché avec le corps de la thérapeute. Mais il peut arriver qu'elles soient clairement explicites, surtout si le thérapisé est préadolescent ou adolescent. Je me souviens du cas d'un garçon qui, ayant suggéré à sa thérapeute de jouer une scène dans laquelle il était un terroriste et elle, une prisonnière menottée, empoigna les seins de celle-ci à sa grande surprise. Autre exemple plus banal ou plus courant : une petite fille demande à son thérapeute masculin s'il peut l'accompagner à la toilette, sous le prétexte qu'elle a besoin qu'on l'essuie après son "caca" ; très amoureuse de son thérapeute, elle a pensé à cette stratégie pour réaliser un rapproché sexuel avec lui. Une telle demande doit bien sûr être rejetée délicatement. La manière la plus pratique de réagir, c'est soit de demander à l'enfant d'attendre d'être de retour dans son groupe pour aller à la toilette, soit, si le besoin est trop pressant, de ramener l'enfant à son éducatrice. Pour les praticiens qui œuvrent en pratique privée, il est toujours plus prudent de demander au parent d'attendre leur enfant dans la salle d'attente, pendant que la séance a cours. Il est très commode de pouvoir compter sur sa présence dans une telle situation. Voici l'équivalent masculin de la précédente illustration : il s'agit d'une situation qui s'est présentée à la dix-huitième séance de Julien, un enfant dont il sera beaucoup question dans le prochain chapitre. Julien est entré en œdipe depuis quatre semaines au moins au moment des événements. J'extrais de la séance le passage suivant :

> « Julien me dit ensuite qu'on va jouer avec les bébés. Il dit : "Il y a des doudous ; c'est pour les bébés, ça. - Toi, est-ce que tu en as une, une doudou ? - Oui, mais elle pas comme ça. - Parce que toi, tu es grand ? - Ben oui ! C'est tous des bébés à nous, ça, Nathalie (il y a en fait cinq bébés, mais seulement deux sont utilisés) ; nous, on fait prendre le bain aux bébés, OK Nathalie ? Et lui, c'est sa sœur à lui (il veut vraiment être mon homme ! Il va jusqu'à mettre notre progéniture en scène !)". Je lui demande donc de m'aider à laver les bébés. Il décide des parties

à laver et moi, je lave les bébés. Il me fait donc laver toutes les parties du corps du bébé fille et du bébé garçon, sauf les parties génitales. Puis il prend le bébé garçon à nouveau et dit : « On a oublié de laver le pénis, Nathalie. J'exécute donc la tâche demandée et un petit échange à teneur indiscutablement œdipienne prend place entre nous. Julien prend le bébé fille et dit : "Y a pas de pénis, lui, c'est une fille ; c'est juste les gars qui ont des pénis ; toi, as-tu un pénis, Nathalie ? - Est-ce que tu crois que j'ai un pénis ". Il sourit et dit : "Non, t'es une fille. Moi, j'ai un gros pénis, un pénis gros comme ça. Il est gros, enh ? - Tu trouves que tu as un gros pénis ? – Oui ! ! - C'est parce que tu es devenu grand. – Oui". Il mime la grosseur de son pénis en se levant debout et en écartant les bras hauts vers le ciel, voulant manifestement m'impressionner. Puis il me demande d'aller à la toilette. Nous descendons au second étage et je lui indique quelle toilette prendre. Il commence à baisser ses culottes en me regardant avec un petit sourire. Je lui suggère alors de fermer la porte ; il s'exécute ensuite en toute intimité, puis il vient me rejoindre ».

La thérapeute a su agir en toute spontanéité et avec doigté, sauvegardant le caractère projectif de la situation de thérapie ; elle a su surtout laisser l'enfant aborder ce sujet sans se montrer troublée ou gênée ; elle a su enfin se comporter de telle façon que l'enfant ne se soit senti ni gêné, ni non plus encouragé à aller plus loin dans sa manifestation.

Autre exemple se rapportant à une situation assez courante : l'enfant, brûlant d'un fort désir pour sa thérapeute, demande à celle-ci de se dessiner nue. Comment réagir à cette demande sans mettre l'enfant mal à l'aise ? Ne lui a-t-on pas dit qu'en thérapie, il pouvait tout dire, s'exprimer sur tout ? Bien évidemment, on esquive la demande, car agir dans le sens de la demande, ne serait-ce que par un dessin schématique, correspondrait à marcher dans le sens de la réalisation du fantasme de l'enfant ; ce serait en quelque sorte lui "ouvrir la porte", comme ces mamans qui ne refusent pas de se dévêtir devant leur garçon œdipien. On peut chercher à amener l'enfant à s'exprimer davantage sur son désir : par exemple, « Je vois que tu es très excité par l'idée de me connaître ; est-ce possible que tu veuilles me dire que tu apprécies beaucoup venir me voir, que tu tiennes à me le dire, et que, pendant la semaine, tu penses beaucoup à ta thérapeute ? » Partant de là, on peut voir la communication se relancer sur une base plus large que le plan strictement sexuel.

Conclusion

S'il est des événements et des situations susceptibles de survenir en thérapie qui peuvent être prévus, il y en a un certain nombre qui ne manque pas de prendre le thérapeute par surprise. Pour les uns comme pour les autres, le psychothérapeute doit pouvoir appuyer sa réaction sur la nécessité de sauvegarder le caractère projectif de la situation thérapeutique. Ce principe représente le cap grâce auquel il peut orienter ses réactions et guider son travail, particulièrement dans les passages les plus inattendus et dans les moments les plus risqués. Dans le présent chapitre, nous avons examiné un certain nombre de ces passages et moments possibles. Nous continuerons de le faire dans les quatre chapitres subséquents, alors que nous considérerons le travail thérapeutique sous d'autres angles.

Chapitre neuvième

La conduite de la thérapie en fonction des défis de chacune de ses phases

Introduction

À u chapitre cinquième, j'ai précisé quelle structure pouvait généralement emprunter une thérapie d'enfant. Faisant appel à des vignettes, j'ai décrit avec moult détails, je pense, comment se présentait chacune des phases du processus. Il m'apparaît pertinent de reprendre ici cette structuration pour préciser la nature des défis qui se posent au thérapeute tout au long de la thérapie. Incontestablement, nous intéresser à ce qui se présente concrètement comme tâche à assurer à chaque phase constituera une bonne façon de passer en revue les divers moments du processus thérapeutique typique. Nous verrons donc en détail comment les choses se présentent successivement à la phase de l'amorce, à celle de l'appropriation et de la clarification, à celle de la remise en route du développement et, enfin, à la phase terminale.

1. À l'amorce

La phase d'amorce correspond, est-il besoin de le préciser, au début de la thérapie. Elle est de durée variable d'un enfant à l'autre. L'enfant fait connaissance avec le thérapeute ; il se familiarise avec la salle de jeu et avec les jouets qui sont mis à sa disposition. Comment les choses se présentent-elles pour le thérapeute ? Quels sont les défis qui se posent à lui concrètement ?

Ces défis sont de plusieurs ordres. Le thérapeute doit d'abord faire en sorte que l'enfant soit à l'aise rapidement ; il lui faut permettre à celui-ci de surmonter sa gêne, voire sa crainte devant l'étranger qu'il est pour lui ; il doit agir de façon à ce que soit neutralisé le plus tôt possible chez lui le besoin d'avoir recours au faux-*self* ou la propension à le faire. Il doit réaliser cela sans sacrifier d'aucune manière le caractère projectif de la situation de thérapie, tout au long de son contact avec l'enfant. Le thérapeute doit par ailleurs permettre à l'enfant de trouver son médium privilégié pour l'expression, ce qui suppose une ouverture de sa part, de la patience devant les désirs d'exploration du matériel mis à disposition.

Le thérapeute doit savoir tabler sur le plaisir naturellement éprouvé par l'enfant face à quelqu'un qui veut s'occuper de lui en toute exclusivité et devant la possibilité de profiter de jeux pour la plupart nouveaux pour lui. À moins de se retrouver face à un enfant aux prises avec un grand déficit affectif, il ne peut que constater à quel point le plaisir de jouer est rapidement mobilisable comme il est normalement pratiquement insatiable chez l'enfant.

Le thérapeute doit porter attention à tout ce qui survient d'essentiel dans la séance. S'il a su se comporter de manière à sauvegarder le caractère projectif de la situation, il y a fort à parier que par ses élaborations ou par sa conduite, l'enfant va fournir des éléments qui vont venir étayer le diagnostic.

Il faut noter que, de façon générale, le thérapeute ne propose pas d'interprétation dans cette phase ; l'effort est surtout placé sur la mise en place des conditions qui vont rendre possible l'expression la plus libre possible de l'enfant. Au titre des interventions, le thérapeute se contente la plupart du temps de poser des questions qui, de manière ponctuelle, vont permettre une élaboration plus claire, plus précise ou plus soutenue.

Voici, pour les fins d'illustration, comment se déroulent les deux premières séances avec Julien[34], un tout-petit de trois ans et trois mois, un enfant unique au comportement fort difficile avec la mère, qui se dit exaspérée et à bout de souffle. Cette dernière est en situation monoparentale ; elle s'est séparée de son conjoint quand Julien avait dix mois. L'enfant voit son père aux quinze jours (pour la fin de semaine) et, selon la mère, les choses semblent bien se passer lors de ces séjours. La propreté de jour comme de nuit n'est pas encore acquise. Je laisse la thérapeute faire le récit des rencontres. Voici d'abord le récit de ce qui est survenu à la première séance :

---

[34] Il a été question de Julien au chapitre précédent. Nous en étions à une étape bien ultérieure de la thérapie.

« Je suis entrée dans le local psychomoteur (où le groupe de Julien se trouvait) et j'ai demandé à voir l'enfant. Je me suis agenouillée devant lui pour me présenter et l'inviter à venir jouer avec moi. Au départ, il était peu sûr de lui, mais après que je lui eusse parlé, son visage s'est illuminé et il m'a suivie.

Julien a beaucoup exploré dans cette première rencontre. Il s'est tout d'abord dirigé vers la maison et a pris le bac de personnages. Il associait un "bonhomme" masculin à un "garçon" et il les couchait dans le salon. Il a répété cette action avec tous les personnages. Il associait aussi figurines masculines et féminines de même race (les visages noirs ensemble et les visages blancs ensemble). Et lorsqu'il prenait une figurine féminine, il l'associait à une figurine masculine (sans enfant, donc comme s'il procédait par paire et non par triade). Toutes les figurines ont été couchées dans le salon pour "faire dodo".

L'enfant a exploré l'hôpital, les animaux, les policiers et la prison sans toutefois jouer avec ces éléments. Il a cependant utilisé des camions de pompiers et des voitures, que des bonshommes conduisaient, et il les a disposés en ligne sur un chemin imaginaire.

Il a ensuite pris les poupées sexuées. Il a commencé par la poupée fille et m'a demandé de l'aide pour la déshabiller. Il a spécifié qu'il fallait enlever la petite culotte. Il s'est aperçu que la poupée fille n'avait pas de pénis ; il en était complètement renversé, surpris. Il m'a fait la remarque : "a pas pénis" et il a tout de suite voulu vérifier la seconde poupée (poupée garçon). Son visage s'est illuminé ; il m'a regardé et a dit : "a pénis". Je lui ai demandé quelle poupée il préférait ; il a alors pris la poupée garçon et m'a regardé en la serrant dans ses bras. Il m'a également dit qu'il fallait bercer le bébé et m'a demandé une chaise. Je lui en ai sorti une et il a installé le bébé confortablement. Il s'est ensuite retourné et a remarqué que la poupée fille était encore par terre. Il m'a demandé une seconde chaise pour installer le bébé fille également. Il a pris deux couvertures et a bordé les bébés.

Il prit finalement la trousse de docteur et en sortit tous les appareils pour les essayer. Il me dit, en prenant un pansement, que "quand Julien se fait bobo, il en met un" (il utilise son prénom pour parler de lui).

Quelques instants avant la fin de la rencontre, Julien se levait et se laissait tomber par terre pour ensuite sauter dans les airs à quelques reprises en me disant : "Julien est grand". La rencontre prit alors fin et comme je le raccompagnais à son local, il me sourit et était content que je lui dise que j'allais revenir ».

La supervision fait ressortir le caractère apparemment composite du matériel : des préoccupations à première vue génitales alternent avec des actions qui semblent trahir une revendication affective[35]. Il faut également noter le désir de l'enfant de montrer qu'il est "grand" (phallisme naissant ?).

L'intérêt principal de cette illustration ne se situe cependant pas ici dans l'analyse de la dynamique. Il se rapporte plutôt à la manière dont la thérapeute laisse Julien s'installer à son aise dans le jeu et dans l'expression verbale, à la manière en somme dont elle se laisse investir tranquillement par lui.

Passons maintenant à la deuxième séance :

> « Julien arrive avec sa mère et en m'apercevant, il court me rejoindre. Sa mère lui demande un bisou ; il retourne donc lui en donner un (madame profite du moment pour me donner les coordonnées du père et me dire qu'il accepte de me voir) et il revient vers moi à la course. Arrivé au local, il demeure debout, se demandant par quoi commencer.
>
> Il prend le bac de petites voitures et me regarde incertain. Je lui dis qu'il peut prendre ce qu'il veut ; il s'assoit par terre avec le bac devant lui. Il en sort les voitures l'une après l'autre, les aligne l'une derrière l'autre et me fait remarquer que ce sont des voitures de police. Je lui demande ce qu'elles font ; il me répond qu'elles sont arrêtées et qu'elles ne fonctionnent plus. Je lui demande ce qu'il est arrivé ; il me dit qu'un monsieur les a brisées. Ensuite, il sort quatre petits guerriers et dit que ce sont des messieurs qui brisent les voitures ; il frappe alors les voitures avec les petits guerriers. Il se lève soudainement et va chercher la trousse de docteur. Il en sort tous les éléments et enferme les petits guerriers dans le sac violemment.
>
> Il prend ensuite un bandage et me dit qu'il en met un lorsqu'il a "bobo". Je lui demande si quelqu'un est malade en ce moment et me dit "toi". Il me demande de mettre le bandage sur mon cœur. Chaque

---

[35] Il est toutefois possible (encore que peu probable, selon moi) que certains de ces éléments apparemment anaclitiques aient une teneur œdipienne (par exemple quand l'enfant joue au grand qui s'occupe des bébés garçon et fille, il se peut qu'il joue au papa qui s'occupe des bébés de la maman ou des bébés qu'il a donnés à sa maman). À mon avis, la maman n'est pas suffisamment présente dans l'élaboration pour que nous allions dans cette direction en toute assurance.

fois que j'échappe le bandage, Julien cesse brusquement de jouer et me fixe jusqu'à ce que je le replace puis il retourne à ses activités.

Nous sommes ensuite allés à la table pour utiliser la plasticine. Je voulus prendre un pot et Julien cria "non !" d'un ton très énergique, ajoutant : "C'est tout à Julien". Une minute plus tard, il choisit un pot (il y en avait huit) et me le donna, gardant les autres pour lui. Je lui présentai les moules pour la pâte à modeler ; il me dit qu'il voulait faire des chiens. Il me dit que les chiens sont seuls. Je lui demandai alors s'ils avaient une famille. Julien me répondit "oui" ; il me dit tout de suite après : "J'ai fini" et il courut s'asseoir par terre.

Il décide alors de sortir tous les meubles de la maison. Il s'arrête à la toilette, me dit que c'est pour faire pipi, que c'est le petit pot ; il continue de sortir les meubles. Je lui demande pourquoi il sort ceux-ci ; il me regarde alors et me répond : "Le monsieur est parti loin, loin". Les seules choses qui restent dans la maison, c'est le petit garçon et son lit ; l'enfant commente : "Il est tout seul". Il prend ensuite tous les personnages, les met dans des voitures et me dit qu'"eux aussi, ils partent loin, loin". Il ne veut cependant pas dire où ils vont ni qui ils sont.

Julien termine la séance en s'intéressant de nouveau aux bébés sexués. Il va chercher le bébé garçon, le déshabille et me fait remarquer fièrement qu'il a un pénis. Il va ensuite chercher le bébé fille pour me faire remarquer qu'elle n'a pas de pénis. Julien m'aide à ranger puis je le reconduis à son local. Il me dit "bonjour" et va chercher son linge pour aller jouer dehors ».

Plusieurs éléments intéressants ressortent de cette seconde séance. La première séquence permet à l'enfant d'évoquer que quelque chose est brisé (ce quelque chose étant figuré par des voitures de police ; il s'agit donc quelque chose qui est en rapport avec l'ordre des choses ; il s'agit probablement d'une évocation du conflit parental et de ses suites), qu'un monsieur (le papa ?) est responsable de cela ; ce monsieur deviendra par la suite "des guerriers" que l'enfant entreprendra d'enfermer avec violence. Julien évoque ensuite qu'il a mal quelques fois et qu'il a besoin de soins ; puis, suite à la question de la thérapeute, il déclare que celle-ci est malade. Sur la base des données que nous possédons jusqu'ici, nous ne pouvons trancher définitivement sur la nature du transfert : la thérapeute représente-t-elle la mère blessée (par le père) ou figure-t-elle le sujet lui-même (blessé par le conflit entre les parents), hypothèse plus plausible selon moi ? La conduite de Julien dans la séquence suivante laisse pourtant voir un certain degré d'égoïsme : « C'est tout à Julien ! » L'enfant évoque ensuite la solitude des chiens qu'il a produits. Dans la séquence qui suit immédiatement, il entreprend de sortir les meubles de la maison, s'arrêtant à considérer la toilette dont il connaît l'utilité (« C'est pour faire pipi » ; rappelons-nous qu'il n'a pas encore acquis la maîtrise anale). Invité par la thérapeute à préciser pourquoi il sort les meubles, il dit : « Le monsieur est parti loin, loin », laissant le petit garçon seul avec son lit dans la maison. Il pourrait y avoir ici, selon moi, évocation des affects vécus en rapport avec l'absence du papa ou avec le fait qu'il ne vit pas avec lui. Autrement dit, Julien pourrait être en train de dire : « Je me suis senti tout seul quand mon papa est parti de la maison » ou encore, « Je me sens tout seul puisque que mon papa ne vit pas avec nous ». Puis, les autres personnages s'en vont, eux aussi, sans qu'on ne puisse savoir ni qui ils sont ni où ils vont (évocation des bouleversements consécutifs au départ ou à l'absence du père ?). La séance se termine sur un retour aux "bébés sexués" et à la démarche de vérification « a pénis », « a pas pénis ». Je ne crois pas que le questionnement soit véritablement à connotation sexuée, même s'il porte sur le sexe. C'est en effet beaucoup plus le comparatif "a" versus "a pas" qui importe. Ce comparatif porte accessoirement sur le sexe ; il pourrait fort bien porter sur autre chose.

Déjà dans cette séance, la thérapie a quitté la phase d'amorce. L'enfant vient voir la thérapeute avec entrain. Il entreprend de jouer aussitôt qu'il est entré dans le local de thérapie. Il développe son aisance avec la thérapeute et se sert d'elle comme d'un objet de transfert.

J'en viens à une deuxième illustration, qui nous met en présence de Vanessa, une petite fille de quatre ans et cinq mois au début de la thérapie. Cette enfant fréquente la garderie, où on la décrit comme manipulatrice et comme étant de contact difficile, surtout pour les non-familiers. Elle a un petit frère de sept mois qui fréquente la même garderie. Les parents vivent ensemble. La mère apparaît en entrevue comme une personne manquant d'assurance et de fermeté ; le père dit qu'elle cède trop facilement à l'enfant. Vanessa n'a pas acquis la propreté de nuit et résiste à se mettre au lit le soir. Voici comment les choses se passent à la première séance de thérapie :

« Contrairement à ce qu'anticipait Murielle, l'éducatrice, Vanessa n'a pas pleuré lorsque je l'ai approchée. En fait, il y avait ce jour-là beaucoup d'agitation dans le groupe, en raison notamment de l'absence de l'éducatrice habituelle. Vanessa a refusé de venir dans le local prévu pour la thérapie, mais elle a accepté de jouer avec moi dans le local de son groupe. Je lui ai donc prêté une poupée, un bébé ; elle en tenait déjà une très serrée dans ses bras. Je lui ai dit qu'il y en avait une autre dans mon local, avec une maison de poupée, des crayons, de la pâte à modeler, des autos et que nous pourrions y aller plus tard.

L'enfant désire tout d'abord jouer à donner à manger au bébé, en me racontant que la poupée est un bébé fille et que chez elle, il y a un bébé garçon. Elle me dit aussi que parfois elle donne à manger à son petit frère. Elle décide ensuite que le bébé a assez mangé et qu'il doit faire dodo. Quelques instants plus tard, elle dit qu'il veut encore manger ; elle le fait manger, puis retourne le coucher. Elle répète ce même scénario à trois reprises.

Après un certain temps, Vanessa consent à venir avec moi dans le local, pour aller chercher l'autre poupée. Une fois dans le local, elle est attirée par la maison de poupée ; elle accepte de rester pour jouer. Elle entreprend tout d'abord de placer tous les meubles dans la maison. Elle place en premier lieu les meubles de la chambre du bébé tout en haut de la maison, au grenier, puis ceux de la cuisine, du salon, de la chambre des parents et termine en mettant la toilette sur la partie droite qui ouvre la maison, tout en haut, au grenier. La toilette est le seul objet placé dans cette partie et dès qu'elle est en place, Vanessa prend le bébé et lui fait faire pipi, puis elle le couche dans son lit. Tout en jouant avec les personnages, elle appelle l'homme "le papa", la femme "la madame". Quant aux personnages représentant une petite fille et un petit bébé (garçon selon elle), elle les appelle tous les deux des bébés. Elle dit ne pas connaître leurs vrais noms.

Le premier scénario met en scène le papa qui écoute la télévision, le bébé garçon qui fait dodo dans son lit, la madame et le bébé fille qui regardent dehors on ne sait quoi. Vanessa décide ensuite de mettre le bébé fille au deuxième étage, dans le cadrage de la porte du balcon, la faisant encore regarder dehors ; puis elle la couche dans le lit du bébé garçon et elle met ce dernier dans un berceau. Ensuite, elle entreprend de faire prendre une douche à la madame ; puis, c'est le tour du papa. Elle fait ensuite semblant d'habiller le papa ; elle rit en mentionnant qu'elle a oublié de lui mettre ses bas. Elle habille ensuite la madame et plus tard le bébé fille, qui se lève (car on est le matin) et qui doit s'habiller. Elle me montre chacun des personnages, après avoir l'avoir habillé et me dit : "Regarde comment il est bien habillé".

Elle prend ensuite le papa et l'assoit sur le camion de pompiers. Il va éteindre un feu dans la maison voisine de la sienne, feu qui a été allumé par un dinosaure. En fait, la maison voisine est la partie droite de la maison, là où elle a installé la toilette. Quelques instants plus tard, c'est au tour de la madame d'aller éteindre un feu ; elle s'y rend avec le camion de police ; le feu se trouve au deuxième étage de la maison. Vanessa ne sait pas qui l'a allumé ; d'ailleurs, chaque fois que je lui pose une question, elle me répond qu'elle ne le sait pas. Par la suite, les personnages sont très fatigués et doivent aller se coucher. Les deux bébés sont couchés au grenier, la madame dans le grand lit au premier étage. Vanessa cherche un autre lit pour mettre le papa, mais il n'y en a pas d'autre. Elle le couche finalement sur le fauteuil, devant la télévision.

Puisqu'il ne reste plus beaucoup de temps, je suggère à Vanessa de faire un dessin ou de jouer avec la pâte à modeler. Elle décide que nous allons faire un bonhomme de neige, divisant la pâte à modeler en deux boules égales et m'en donnant une partie. Elle réalise ensuite qu'il va manquer une boule au bonhomme et décide de changer de couleur de pâte, prétextant qu'il y en a plus dans l'autre contenant. Elle prend finalement deux couleurs différentes et m'en remet une. Elle donne à la pâte une forme cylindrique et ne fait que rajouter des yeux pour faire un bonhomme ; puis, elle entreprend de donner au mien yeux, nez et bouche.

Le retour de Vanessa dans son groupe s'est très bien déroulé. Elle a pris ma poupée et s'est dirigée toute seule vers son local, jetant quelques regards derrière elle pour être certaine que je la suivais. À son arrivée, elle m'a rendu ma poupée et a repris celle laissée dans le local. Je lui ai demandé si elle voulait que je revienne jouer avec elle et m'a répondu oui, avec un grand sourire ».

Au sujet de la dynamique de ce cas également, il y aurait beaucoup à dire : on doit notamment constater l'empressement de l'enfant à s'afficher comme une grande, capable de s'occuper de son petit frère. Je veux insister ici surtout sur la façon de faire de la thérapeute qui, avec beaucoup de doigté et d'assurance, permet progressivement à Vanessa de s'acclimater à elle ; l'enfant accepte d'abord d'être approchée par elle, puis elle se met à jouer en sa présence et, finalement, accepte d'aller dans le local de thérapie où, très rapidement, elle se met à l'aise et s'installe magnifiquement dans l'activité ludique. On pourrait croire que la période d'amorce est désormais derrière. Ce n'est pourtant pas le cas, comme le démontre le début de la deuxième séance :

> « Cette semaine, lorsque j'approche Vanessa pour l'inviter à venir avec moi au local de thérapie, elle m'ignore complètement. Les enfants regardent la télévision et elle-même est très concentrée ; elle ne me regarde même pas, faisant semblant de ne pas me voir. Je m'assois donc avec les enfants et j'attends que l'émission se termine. C'est ce qu'il arrive peu après ; les enfants changent alors de local, l'éducatrice demandant à Vanessa de rester avec moi. Celle-ci se met à pleurer ; des larmes coulent doucement sur ses joues. Je lui mentionne qu'elle n'a rien à craindre, que nous allons jouer comme la semaine dernière et qu'ensuite, elle pourra retourner avec ses amis. Comme elle ne bouge pas, je lui dis que je suis certaine qu'elle ne se souvient pas de l'endroit de mon local. Tout en continuant de pleurer, elle ouvre la porte et prend la direction de mon local. Une fois rendue, elle cesse de pleurer, s'assoit, me demande un papier mouchoir, se mouche et continue son bonhomme de neige de la rencontre précédente. Je fais la même chose. Comme nous faisons nos bonshommes, je lui demande si c'est un monsieur ou une madame ; elle me demande : "Le tien ? - Je ne sais pas, qu'en penses-tu ?", lui dis-je. "Le tien, c'est un monsieur et le mien, c'est une madame". J'essaie de savoir ce qui va se passer, ce que les personnages pensent, mais elle refuse de répondre ».

Les choses se replaceront cependant tout à fait dans la suite de cette séance et l'enfant retrouvera progressivement le rythme de production qu'elle avait manifesté au cœur de la première séance.

2. À la phase de clarification ou d'appropriation

En présentant cette deuxième phase au chapitre cinquième, j'ai affirmé qu'elle était celle dans laquelle s'établissait le *by pass*, cette expérience de pontage, qui va éventuellement rendre possible la récupération du retard enregistré par l'enfant sur le plan affectif. Ce *by pass* se manifeste rapidement par l'intensification du rapport de l'enfant avec le thérapeute. Pour s'en convaincre, il suffit de considérer comment s'amorce la troisième séance des thérapies de Julien et de Vanessa :

> « Julien est arrivé avec sa mère, comme à l'habitude. Il me cherchait dans le corridor et lorsque sa mère m'a aperçu, elle lui a dit : "Regarde Julien, Nathalie est là, elle t'attend". Julien est donc parti à son vestiaire pour enlever son manteau ; il était souriant. Sa mère me dit alors que toute la semaine, Julien me réclamait et qu'elle avait dû lui "compter les dodos qui restaient" avant qu'il puisse venir me voir à nouveau. Comme nous nous dirigions vers le local de thérapie, la maman a dit à Julien qu'il était chanceux. Il me regarda et, tout content, il lui répondit "oui" ».

Voici comment les choses se passent avec Vanessa :

> « Lorsque j'entre dans le local du groupe, les enfants prennent leur collation ; dès qu'elle a terminé de manger, Vanessa se lève et me dit qu'elle est prête à venir jouer avec moi. Elle me dit que sa mère et Murielle, son éducatrice, lui avaient dit que je viendrais jouer avec elle aujourd'hui ».

Avant d'aller plus avant dans la présentation du matériel, il me faut dire quelques mots sur les défis qui se posent au thérapeute au cours de cette deuxième phase. Ici également, ces défis sont de plusieurs ordres. Il faut d'abord faire en sorte que la relation devienne plus intense. Il n'y a pas de prescription spéciale pour cela ; il faut tout simplement éviter que la tendance naturelle de l'enfant à l'investissement affectif ne soit enrayée d'une manière ou d'une autre. Par exemple, il faut porter attention à la proximité d'un congé mal venu : les vacances qui interviennent après deux ou trois séances peuvent avoir un effet marqué ; il vaut mieux retarder le début de la thérapie plutôt de commencer celle-ci pour l'interrompre aussitôt. Il faut également surveiller la qualité de la motivation des parents ; il faut faire preuve de délicatesse à leur endroit de manière à éviter la mobilisation de leurs défenses, par exemple, suite à l'interprétation qui leur a été donnée des problèmes de l'enfant. Il faut par ailleurs souhaiter que n'intervienne aucun facteur défavorable à la continuation de l'investissement de l'enfant (par exemple le départ de la garderie pour congé de maladie (ou congé de maternité) d'une monitrice appréciée de l'enfant, d'un enseignant très habile dans l'interaction avec lui à l'école, la survenue soudaine d'une maladie chez l'un des parents, chez un frère ou une soeur, maladie qui pourra bouleverser le climat familial, rendre plus difficile ou même mettre en péril la continuation de la thérapie, etc.).

En séance, le thérapeute doit tolérer les comportements régressifs de l'enfant qui peuvent apparaître à cette période ; il doit recevoir ces comportements comme toutes les autres productions de l'enfant, c'est-à-dire comme une expression de quelque chose dont la signification va éventuellement émerger. Il doit accepter ces comportements comme des manifestations du "vrai *self*" de l'enfant. Il se doit d'être patient à l'endroit de ces manifestations, parce qu'elles seront temporaires de toute façon.

Dans cette phase, on voit le travail interprétatif du thérapeute prendre son envol et s'intensifier. Les interprétations proposées, si elles tombent juste et juste à point, donnent à l'enfant la certitude d'être compris ; plus important encore, elles lui permettent de s'approprier le sens de ce qui cherche à se dire chez lui. La répétition des scénarios reliés à des contextes d'interprétation peut signifier soit que l'interprétation n'a pas visé la cible, soit qu'elle a tombé juste, mais que l'enfant éprouve toujours le besoin de la réentendre pour mieux l'intégrer.

Le thérapeute doit soutenir les parents dans la prise de conscience de l'impact de leurs attitudes sur la dynamique de l'enfant et dans leur travail de révision ou d'adaptation de leur style d'interaction avec lui. Il doit leur faire saisir la véritable nature et la fonction temporaire de ses comportements régressifs.

La nature de ces principaux défis étant précisée, retrouvons Julien à sa troisième séance :

> « Julien a débuté la rencontre avec le petit pompier. Il me dit que le pompier n'avait pas de papa, que son papa était parti loin, loin, loin (à deux reprises au moins, Julien a abordé cette thématique, mais pour la première fois il utilisait le mot papa à la place de "bonhomme"). Je lui demandai "Est-ce que Julien trouve que son papa est loin, loin, lui aussi ?" Il me regarda l'air très attristé et me murmure un petit "non". Je lui demandai alors si le pompier restait avec sa maman et me dit qu'il ne voulait pas. Il est resté quelques instants dans ses pensées puis il me sourit et dit : "Julien gentil".
>
> Julien se dirigea ensuite vers les animaux. Il y avait trois girafes (une très grande et deux petites). Il prit la grande girafe et me dit que c'était le garçon puis que les deux petites étaient le papa et la maman. Il me confia que le cheval, lui, il avait deux mamans (la maman girafe et la maman cheval) ; je lui dis alors que ce cheval était très chanceux. Julien

semblait satisfait de ma remarque, mais en même temps, il parut gêné (peut-être me campait-il comme deuxième maman ?).

Il se dirigea ensuite vers l'hôpital. Il me dit qu'un bonhomme était malade (il s'était fait bobo) et qu'il était poussé en fauteuil roulant par un monsieur (il voulait les appeler ainsi et ne rien dire de plus).

Il m'a ensuite demandé où étaient ses amis. Je lui dis qu'ils étaient dans son local. Voyant qu'il semblait peu sûr de lui, je lui demandai s'il voulait partir et il me répondit "oui". Je lui expliquai qu'il pouvait le faire, mais que moi, je resterais ici, car j'étais dans ce local ce jour-là pour le rencontrer. Il me sourit et il continua de jouer.

Julien termina la rencontre en jouant avec le bac à petites voitures. Il en sortit l'autobus et le camion de police. Il me dit que lui-même, il était dans l'autobus. Je lui demandai avec qui il y était et me dit qu'il était avec sa maman. Il me dit que son papa était dans le camion de police. Il changea d'idée et me dit maintenant qu'il serait avec le papa dans le camion. La séance s'est terminée ainsi (j'ai remarqué que chaque fois que je lui proposais de dessiner, il refusait ; peut-être est-ce parce que c'est une activité associée à la mère ?) ».

La nostalgie du père ou le désir de la proximité avec celui-ci s'affirme plus clairement dans cette séance : affirmation selon laquelle le « papa [du pompier] est parti loin, loin », affirmation selon laquelle le petit pompier ne voulait pas rester avec sa maman, évocation du papa avec la maman et l'enfant dans la mise en scène des trois girafes (la plus grande de toutes étant l'enfant, comme c'est typique des enfants en revendication affective) et enfin, affirmation du choix d'être avec le papa dans le camion plutôt qu'avec la maman dans l'autobus, dans la dernière séquence de la séance. Le papa dont il est question ici n'est pas celui de la période œdipienne (un papa sexué et donc pleinement objectalisé), ni même celui de la sous-période phallique (un grand asexué); il s'agit bien plutôt d'un "équivalent de mère", d'une "mère de compensation" et probablement d'une "bonne mère", (en contraste avec la mère naturelle qui, elle, est perçue comme "mauvaise", parce qu'elle est souvent vécue comme frustrante).

Voyons maintenant comment les choses se déroulent à la quatrième séance :

« Julien est arrivé avec sa maman, comme à l'habitude. En enlevant sa veste, il a dit à sa maman que seulement lui venait jouer avec moi et qu'il ne voulait amener personne de son groupe. Je suis allée vers lui et lui demandai s'il était prêt. Il me répondit « oui » avec un grand sourire.

Aujourd'hui Julien n'a pas agi comme lors les séances précédentes (je crois que la dernière rencontre a beaucoup influencé l'attitude avec laquelle il s'est présenté ce matin). Tout d'abord, il choisissait des jouets (petits bonshommes, camions de polices et dinosaures) et ne réalisait que des productions à caractère strictement moteur. À aucune de mes questions, il n'a voulu répondre ; il me regardait et me souriait. Il parlait en bébé (faisant des gazouillis, criant comme un poupon content), il ne se déplaçait pas en marchant (soit il marchait à genoux, soit il rampait sur le sol), et il faisait le tour de ma personne avec ses camions. Il avait l'air de trouver amusant de se placer en position de tout-petit (je crois que mes interprétations lui ont fait comprendre que j'étais là pour lui et qu'il pouvait en profiter). Ce jeu "d'être un tout-petit" a duré toute la séance. Les seules informations que j'ai pu obtenir, c'est qu'un dinosaure était méchant parce qu'il faisait bobo aux autres (évocation de la mauvaise mère, sa maman impatiente, non disponible, intolérante ?), que tous les dinosaures étaient fâchés contre ce dernier (peut-être était-ce un déversement indirect de sa violence puisque l'affect était caractéristique de tous les dinosaures et non d'un seul…), et que finalement tous les dinosaures étaient des méchants (au fond, peut-être était-ce sa conception de l'adulte puisqu'il est insatisfait de sa maman, mais aussi de son papa ?).

Quinze minutes avant la fin, nous nous sommes dirigés à la table pour utiliser la plasticine. Julien me demanda d'ouvrir les pots, de sortir la plasticine et de l'aider à faire des chiens. Lorsque je lui disais d'essayer, il me répondait avec un large sourire : "Julien pas capable", puis il riait. Je lui dis alors : "Je crois que Julien veut que je prenne bien soin de lui aujourd'hui". Il me regarda et cria un "oui de grande satisfaction comme s'il me disait que je comprenais ce qu'il désirait et attendait de moi (la bonne maman qu'il est heureux de trouver dans la thérapeute). Puis, il a commencé à imiter ce que je faisais avec la plasticine. Je tapais doucement et ensuite fortement celle-ci et Julien prit plaisir à frapper de toutes ses forces celle qu'il avait. Il semblait si heureux à cet instant, comme s'il se libérait de la colère qu'il gardait en lui depuis longtemps. Tout à coup, il décida d'inverser les rôles et c'était maintenant lui qui donnait le rythme à notre activité de frapper la plasticine. La rencontre se termina ainsi et je le reconduisis à son local ».

Dans cette séance, Julien adopte les attitudes et comportements d'un enfant de 10-12 mois (rappelons-nous que le papa a quitté le foyer alors qu'il avait environ dix mois ; les mois qui ont suivi ont donc pu être très difficiles pour Julien), qui fait des gazouillis, qui exprime sa joie par des cris, qui ne marche pas encore et qui ne dit pas ce qu'il se passe dans son jeu. En un mot, Julien met en scène le Julien qu'il était au moment où son papa quittait le foyer, c'est-à-dire au moment où il perdait ce qui semble se présenter à ce moment-ci comme une bonne mère (le papa). Tout comme le thérapeute, j'ai tendance à voir les méchants dinosaures (qui faisaient mal à tous les autres) comme une façon de représenter la mère et peut-être aussi le père (qui l'a laissé tomber).

Nous allons laisser Julien à la présente phase pour le retrouver ci-dessous à la phase suivante. Toutefois, pour ajouter au matériel de cette deuxième phase, je signalerai qu'à la cinquième séance, la dénonciation de l'absence de disponibilité du père et de la mère, de même que l'expression d'un espoir de réparation du soi blessé se sont maintenues. L'enfant s'est de plus commis dans un geste d'agression à l'endroit de la thérapeute : au moment où celle-ci frappait en pianotant sur la pâte à modeler (rappelant sans le vouloir à l'enfant le manque de disponibilité de la mère tapant à l'ordinateur), Julien s'est approché et l'a frappée au visage avec un petit rouleau à pâte à modeler. Invité à dire pourquoi il avait fait cela, il a dit que c'était "à cause de papa", ce qui devait être compris comme étant "à cause de papa, qui est parti et qui m'a laissé avec maman qui ne s'occupe pas bien de moi".

Comme on le voit, la thérapie a maintenant réellement pris son envol. Le matériel des séances nous met en présence d'un enfant qui apparaît tel qu'il est profondément, un tout-petit dont le monde a été bouleversé le jour où son papa a quitté le foyer et qui vit depuis lors avec l'espoir d'un retour de ces jours heureux. Ce matériel démontre également l'investissement que Julien fait de sa thérapeute, l'espoir avec lequel il vient rencontrer celle-ci chaque semaine. Le pontage s'est mis en place, pontage grâce auquel (l'investissement parental jouant son rôle par ailleurs) l'enfant pourra récupérer le retard qui caractérise son fonctionnement affectif actuel.

3. À la phase de remise en route du développement

Sauf pour les enfants qui ont débuté leur thérapie avec un fonctionnement œdipien, cette troisième phase est généralement celle où l'enfant accède d'abord à la sous-période phallique (ou, à tout le moins, celle où s'intensifient les comportements phalliques), puis ultérieurement, à la phase œdipienne.

Manifestement, l'enfant de niveau phallique éprouve un grand désir de reconnaissance, mais d'une reconnaissance toute particulière. Il ne s'agit plus de la reconnaissance narcissique primaire ou fondamentale, celle de voir reconnu et satisfait son besoin d'être aimé, d'être pris en compte, d'être l'objet de soins, d'attention, d'affection. Dans le désir de reconnaissance narcissique phallique (narcissisme secondaire), l'enfant réclame d'être reconnu comme un grand ; il cherche à se mesurer à ses parents, au thérapeute, à ses pairs, pour renforcer son sentiment qu'il n'est plus un petit, qu'il a parfaitement le droit de vouloir participer à la puissance et à l'efficacité des grands et même d'être doté de ces attributs. Il veut avoir le sentiment qu'il grandit, qu'il est en train de devenir un grand à son tour, et qu'il est en mesure de rivaliser et peut-être même d'être meilleur que les grands avec lesquels il se compare ou entre en compétition. Cette étape est tout à fait importante : elle constitue un passage incontournable pour accéder à l'œdipe, car comment l'enfant pourrait-il envisager prendre la place du parent rival dans le cœur du parent aimé (œdipiennement) s'il maintenait sa vision de lui-même comme un petit, comme un être en besoin de protection ?

Il n'est pas du ressort du thérapeute de reconnaître phalliquement l'enfant. Il revient aux parents et aux autres éducateurs impliqués dans la vie de l'enfant de réaliser cette tâche. Le thérapeute peut et doit tout de même soutenir l'enfant dans la tâche de la pleine reconnaissance de ce désir : « Je pense que tu veux me dire que tu aimerais tellement qu'on te considère comme un grand, comme quelqu'un qui peut faire de belles choses et les faire bien ». La reconnaissance du désir pour l'enfant d'être reconnu phalliquement constitue l'une des tâches essentielles de cette étape. Le thérapeute doit également sensibiliser les parents (et les autres éducateurs significatifs) à l'importance de cette reconnaissance phallique ; il doit les assister dans la tâche de repérer les modalités et les circonstances favorisant cette reconnaissance.

Voici une illustration qui laisse voir comment ce désir de reconnaissance phallique peut se manifester au cours d'une séance de thérapie. Elle concerne Anthony, un garçon de neuf ans et demi au moment de la vingt-huitième séance. Ce garçon est arrivé huit mois plus tôt avec une revendication affective assez marquée :

> « Anthony se présente à la thérapie l'air abattu ; il a été malade toute la journée. Il se dirige vers sa boîte et il en sort l'épée que j'avais construite la semaine précédente. Il décide donc de la prendre et il me dit que je dois me construire une autre épée. En raison de sa constitution, son épée est beaucoup plus solide que la mienne. Ainsi, mon épée se défait constamment sous l'impact de ses coups et je dois fréquemment la refaire. Il en résulte qu'Anthony est toujours en situation avantageuse par rapport à moi, à sa grande fierté. Il en vient même à s'appuyer contre une étagère ou à se fermer les yeux lors de nos combats. Je lui mentionne que j'ai l'impression qu'il est très content de me montrer qu'il se sent vraiment fort. Il répond "oui", d'un air gêné, les joues rougies. À force de remporter toutes les batailles, Anthony se lasse et décide de passer à un autre jeu. Il décide de construire un sous-marin. Au début, il le fait seul et à un moment donné, il me demande de l'aider. Je lui fais remarquer que parfois il a besoin de me montrer qu'il est fort et que d'autres fois, il préfère que nous soyons de forces égales, comme maintenant ».

Cet extrait nous montre bien comment s'exprime le désir de reconnaissance phallique dans le cours de la thérapie. Il montre aussi comment très habilement, la thérapeute permet à ce désir de reconnaissance d'apparaître pleinement.

Retrouvons maintenant notre petit Julien à la douzième séance de sa thérapie, soit deux mois et demi après la quatrième séance présentée ci-dessus. Je dois préciser que cette durée inclut une interruption de quatre semaines en vertu des vacances des Fêtes et des travaux dans le lieu de stage. L'enfant est entré, pendant cette interruption, dans la phase dite de "remise en route du développement". Voici *in extenso* le rapport que sa thérapeute, Nathalie, fait de cette séance :

> « L'enfant que je voyais devant moi n'était plus le même ; ce fut une superbe rencontre. Lorsque Julien m'a aperçue, il s'est tout de suite dirigé vers moi. Nous sommes montés au local ; je lui dis que le local avait changé quelque peu (suite aux travaux). Une fois entré dans la pièce, Julien s'est mis à regarder partout ; il m'a fait remarquer qu'il y

avait de nouveaux paniers pour les jouets, des chaises berçantes, des lampes, etc. Il rayonnait de joie, parlait beaucoup et cherchait à maintenir la conversation (il ne répondait pas uniquement par oui ou par non, mais il prenait l'initiative de l'échange). J'ai également remarqué que son langage s'était amélioré considérablement ; il a maintenant beaucoup de vocabulaire et son langage est plus franc.

Julien décida de jouer avec de gros blocs Lego. Il me dit de faire "un camion, un gros camion pour moi et toi !" (c'était la première fois qu'il disait "nous" et que j'étais invitée à agir avec lui "comme figurine"). Pendant que je construisais notre camion, il supervisait mon travail. Je lui demandai s'il était assez gros et il me dit : "Non, plus gros, fais-le gros, gros" tout en me montrant avec ses bras que le camion devait être énorme. Je pris donc le plus de blocs possible ; comme je lui redemandais son avis, il me dit : "Là, il est assez gros" (nous avions un énorme camion !). Je lui ai alors demandé où nous irions ; il me répondit : "On va au parc pour jouer avec les jeux". Nous avons donc fait semblant de nous rendre au parc pour jouer dans les jeux. Après quelques minutes de jeu en silence, je lui demandai ce que nous ferions maintenant et il me répondit : "Y'a plein de jeux ! On joue à plein de jeux"» (ce qui sous-entendait qu'il voulait encore que nous jouions ensemble et qu'il n'était pas question de quitter le parc). Je crois que cette partie de la rencontre reflétait sa joie suite à nos retrouvailles après ce long congé.

Julien me dit ensuite : "On joue avec ça" (la trousse de docteur). Je devais donc l'ausculter ; je l'interrogeai pour savoir s'il était malade ; il me répondit "non" avec un grand sourire. Je vérifiai son cœur, sa bouche et ses oreilles et chaque fois, il me disait : "Je suis pas malade" et il me souriait (je crois qu'il essayait de me dire que ça allait mieux pour lui). Puis, vint mon tour d'être la patiente ; il me dit que j'étais malade. Je lui demandai si quelqu'un allait me guérir ; il me dit : "Oui, moi !". Pendant qu'il me soignait, nous étions assis par terre en indien, l'un devant l'autre. Soudain, Julien me regarda et me dit tout souriant : "Mon pénis est gros". Je suis tellement restée bouche bée que, je crois, ça a dû paraître (je lui ai souri parce que j'avais envie de rire, ne pouvant cacher ma réaction de surprise). Julien me regarda et me dit à nouveau : "Mon pénis est gros". Je lui dis alors : "Tu veux me dire que tu es devenu grand maintenant" ; il me répondit "oui". Il me montra les bébés sexués qui étaient installés sur le bord de la fenêtre et il dit : "I' y avait des bébés comme ça au parc". Je renchéris en disant : "Mais toi, Julien, tu n'es plus un bébé, tu es devenu grand". Il me sourit alors et fit un son pour manifester son accord. Pendant qu'il m'examinait le cœur (il le vérifiait sur le ventre !), je lui demandai si celui-ci allait bien et il me dit qu'il était malade. Je suis surprise qu'il se soit transformé à ce point, mais il me semble que ses propos s'inscrivent dans le registre phallique. Comme je sais que cette phase peut être traversée assez rapidement, je ne peux que réaliser que rien n'est impossible en ce qui concerne la progression ultérieure de l'enfant. Chose certaine, quelque chose de très favorable est survenu durant le congé des Fêtes.

Nous avons ensuite joué avec le bac de petites voitures. Julien me dit : "C'est nos autos à nous". Il prit une auto de police et poursuivit la mienne. Il riait beaucoup. Ensuite, il prit une seconde voiture de police et il continua de poursuivre mon auto sauf qu'à l'intérieur de celle-ci, il y avait un "gros monsieur". Julien ne se contenta pas de la poursuivre, mais il fit plusieurs collisions avec la voiture pour la démolir. Je ne pus savoir qui était ce gros monsieur, mais son agressivité était toutefois plus saine qu'habituellement.

Avant de partir, Julien m'aida à tout ranger (ce qu'il n'avait pratiquement jamais fait jusqu'alors) et il suggéra que nous bercions chacun dans notre berçante, l'un à côté de l'autre. La rencontre se termina ainsi ».

J'ai rencontré l'éducatrice pour savoir si elle avait remarqué certains changements chez Julien. Elle me dit alors qu'elle avait remarqué des améliorations au niveau de son langage. Elle me dit aussi qu'il avait maintenant acquis la propreté diurne et « qu'il n'avait plus peur de ses pipis et de ses cacas ». Elle me dit également l'avoir beaucoup encouragé, mais qu'étant donné qu'elle avait été en congé pendant deux semaines, elle croyait que cet apprentissage s'était poursuivi à la maison. Elle me dit également que la mère avait débuté ses cours à l'Université, qu'elle se maquillait, prenait soin d'elle et avait l'air plus sereine. Elle lui avait également dit qu'il ne servait à rien de presser Julien, parce qu'elle se fâchait lorsqu'il s'échappait dans sa culotte et que cela ne faisait que retarder l'acquisition, Julien étant probablement frustré de son échec. Cette discussion semble avoir porté fruit. Elle encourage aussi beaucoup son garçon en lui disant qu'il est grand et elle me confie qu'il donne des coups aux autres comme pour dire : « Moi, je suis grand et plus fort que vous ». Elle dit aussi que Julien a pris ses distances par rapport à Steve (un enfant quelque peu perturbé de son groupe). Maintenant qu'il se considère comme grand, Steve est peut-être moins intéressant pour lui que d'autres pairs.

Julien a effectivement réalisé un grand bond en avant dans son développement pendant l'interruption. En fait, tout laisse croire que les deux parents ont su faire chacun de leur côté exactement ce qu'il fallait pour permettre au développement de l'enfant de se relancer. Le matériel de la séance démontre hors de tout doute possible que le besoin de reconnaissance phallique est en bonne voie d'être satisfait. À la lumière du contenu des séances ultérieures, on doit même reconnaître ici les premiers éléments œdipiens dans la conduite de l'enfant : il y a manifestement une sexualisation du rapport à l'objet thérapeute (« Mon pénis est dur ») ; de plus, on peut interpréter la figure du "gros monsieur" de la dernière séquence de la séance comme correspondant à la figure paternelle (ou le tiers de même sexe, par exemple, le copain présumé de la thérapeute) à écarter.

L'accès à l'œdipe intervient de toute façon à la présente phase de la thérapie (pour les enfants venus avec un mode de fonctionnement tout au plus phallique). Il est important que le thérapeute puisse reconnaître les manifestations de ce mode de fonctionnement plus élevé, pour pouvoir adapter le niveau des interprétations qu'il va proposer à l'enfant. En fait, la thérapie à cette phase doit être conduite de telle façon qu'elle puisse favoriser chez celui-ci la pleine expression de son double désir œdipien : mettre l'objet rival à distance de l'objet aimé et posséder exclusivement celui-ci.

Considérons le cas de Maxime, un garçon de sept ans (au moment où a débuté la thérapie). Ses parents ont contacté la psychothérapeute parce qu'ils estiment que leur fils, deuxième de trois enfants (une sœur aînée de 12 ans le précédant et un frère de cinq ans le suivant dans l'ordre), a des comportements infantiles, colle à la mère, a peur de la nouveauté et fait preuve manifestement d'un niveau élevé d'anxiété. Après une amorce assez rapidement dépassée, Maxime a pu, pendant plusieurs séances, manifester la violence qu'il ressentait à l'endroit de son jeune frère ainsi que la colère qu'il éprouvait à l'endroit de la mère (qui, estimait-il, l'avait laissé tomber en quelque sorte) et exprimer pleinement son propre désir de rester bébé et de posséder la mère anaclitique en toute exclusivité. Après la dix-septième séance, la teneur des productions de l'enfant change quelque peu : le thème de la lutte entre un petit (ou des petits) et des grands s'établit ; il va continuer de se préciser durant les quatre séances suivantes. Voici maintenant comment les choses se présentent à la vingt-deuxième séance :

> « Maxime prend bébé Maxime et les deux autres bébés qu'il assoit dans l'auto de police. Il prend le camion et une autre auto et il simule un accident. La police intervient à plusieurs reprises pour donner des contraventions. Maxime met en scène un accident entre l'auto de police et le camion. À ce moment précis, le camionneur devient un voleur qui sera attrapé par les policiers. Je fais remarquer à l'enfant que les bébés sont bien petits pour être des policiers. Il rétorque qu'ils remplacent leur père, qui travaille la nuit et dort le jour. Je lui demande comment la maman vit cela ; il me dit qu'elle est inquiète, mais que les deux frères sont prudents. Le camionneur a un trésor qu'il a pris à des gens. Les policiers le poursuivent. J'apprends que l'un des bébés était en fait l'enfant du voleur. Maxime prend les carabines pour les donner au camionneur, mais bébé Maxime réussit à se saisir de l'une de celles-ci ; après avoir tué le camionneur, Maxime dirige l'arme vers bébé Maxime et vers son frère. Il termine le jeu en me disant qu'ils sont tous morts ».

Je retrouve mon commentaire donné en supervision suite à l'étude de cette séance : "fonctionnement œdipien". J'évoquais certainement alors la prise de possession de la place du père par les bébés, l'ambivalence à l'endroit de la figure paternelle : ce père est celui qu'on veut remplacer, mais il est également caché derrière la figure du camionneur voleur qu'on veut arrêter (pour le tuer ultérieurement) parce qu'il a pris un "trésor" à des gens. Ne pourrait-on pas voir également dans l'issue de la scène (bébé Maxime et son frère meurent) une manifestation de la castration encourue ? La mère n'est pas évoquée par l'enfant, pas directement en tout cas (elle est par ailleurs évoquée par la thérapeute), mais je soupçonne qu'elle est figurée symboliquement par le trésor volé par le "camionneur voleur qu'il faut arrêter et tuer". Nous serions donc bel et bien en œdipe avec cet enfant, ce que les séances suivantes devraient permettre de confirmer. Et c'est ce qu'elles confirment en effet. Considérons par exemple ce qui survient à la vingt-cinquième séance :

> « En entrant dans le local, Maxime se précipite pour voir si les dragons sont toujours dans la maison. Comme ce n'est pas le cas, il les va les récupérer. Il me demande en plus bébé Maxime, ainsi que la jeune fille et le chat qui, la semaine précédente, habitaient la maison (dans cette séance précédente, Maxime a affronté le père symboliquement dans deux combats successifs). Il me demande lequel est le plus fort parmi les dragons. Je lui renvoie la question et il précise que c'est le plus petit (il voulait peut-être vérifier si je l'autorisais à prétendre à la victoire sur le père). Il simule un combat dans lequel le plus grand est battu. Il décide alors de jouer à autre chose. Il veut avoir des figurines d'un

autre style que celui des playmobils. Après hésitation, il opte finalement pour la piste de course. Il fait glisser une figurine appelée Maxime pour ensuite faire glisser des autos. Il me dit que l'auto qu'il préfère est celle de police parce qu'il veut devenir policier quand il sera grand, pas parce qu'il aime les armes, mais pour être comme sa mère. Intriguée, je lui demande si sa mère est policière ; il dit que non, mais il précise qu'elle travaille à l'Institut de police. Je lui reflète qu'il aimerait être près d'elle. Il s'interroge à savoir si elle sera encore là quand il deviendra policier.

Dans le feu de l'action qui s'ensuit, je constate que l'auto de police poursuit une autre auto parce que son chauffeur est en faute. Maxime change le jeu quelque peu : le policier doit se rendre dans la maison privée d'un vieux croulant qui s'est fait voler tandis que l'autre auto qui le suit est conduite par un reporter qui ne cesse de critiquer le policier, de lui dire qu'il est fou, etc. En fait, le reporter est le fils du vieux croulant. Je dois demander à Maxime de conclure puisque le temps de la séance est écoulé. Il me dit qu'ils ont retrouvé le vieux croulant et que ce dernier a pu dire où était le voleur. Comme ce dernier n'était pas très intelligent, il avait lui-même dit au vieux monsieur où il s'en allait ; donc le voleur a été arrêté et tué ».

Il faut, bien sûr, lire cette séance avec ce que les psychanalystes appellent une "attention flottante" pour saisir ce qui cherche à se dire derrière les élaborations de l'enfant. Il est question de poursuivre l'affrontement commencé dans la séance précédente (confrontation du fils avec le père), l'enjeu de cet affrontement étant évoqué rapidement : la fille avec le chat (c'est-à-dire la mère sexuée) ; le plus petit (moi œdipien) est le plus fort ; c'est lui qui l'emporte, le plus grand (le père) étant vaincu. La promotion du moi œdipien continue avec la seconde séquence : Maxime envisage de devenir policier (non pas parce qu'il aime les armes, dit-il, une stratégie pensée pour conquérir la mère (qui travaille à l'Institut de police). Mais, « sera-t-elle encore là quand je serai policier ? », demande-t-il. Dans la troisième séquence, le policier (celui que Maxime ambitionne de devenir !) va secourir son vieux croulant de père qui s'est fait voler (qui s'est fait voler son épouse…). Il est poursuivi par un reporter qui critique le policier, qui lui dit qu'il est fou (de vouloir s'approprier la mère et d'évincer le père) ; il s'avère que ce reporter est le fils du croulant (il n'y a en cela rien de surprenant !); il s'agit du volet positif de l'ambivalence à l'endroit du père. Maxime va le dire plus tard : « Je ne ferais jamais ça à mon père, moi ». Le voleur du croulant (en réalité, le fils du triangle œdipien, car c'est là une troisième figure représentant Maxime) a laissé au père une adresse où il peut être rejoint, comme un délinquant qui, se sentant coupable, laisse sans s'en rendre compte des indices sur les lieux du crime pour... rendre possible son arrestation. Il peut dès lors être arrêté et puni de mort (castration).

4. À la phase de terminaison

Dans cette phase ultime, le thérapeute accompagne l'enfant dans la tâche du renoncement à l'objet aimé et du déplacement du sentiment amoureux vers une autre cible que le parent hétérosexuel (et du thérapeute s'il y a différence de genre entre lui et l'enfant) ou dans la dilution de ce sentiment dans des investissements divers (jeux avec les pairs, investissement de l'apprentissage préscolaire ou scolaire, intérêts particuliers, etc.). Cette tâche est rarement complétée au moment où s'arrête la thérapie. Idéalement, doit-elle tout de même avoir été entreprise ? Sans doute, particulièrement si l'enfant a dépassé le cap du sixième anniversaire. Voici comment est vécue la toute dernière séance avec Maxime (il s'agit de la trente-sixième) :

> « Maxime reprend le jeu de la dernière séance qui date de deux semaines (au cours des quatre derniers mois, il a en effet été reçu aux deux semaines). Il m'informe que c'est la dernière fois qu'il vient me voir. Je lui demande ce qu'il a à me raconter. Il me répond : "Je ne sais pas ", ajoutant "Je jouais dehors avec mes amis avant de venir te voir". Je lui reflète qu'il semble avoir trouvé difficile de laisser ses jeux pour venir. Il répond "oui " (il se peut qu'il ait voulu dire tout simplement : "Je n'ai pas eu le temps d'y penser ; je jouais dehors avec mes amis avant de venir te voir"). Il se met en quête des blocs Lego ; il met ensuite un seul personnage en confrontation contre un certain nombre d'autres. Je lui demande de me donner des informations sur ces personnages. Il me dit : "C'est le père et ses enfants et le personnage seul, c'est un agent de police". Je lui dis : "Ah oui ! celui qui était le fils et qui est devenu agent de police ? » Il confirme. Il met ensuite un personnage du groupe dans un avion et il fait foncer l'avion sur la maison. Je lui demande si c'est ce personnage qui jouait le rôle du père dans son jeu, la séance précédente ; il confirme": "Oui, oui, c'est le père". Il lui fait faire toutes sortes d'actions rocambolesques, dans lesquelles il risque de se blesser sérieusement. Je lui reflète qu'il maltraite son personnage comme un garçon pourrait souhaiter le faire avec son père

afin d'avoir sa mère pour lui seul. Il m'interroge avec un air suspicieux : "T'en connais, toi, des garçons qui feraient cela ? » Je lui dis "oui" et j'ajoute : "Au fond, ils ne le souhaitent pas complètement, car ils aiment leur père et ils ne veulent pas le perdre, mais en même temps, ils voudraient bien avoir la mère pour eux tout seuls ou encore ils voudraient bien être l'homme de la mère". Il enchaîne : "Moi, je les aime tous les deux et je ne ferais pas ça à mon père". Par la suite, il m'interroge à deux reprises sur la "violence", la première à propos d'une émission de télé, et la deuxième, de la façon suivante : il me demande si, quand j'étais plus jeune, il m'arrivait de dire des mots méchants quand j'étais fâchée. Je lui demande alors si, lui-même, il a été réprimandé pour avoir dit des mots "violents". Il me dit : "Si, à l'école, et le professeur m'a dit que même si j'étais fâché, il ne fallait pas dire des mots violents". Comme nous en sommes rendus à la fin de la séance, je lui pose la question : "Penses-tu avoir besoin de revenir me voir ? » Il répond : "Ça va aller". Je pris entente avec lui pour qu'il revienne s'il en sentait le besoin ».

La signification œdipienne du matériel est ici encore très évidente. On remarquera la manière directe avec laquelle la thérapeute y fait référence. C'est que cette interprétation a été proposée à Maxime à quelques reprises déjà. Nous en sommes donc au niveau de la perlaboration : l'enfant est aux prises avec le même désir ; il connaît confusément les tenants et aboutissants de ce désir ; il n'est pas surpris ni choqué de la signification que lui propose la thérapeute. Il lutte encore cependant contre l'intégration de cette signification, tout en faisant en sorte qu'on la lui répète, qu'on la rende présente à son esprit. Il est intéressant de constater ce sur quoi associe l'enfant après l'échange à propos de ce que je viens de nommer "la signification" : la violence vue à la télé et, d'autre part, la "violence" verbale dans laquelle il s'est commis à l'école et qui lui a attiré les remontrances du professeur, figure incontestablement paternelle. Ces associations révèlent selon moi la nature de ce qui s'agite chez le sujet quand il dit : « je ne ferais pas ça à mon père, moi ». Il faut à Maxime tenter de contrôler ses desseins agressifs sans avoir à en reconnaître pleinement l'existence ; c'est ce qui l'amène à vouloir avoir accès à ce que la thérapeute pense de la violence d'une émission de télé, d'une part, et à évoquer les remontrances qu'il s'est attirées de la part du professeur après avoir utilisé des termes violents, d'autre part.

Comme on doit le constater ici, le conflit œdipien n'est pas vraiment résolu si l'on s'en tient à ce qui surgit dans cette ultime séance, encore que, tenant compte de l'évolution qu'a connue l'enfant depuis quatre mois, il nous semble en bonne voie de se résoudre. La performance à l'école s'est maintenue à un très bon niveau et la peur de mourir (angoisse de castration) qui a tenaillé l'enfant pendant des semaines semble avoir été levée définitivement. Tout cela nous a convaincus qu'il était temps de mettre un terme à la thérapie à la demande même de l'enfant. Un contact de la part de la mère auprès de la thérapeute quelques semaines après la fin de la thérapie laissait voir que les choses se déroulaient de la bonne façon pour l'enfant et que l'équilibre atteint en fin de thérapie se maintenait bel et bien.

Comment les choses se sont-elles terminées avec le petit Julien dont j'ai beaucoup parlé ci-dessus ? Voici d'abord le récit de la vingt-septième rencontre :

> « J'allai chercher Julien dehors et ce dernier criait à qui voulait bien l'entendre "Je m'en vais avec Nathalie !" d'un petit air chantant.
>
> Il décida de prendre les voitures pour commencer et il choisit l'autobus. Il m'expliqua que des fois il prenait l'autobus avec "les amis de la garderie". Il a ensuite entendu passer un camion dans la rue (la fenêtre était ouverte puisqu'il faisait extrêmement chaud dans le local) et il a voulu aller voir. Le camion était passé, mais il y avait deux voitures de police, ce qui ne sembla pas toutefois attirer son attention ; il avait plutôt l'air attiré par le bruit du camion qu'on entendait encore au loin. Il voulut rester assis près de la fenêtre à la grande table. Il me demanda de mettre de la musique. J'ai donc accepté d'ouvrir la radio en espérant que cela ne dérangerait pas nos interactions (il en est ressorti une situation plutôt intéressante). Julien s'est mis à danser puis il s'est arrêté tout d'un coup pour aller se cacher le visage derrière une chaise, se montrant très gêné. Je lui demandai s'il aimait danser et il me répondit que oui. Je lui demandai ensuite s'il voulait continuer et il me répondit non. Il souriait, mais il continuait de se cacher. Puis, il fit rouler une petite voiture sur le bord de la table en chantonnant et en se branlant la tête au son de la musique. Il me regardait du coin de l'œil d'un air coquin.
>
> Il trouva ensuite sur le bord de la fenêtre un petit cœur rouge en carton et me dit "Ooohhhhhh ! C'est un cœur ! Oooohhhhh ! - Tu voudrais

le donner à quelqu'un ? – Oui ! » Il me regarda longuement puis me dit : "Ben… je vais le mettre là" et il le mit sur le dessus de la radio.

Il me demanda ensuite de prendre place sur une chaise de façon à ce qu'il puisse me faire manger à la cuillère comme si j'étais un bébé. Peu après nous interchangeâmes nos rôles. Il me demanda de m'asseoir sur une chaise et maintenant, je devais manger seule. Je demandai : "Est-ce que je suis devenue grande ? - Oui ! et là, c'est mon tour. - Tu es devenu grand, toi aussi ? – Oui ! » Ensuite, je devais m'asseoir avec un bébé et le nourrir à la cuillère. Julien dit : "Moi, je suis le papa, c'est mon bébé ! » Je demandai : "Le bébé, est-ce qu'il a une maman ? - Oui. - Et qui est sa maman ? - …..". Après une minute de réflexion, il osa "Toi, t'es la maman, Nathalie ! C'est mon tour maintenant de le bercer et de lui donner à manger. C'est une bonne idée, enh ? - Tu aimerais ça, t'occuper d'un bébé et être le papa et moi, la maman ? – Oui ! » Il va alors chercher un autre bébé et dit : "On lave les bébés, Nathalie ; toi, tu prends lui ; il a un pénis. Moi, je prends lui ; i'en a pas ; c'est une fille, mais les garçons, i'ont un pénis, eux !"

J'annonce à Julien la fin de la rencontre ; il semble plutôt triste, puis je vois un éclair dans ses petits yeux. Il se lève pendant que je range et le sourire aux lèvres, il va chercher la clé du local, ouvre la porte et met la clé dans l'escalier ; il ferme ensuite la porte et il attend ma réaction. Je m'exclame alors : "Bon ! J'ai perdu ma clé ; je ne pourrai pas partir. Qu'est-ce que je vais faire ? » Il me répond : "C'est pas grave, Nathalie ; maman pourra pas venir me chercher ; je vais l'appeler et je vais lui dire : "Maman ! viens pas me chercher ; je vais aller au parc…euh… chez papa ! » Il ouvre ensuite la porte et dit : " La clé est là, Nathalie ! – Ah ! tu l'avais cachée ? – Oui !", cela étant dit avec un rire taquin. Nous sommes ensuite descendus et Julien était de bonne humeur.

Commentaires de la thérapeute : Julien était très taquin. Il m'a clairement fait comprendre qu'il aimerait bien avoir une famille avec moi et qu'il ne voulait pas partir. Il voulait demeurer avec moi ou me garder près de lui, mais il semblait conscient que ce n'était pas possible. Il s'est montré très taquin et a beaucoup ri pendant la rencontre ».

À la rencontre suivante, Nathalie eut à gérer une interférence : un employé devait aller sur le toit de l'édifice en passant nécessairement par le local de thérapie. Julien a vécu la présence comme l'intrusion d'un rival œdipien dans l'environnement qu'il partageait avec la thérapeute et il ne s'est pas privé de manifester son mécontentement. Voici maintenant ce qui est survenu à la toute dernière rencontre, la vingt-neuvième :

> « Julien me suivit silencieusement jusqu'à l'intérieur du local. Il ne prit pas la clé (comme c'était son habitude) et il resta quelques instants sans rien dire. Je lui demandai s'il avait envie que nous jouions à quelque chose en particulier, étant donné que c'était notre dernière rencontre. Il me sourit et me dit non. Puis, il alla explorer les jeux.
>
> La rencontre fut en fait un pot-pourri de tout ce qui s'était produit entre lui et moi depuis huit mois. Cependant, la première chose qu'il me dit fut "On a encore beaucoup de temps, enh ?" ; je lui répondis que oui. Il commença par jouer au docteur, jeu dans lequel chacun à tour de rôle, nous étions malades. Il s'amusait beaucoup et riait énormément. Il décida ensuite que nous prendrions chacun un tracteur (avec un personnage dedans) et que nous nous rendrions jouer au parc (en dessous de la table). Il changea tout de suite de jeu et il prit l'hôpital ; dans la scène, quelqu'un se rendait à cet endroit. Lorsque j'essayai d'en savoir davantage sur ce personnage, il me dit : "Je sais pas". Il continua de jouer. Il prit une figurine ("une madame", dit-il) qu'il installa sur le toit de l'hôpital et qui criait "Je ne peux pas descendre ; je suis pris !" Je crois que cette madame figurait son désir de me garder pour lui et son refus de la fin de nos rencontres. Il me redemanda s'il nous restait beaucoup de temps et je dus lui dire qu'il ne nous en restait pas beaucoup. Il décida alors de jouer avec la pâte à modeler, mais il n'en fit rien.
>
> Lorsque je lui annonçai que la rencontre était terminée, il me dit : "Mais tu vas venir demain". Je lui rappelai que cette rencontre était notre dernière. "Ben, on joue encore aux blocs, ... aux autos, ...on se berce cinq minutes !" Je lui accordai donc ces cinq minutes supplémentaires et lorsque je lui demandai s'il était prêt à descendre, il me dit oui avec un sourire. Tout semblait alors aller correctement ».

Les dernières séances d'une thérapie sont très chargées au niveau émotionnel et celle-ci ne fait pas exception. Manifestement, Julien encaisse difficilement la fin de la thérapie, mais tout porte à penser qu'il traversera l'étape sans trop de mal, qu'il arrivera à se détacher de Nathalie et qu'après quelque temps, il fera porter sur une autre cible les sentiments qui se rattachaient à elle.

Nous avons passé en revue ce qui survient essentiellement du côté de l'enfant dans cette phase ultime. Il nous faut voir maintenant ce qui survient dans l'interaction avec les parents. Quelle tâche attend le thérapeute à cet égard à ce stade du processus ? En fait, cette tâche comporte nécessairement les deux éléments suivants : les parents doivent être sensibilisés à la nature de ce que vit l'enfant sur le plan dynamique et aussi à la nature de ce qui va suivre la présente étape ; ils doivent d'autre part être convaincus d'adopter ou de maintenir à l'endroit de l'enfant une attitude exempte de toute ambiguïté (pour le parent sexe différent) ou exempte de toute velléité vengeresse ou d'infériorisation (pour le parent de même sexe).

À l'aide de trois récits de dernière entrevue avec les parents, je vais illustrer ce qui peut survenir dans cet ultime contact. Les rencontres qui suivent donnent une idée assez précise des échanges qui peuvent intervenir entre parents et thérapeute au terme de la thérapie. À la fin de leur thérapie, Mathieu avait six ans, Véronique et Caroline, cinq. Il va de soi que ces trois enfants avaient accédé à un fonctionnement franchement œdipien au cours des semaines précédant cette dernière rencontre avec le ou les parents. Voyons d'abord ce qui survient avec les parents de Mathieu :

> « Lorsque je contacte les parents de Mathieu pour les rencontrer, la mère de celui-ci semble très emballée par les progrès que l'enfant a faits dans les dernières semaines. Elle dit avoir eu hâte de me rencontrer ; elle attendait mon appel. Elle et son mari sont présents à la rencontre.
>
> Je débute l'entrevue en demandant aux parents comment les choses se déroulent à la maison. Ils me disent qu'ils ne reconnaissent plus leur fils, qu'il n'est plus le même enfant qu'en janvier. Mathieu parle beaucoup plus et est beaucoup plus conciliant. Ses crises ont disparu. Les parents ont rencontré son enseignante et la directrice de l'école la semaine dernière. Ceux-ci n'avaient que des éloges à faire au sujet de l'enfant. Ses comportements agressifs envers les autres enfants ont diminué de beaucoup. Auparavant, il frappait d'autres enfants tous les jours ; maintenant, cela n'arrive que très rarement. Une amélioration phénoménale de sa conduite à la maternelle a été observée sur tous les plans. Les deux parents semblent très fiers des progrès de leur fils.
>
> J'explique aux parents que leur enfant a atteint un niveau de fonctionnement qui est celui qu'on souhaite idéalement pour un enfant de son âge. Je leur dis que tout semble aller pour le mieux. Je leur mentionne

que leur enfant tient maintenant compte de la dimension sexuée dans ses rapports avec les autres. Je leur rappelle en quoi consiste le conflit œdipien pour les situer un peu. Je leur précise que Mathieu présente des comportements de séduction à l'endroit des figures maternelles et des comportements de rivalité avec les figures paternelles. Les parents me confirment qu'ils ont observé beaucoup d'éléments de cette nature chez Mathieu depuis notre dernière rencontre. Ils me disent avoir suivi les recommandations que je leur avais alors données.

Les parents me posent beaucoup de questions, car ils sont un peu anxieux. Ils me demandent si leur fille peut également être entrée dans l'œdipe, car ils affirment avoir remarqué plusieurs éléments qui le révèlent. Je leur dis que tout enfant qui se développe normalement passe nécessairement par cette période. Je les encourage à appliquer les recommandations que je leur avais données pour Mathieu, mais en inversant les rôles cette fois : la mère doit se montrer conciliante et ouverte en face des comportements de rivalité de sa fille et le père doit éviter d'être séducteur et d'adopter toute attitude ou comportement laissant croire à sa fille qu'elle peut gagner la bataille de l'œdipe avec sa mère ; il doit faire comprendre à sa fille qu'il l'aime comme sa fille et non comme sa femme.

Je ramène les parents au cas de Mathieu. Je leur précise qu'il leur faut s'attendre à ce que la situation œdipienne dure encore quelque temps et qu'ils doivent maintenir le cap dans la direction que je leur ai indiquée. Je leur dis que leur enfant a une très belle capacité de mentalisation et que sauf imprévu, sa progression scolaire devrait se faire de très belle façon.

Les parents me remercient chaleureusement et me témoignent de leur reconnaissance pour tout ce que j'ai fait pour Mathieu. Je leur laisse mon numéro de téléphone au cas où ils auraient besoin de moi ».

Voici maintenant comment se déroule la dernière rencontre avec la mère de Véronique :

« Cette dernière entrevue avec la mère de Véronique s'est déroulée à la garderie. Le père n'a pu être présent à cause de son horaire de travail. Josée a commencé par me parler des changements qu'elle a perçus chez sa fille au niveau de sa compréhension et de son écoute. Elle mentionne que depuis notre dernière rencontre, elle lit des histoires à Véronique au moment du coucher. Au niveau disciplinaire, elle ne menace plus sa fille ; elle prend le temps de lui expliquer le sens de ce qu'elle demande ; si Véronique n'agit pas convenablement, elle réagit calmement et lui demande d'aller réfléchir. Elle me mentionne toutefois au sujet de la discipline qu'elle n'a plus à en faire comme avant. Elle m'avoue que sa fille semble s'épanouir et qu'elle est satisfaite et fière des commentaires positifs qu'elle reçoit de la garderie.

Je lui ai fait part alors de l'évolution que Véronique a connue au cours des dernières semaines en lui mentionnant que les efforts et les changements qu'elle et son conjoint ont apportés au niveau familial ont été des éléments importants de cette reprise du développement affectif et qu'il était important de continuer sur cette voie. J'ai insisté sur le fait que sans leur aide, le "coup de pouce" apporté par la thérapie n'aurait probablement pas été possible.

Cela étant, j'ai décrit à la mère la situation œdipienne dans laquelle se trouve sa fille. Je lui ai également précisé les attitudes qu'elle et son mari devaient adopter chacun de leur côté. Elle m'a mentionné que souvent, le soir, Véronique attendait son père avant de s'endormir pour l'embrasser et que, de plus, elle la trouvait exhibitionniste. Elle a remarqué, par exemple, que quand il y a des invités, Véronique cherche à montrer ses fesses. À ce sujet, je lui ai dit que c'était des tentatives de séduction qui visaient la figure paternelle et qu'elle et son conjoint (surtout celui-ci) devaient s'employer à lui expliquer le sens de ses gestes et l'importance de les abandonner. Josée a été très réceptive à cette recommandation.

Enfin, durant les dernières minutes de l'entrevue, Josée m'a parlé d'elle personnellement, mentionnant qu'il ne lui était pas toujours facile de concilier études et vie familiale, qu'au cours de l'été, Annie (l'aînée handicapée) devait subir une opération à la hanche, mais que malgré tout, il valait la peine de persévérer quand des changements et des progrès comme ceux manifestés par Véronique venaient récompenser les efforts déployés ».

Voici enfin le récit de la rencontre avec Nathalie, la mère de Caroline :

« J'ai lancé la rencontre en demandant à la mère comment les choses se passaient avec Caroline. La mère s'est empressée de me remercier en revenant sur les changements mentionnés durant la dernière rencontre, changements qui s'étaient maintenus depuis : Caroline est propre la nuit ; elle ne fait plus les crises qu'elle faisait auparavant (surtout quand vient le temps d'aller chez son père) ; elle adopte de moins en moins de comportements de bébé (ne suce plus son pouce, a laissé sa "doudou" de côté...) et enfin, elle s'exprime plus facilement lorsqu'arrivent des moments de tension (elle lui explique le sens de ses réactions : "Tu sais, tantôt quand que je t'ai dit que je ne t'aimais pas, ben, c'est pas vrai ; j'étais juste fâchée". La mère m'apprend que Caroline a eu un excellent bulletin et que lorsqu'elle a parlé à l'éducatrice, celle-ci se disait aussi étonnée qu'elle des progrès de l'enfant.

J'ai poursuivi l'entretien en mentionnant que l'enfant en est venu à faire preuve d'un fonctionnement plus franchement œdipien, ce qui était un objectif important. La mère m'a alors confié que sa fille agit désormais comme une grande ("Bon, qu'est-ce que t'as, Nathalie ? T'as eu une mauvaise journée ou bien quoi ?") et du fait qu'elle aime bien assumer le rôle de la maman auprès de Marie-Claude, sa sœur. Je lui ai confié que Caroline aimerait avoir la place qu'elle-même, elle occupe dans la famille, la place de la mère, mais également sa place d'amoureuse de Michel. J'ai enchaîné avec le fait qu'elle-même devra sans doute se montrer tolérante et patiente devant cette attitude de compétition de la part de sa fille et qu'il sera important que Michel (tout comme son père biologique) ne donne pas de faux espoirs à l'enfant quant à l'issue de son conflit œdipien. Il doit lui faire comprendre qu'il l'aime d'un amour différent de celui qu'il accorde à sa mère (ou à sa conjointe, pour le père). La mère avoue qu'elle connaît bien cette situation puisqu'elle a déjà eu à la vivre avec les deux filles de son mari...

Il semble que l'attitude du père à l'égard des enfants aurait grandement évolué ; monsieur est porté à s'exprimer davantage avec eux et il leur consacre plus de temps. Nathalie est contente qu'il ait renoué avec sa conjointe actuelle.

La rencontre s'est terminée sur des remerciements. La mère mentionne qu'elle a beaucoup apprécié ma délicatesse et elle insiste sur le fait qu'elle s'est sentie respectée. Elle dit avoir particulièrement apprécié que j'aie poursuivi la thérapie après la fin de ma session universitaire. Elle estime que cette thérapie a été pour sa fille un vrai coup de pouce venu au bon moment. Elle est consciente des avantages que tout cela aura sur son développement. Elle me donne, pour me remercier, une carte et une photo de Caroline. Je la remercie et lui mentionne que de mon côté, j'ai également beaucoup apprécié sa collaboration. Je conclus en lui disant que j'avais l'intention d'appeler Caroline, car j'ai lui ai promis de le faire pour prendre de ses nouvelles. Je poursuis en lui disant que de son côté, si jamais elle avait des questions ou quoi que ce soit d'autre à clarifier, elle devrait se sentir à l'aise d'entrer en contact avec moi ».

Ces récits de dernière rencontre recoupent tous les aspects essentiels du type de communication qui prend place dans cet ultime contact entre thérapeute et parents. Plus éloquemment que tous les propos descriptifs ou à visée prescriptive que je pourrais donner, ils illustrent avec précision et concision les toutes dernières tâches que doit assumer le thérapeute avant de procéder à la fermeture d'un cas au terme de la thérapie.

Conclusion

Au cours du présent chapitre, nous avons passé en revue les défis et les tâches qui se présentent au thérapeute au cours de la thérapie en tenant compte de la nature de la phase à laquelle se trouve l'enfant. Si ce parcours a permis d'entrer plus avant dans l'étude du travail thérapeutique, il n'a cependant pas couvert toutes les facettes essentielles de cette étude, tant s'en faut ! Il nous faut notamment tenir compte du point qu'occupent les sujets au démarrage de la thérapie. Ce sera l'objet du prochain chapitre.

Chapitre dixième

La conduite de la thérapie en fonction des besoins développementaux présentés au départ

Introduction

Les considérations que j'ai livrées jusqu'ici sur la conduite et le déroulement de la thérapie ont porté sur un cheminement assez typique, celui que se trouve à vivre un enfant qui arrive en consultation avec un fonctionnement anaclitique et qu'on fait évoluer jusqu'à l'œdipe en passant par la période phallique. Or, tous les sujets ne nous arrivent pas dans de telles conditions. Certains d'entre eux ont dès le départ un fonctionnement carrément œdipien ; d'autres manifestent un mode typiquement phallique ; un certain nombre font preuve d'une revendication affective d'une grande intensité, campés qu'ils sont pour quelques-uns à la limite ou près de la limite du fonctionnement psychotique ; un petit nombre enfin (dans la pratique privée, à tout le moins) font montre d'un fonctionnement qui est carrément psychotique.

Le type de fonctionnement avec lequel le patient arrive en consultation colore singulièrement le processus thérapeutique et concourt largement à sa facilité ou, au contraire, à sa difficulté. Nous pouvons prendre comme règle générale qu'à conditions parentales également favorables (ou défavorables) et à âges approximativement égaux, une problématique œdipienne est plus facilement levée qu'une problématique anaclitique, une problématique phallique (anaclitisme de haut niveau) plus facilement qu'une problématique anaclitique de niveau médian et une problématique anaclitique médiane plus facilement qu'une problématique anaclitique de bas niveau.

Dans le présent chapitre, nous allons considérer le processus thérapeutique en tenant compte du niveau de développement et, de ce fait, du mode de fonctionnement avec lequel le sujet arrive en consultation. J'accorderai une attention toute particulière aux niveaux initiaux qui n'ont pas été beaucoup étudiés jusqu'ici et je passerai pratiquement sous silence le cheminement qualifié ci-dessus de typique (anaclitique médian), précisément parce que j'ai déjà beaucoup discouru à son sujet. Je livrerai donc successivement des considérations qui se rapportent à la thérapie des cas à problématique d'emblée œdipienne, phallique et anaclitique de bas niveau (parapsychotique)[36].

1. Sur la conduite de la thérapie des sujets qui sont d'emblée à fonctionnement œdipien

Au moment d'élaborer sur l'hétérogénéité de la population des parents, j'ai laissé entendre que les parents d'un enfant œdipien avaient habituellement plus de ressources que les parents d'un enfant anaclitique et je viens de proposer que cette donnée joue un rôle facilitant sur le déroulement du processus. Il arrive tout de même qu'avec cette catégorie d'enfants, nous tombions sur des parents particulièrement difficiles, des parents qui ne peuvent absolument pas agir en tenant compte des besoins développementaux de leur enfant, même si ces besoins sont d'un niveau plus élevé. Je vais m'attarder ici sur ce type de conditions, ce qui aura pour effet de montrer que même si le travail s'annonce facile avec ces cas, les choses peuvent parfois s'avérer assez compliquées.

La situation œdipienne difficile la plus typique est sans doute celle dans laquelle le parent de sexe différent coince son enfant dans une position d'"équivalent de conjoint" et refuse de le reconnaître ou encore refuse d'amender son attitude. J'ai à cet égard le souvenir d'un garçon de sept ans qui nous avait été référé à cause de ses problèmes de comportement à l'école. Grâce à l'analyse des données de l'anamnèse et des productions projectives, nous avions découvert que cet enfant était obsédé par le désir d'être l'homme de sa mère au sens pleinement sexué de l'expression et que, de façon complémentaire, il livrait une lutte sans merci aux figures paternelles. Ce désir et cette lutte étaient littéralement attisés par la mère, qui, assez ouvertement, maintenait son fils dans l'illusion que son désir œdipien allait éventuellement être satisfait. Les productions de l'enfant

---

[36] Je n'aborderai pas ici les cas à problématique d'emblée psychotique à cause des difficultés importantes que soulève leur travail et de la fonction initiatique de cet ouvrage.

étaient saturées de fantaisies sexuelles assez explicites : quand on en est rendu à dire qu'une petite voiture qui circule sur une route fait l'amour avec celle-ci, c'est qu'on est devenu littéralement hanté par des préoccupations de ce type. Dans l'interaction avec la mère, nous nous sommes mis à la recherche des attitudes et comportements de sa part qui pouvaient entretenir chez son fils l'illusion de la victoire œdipienne. Nous avons découvert que le fils avait facilement accès au lit maternel. L'enfant y allait en fait dès que le conjoint (qui n'était pas son père, les parents s'étant séparés autour de son premier anniversaire) s'absentait, ce qui survenait assez souvent, puisque son travail exigeait de lui qu'il s'éloignât fréquemment de la maison. Pire encore, dès qu'une absence du conjoint s'annonçait, il demandait à sa mère : « Ce soir, maman, nous allons coucher ensemble et puis on va faire l'amour, enh ? », un projet qui n'était pas le moindrement désavoué (la mère en riait en fait), même s'il n'y avait pas de "passage à l'acte" sexuel proprement dit. De plus, madame ne voyait aucun inconvénient à se dévêtir devant son fils, à prendre son bain avec lui, ce qui, on peut facilement le deviner, ne manquait pas d'aviver la flamme du désir... Nous n'avons jamais pu réellement faire bouger cet enfant. Je ne sais ce qu'il est devenu après la fermeture du dossier au terme d'une dizaine de séances. J'ajouterai que dans ce cas, nous n'avons pas été aidés par le père de l'enfant (un psychoéducateur de son métier !) qui nous reprochait de ne pas avoir une mentalité moderne : ce monsieur nous avouait avec toute la candeur possible qu'il avait dormi avec sa mère une bonne partie de son enfance et qu'il n'avait gardé de cela aucune séquelle ! Fait anecdotique qui en disait long sur le "voyeurisme" de cet homme, il tenta d'obtenir de nous que nous lui transmîmes le contenu intégral des séances de thérapie. Nous avons heureusement pu manœuvrer de telle manière à le maintenir cette fois-là "à la porte d'une pièce dans laquelle il ne pouvait (et ne devait pas) entrer".

Le blocage au niveau de l'œdipe n'est pas toujours principalement le fait du parent de sexe différent, tant s'en faut, même si c'est souvent le cas chez les enfants de ce niveau de fonctionnement qui font montre d'un fort degré de stimulation sexuelle. Il me faut insister ici sur un aspect important : dans son expérience de parentalité, le père ou la mère réactive les conflits non résolus ou mal résolus de sa propre enfance, un fait qui a été bien démontré par bon nombre d'auteurs psychanalytiques[37]. Nous rencontrons fréquemment des pères ou des mères qui vivent d'une manière inadéquate la rivalité œdipienne affichée à leur endroit par leur enfant du même sexe que le leur. Ils réagissent en prenant cette rivalité très au sérieux, ne voulant pas risquer de devoir boire une deuxième fois le vinaigre de la défaite ou ne voulant pas subir eux-mêmes le sort qu'ils ont fait subir jadis à leur figure parentale rivale. Bien sûr, des raisons sont facilement évoquées pour justifier leur réaction "impitoyable" aux prétentions de leur enfant : « J'ai pensé qu'en agissant ainsi, je contribuerais à mieux former son caractère », avança un père qui profitait de toutes les occasions pour montrer à son fils qu'il était plus fort que lui et qu'il devait renoncer à entrer en compétition avec lui. Ce papa était en outre doté d'un physique très imposant, qui contrastait on ne peut plus avec la constitution frêle de son enfant de trois ans et demi. La plainte qui se dégageait des productions de celui-ci, c'était que « jamais je ne pourrai combattre ce géant ». Cet enfant était extrêmement craintif face à l'inconnu, à l'imprévu ; ses nuits étaient très agitées. À la cinquième séance, il raconta un rêve : alors qu'il se trouvait dans une voiture, il s'était retourné et avait aperçu un arbre avec des yeux, mais pas de nez, ni de bouche et ni de pieds, juste des yeux qui le regardaient et qui le terrifiaient. Il ne nous pas été difficile de deviner que sous cet arbre terrifiant, c'est le papa qui se profilait. À partir de la séance suivante, le petit bonhomme a fait passer son paternel dans "le tordeur", comme on dit couramment. L'affrontement qui ne pouvait être réalisé minimalement dans la vie réelle était mis en place selon des termes beaucoup plus durs dans l'espace ludique : le papa était alors jeté en bas de son piédestal et "passé à tabac". Sous une apparence d'enfant craintif et extrêmement timide, ce petit bonhomme ruminait des desseins terribles au sujet de son papa, qu'il aimait beaucoup par ailleurs. Il rêvait de prendre la place enviée auprès de la mère, mais il n'osait manifester ses intentions, la défaite s'annonçant plus que certaine et surtout, impitoyable. Mis au parfum de ce qui se passait chez son enfant, le père remit en cause le style de ses interactions avec lui et le conflit se dénoua relativement rapidement et de belle façon.

---

[37] J'attire l'attention du lecteur tout particulièrement sur l'ouvrage de Menzano, Palacio Espasa et Zilkha (1999) qui fournit d'excellents exemples d'interférences parentales dans le cheminement œdipien d'enfants.

J'ai aussi été aux prises avec un autre cas assez particulier de ce type de situation. Au cœur d'une supervision portant sur l'évaluation d'un garçon de six ans en grande difficulté d'apprentissage à l'école, j'avais émis l'hypothèse que quelque chose intervenait dans la dynamique du cas qui se reliait nécessairement à l'attitude du père. L'enfant avait un fonctionnement incontestablement œdipien et présentait des résultats intellectuels qui le situaient dans la portion supérieure à la moyenne des enfants de son groupe d'âge. Je suggérai à la praticienne de rencontrer le père et de chercher à voir avec lui ce que la relation avec son fils pouvait réactiver chez lui. Le père était un homme aussi sensible qu'articulé. Assez rapidement, l'échange permit d'accéder au noyau du problème : le père revivait avec son fils et au profit de son deuxième enfant, une fille handicapée physiquement, la rivalité qui avait empoisonné son enfance, rivalité avec un frère qu'il voyait alors comme le préféré de son père. S'identifiant à sa fille, il voyait dans son fils la réincarnation de ce frère et, plus ou moins consciemment, il lui faisait payer les "vieilles factures" qui auraient dû, en d'autres temps, être adressées soit au frère, soit au père.

Comme on peut le constater, la nécessité pour le psychothérapeute d'interagir avec les parents ne diminue pas avec les cas qui nous arrivent avec un fonctionnement œdipien ou presque œdipien. Elle s'impose tout autant[38], à tel point qu'il m'apparaît proprement illusoire de tenter de remettre en route le développement d'un enfant de ce niveau sans la mobilisation des parents, sans la remise en cause des comportements et attitudes de leur part qui sont à la source des conflits qui les paralysent. La persistance du conflit œdipien[39] bien au-delà de sa période habituelle d'extinction relative (aux environs de cinq ans et demi) doit nécessairement faire soupçonner la présence de facteurs parentaux jouant de tout leur poids sur cette dynamique. J'inclus dans ces facteurs parentaux, bien sûr, la présence et le rôle des conjoints du père ou de la mère.

---

[38] Je serais même enclin à dire qu'en proportion du temps, le temps consacré au travail avec les parents est plus long dans les cas d'enfants (d'emblée) œdipiens que dans les cas des enfants à problématique anaclitique.

[39] Ce conflit œdipien indûment persistant s'accompagne généralement de difficultés dans les volets principaux de la vie de l'enfant : difficultés d'apprentissage à l'école, dans les relations avec les pairs, avec les frères ou encore comportement d'opposition avec l'un ou l'autre des parents (généralement le parent de même sexe ou la figure parentale rivale), etc.

Pour ce qui est de la manière dont l'enfant œdipien, qui entreprend une thérapie, interagit avec le thérapeute, il est facile d'entrevoir qu'elle porte d'entrée de jeu la marque du niveau de fonctionnement qui est le sien. Le contact avec ces sujets est généralement très facile ; la mentalisation est de très haut niveau ; il en va d'ailleurs ainsi la maîtrise de la fonction symbolique du langage et des différents types d'expression (usage des métaphores, conception des allégories, etc.). La dimension sexuée des personnes est prise en considération et l'angoisse de castration se manifeste dans le prolongement de l'expression du désir œdipien ou de ses dérivés. En somme, le matériel produit révèle la présence de la dynamique œdipienne dans pratiquement toutes les manifestations relationnelles évoquées ou mises en jeu. Voici une illustration assez convaincante. Je la tire de la première séance d'une thérapie menée auprès d'Amélie, une fille de dix ans, qui avait été référée à cause de difficultés comportementales et d'une attitude d'opposition à l'autorité. Cette thérapie dura en fait dix séances, s'étendant sur deux mois et demi. L'histoire de cet enfant est assez singulière : les difficultés avaient commencé à apparaître quatre ans plus tôt, dans la première année suivant la séparation des parents. L'enfant vivait alors chez sa mère avec ses deux sœurs plus jeunes. On découvrit qu'elle était violentée par la mère. Elle fut donc retirée du milieu familial pour être confiée à un foyer d'accueil. Elle fréquenta alors un milieu scolaire pour enfants difficiles. Assez rapidement toutefois, le père fut en mesure de la reprendre chez lui. Après six mois, il reprit également la garde de ses deux autres filles, ce à quoi réagit vivement Amélie pendant un certain temps (nous élaborâmes l'hypothèse qu'elle percevait celles-ci comme des rivales œdipiennes potentielles). Les rapports avec la mère restèrent plutôt distants, mère et fille se voyant un peu lors des visites de celle-ci aux quinze jours chez sa grand-mère maternelle (la mère recevait les deux filles plus jeunes au même rythme). Les difficultés d'Amélie persistaient ; inquiet et sentant sa fille malheureuse, le père l'amena en consultation. Voici comment les choses se présentèrent dès la première séance :

> « Amélie me suit à la salle de thérapie sans aucun problème, c'est une grande fille souriante et dynamique ; elle n'est pas du tout timide pour cette première rencontre. Dès que nous entrons dans la salle, Amélie me demande si je suis au courant pour sa mère, je lui demande : "De quoi précisément ?". Elle me répond : "Vous savez, le fait qu'elle m'a battue". Je lui réponds que oui, je suis au courant. Elle me dit : "Parce que c'est ça, mes questions : pourquoi est-ce qu'elle a fait ça ?" Je lui

dis : "Nous allons essayer de le découvrir". Je lui propose de visiter la salle et je lui explique en même temps le fonctionnement de la thérapie. Elle me dit qu'elle, elle est habituée à parler comme les grands ; je lui dis alors qu'elle peut parler si elle le désire, mais qu'elle peut aussi jouer si elle veut.

Du coup, elle me propose de jouer à la maman ; elle est elle-même la maman, je suis la gardienne et elle prend un poupon, qui est sa fille. Je viens garder sa fille à la maison le temps qu'elle va travailler à l'extérieur. Au retour, elle m'offre un téléphone qui nous permettra de rester en contact malgré la distance. Je reviens une deuxième fois garder l'enfant qui, cette fois-ci, est malade ; j'ai des médicaments à lui donner. À son retour, elle me demande si j'ai eu assez de médicaments ; je lui dis que oui ; elle m'annonce que Christelle (la fille) a été très malade. Elle me dit qu'elle est souvent malade et puis que c'est des trucs de mère de toujours croire que le bébé est malade. Elle me demande de revenir le lendemain, car c'est vendredi et qu'elle doit sortir voir des amis ; elle affirme que Christelle a de la chance, car je suis sa gardienne préférée. Je lui demande si elle a beaucoup d'amis ; elle me dit qu'elle a un : "en fait, dans la vraie vie, il s'appelle Marc-Antoine, mais pour le jeu, on va l'appeler Zacharie". Je lui demande si c'est le papa de Christelle ; elle me répond que oui, mais qu'elle ne le voit pas souvent. La fois suivante, c'est moi qui lui téléphone, car je veux des renseignements sur le métier de chercheur biologiste, parce que c'est son métier. Donc, Amélie me décrit le métier, élaborant un peu sur la vie des dauphins : elle me montre comment différencier un mâle d'une femelle, suite à quoi elle me raconte un fait qui s'est produit à l'école, fait dans lequel justement elle demandait ce qu'était ce truc qui dépassait, croyant que c'était un poisson ; tout le monde s'est moqué d'elle parce que c'était un pénis (elle est très gênée de me dire le mot). Je lui demande si ce n'est pas trop difficile de s'occuper de son enfant avec son travail : elle me répond que non, car sa fille est très sage ; elle appelle des gardiennes quand elle a besoin et si l'une ou l'autre de celles-ci ne peut venir, elle l'emmène au travail. Suite à cela, elle lui donne à manger. Ensuite, elle m'offre une orange et un jus de fruits.

Par la suite, Amélie va prendre une des peluches qui représente un chevalier ; elle me dit qu'on doit imaginer qu'il est plus grand pour que ce soit Zacharie. En fait, elle part voir Zacharie d'urgence, car il est très malade. À ce moment je lui annonce que la séance doit se terminer cinq minutes plus tard. Elle continue son allégorie : Zacharie est très malade ; il meurt. Alors, elle prend Christelle pour l'enterrement ; le bébé veut toucher le mort, mais elle lui mentionne qu'il ne faut pas faire ça, suite à quoi elle fait semblant de pleurer. Elle revient à côté de moi ; je lui demande si elle est triste ; elle me répond un peu ; elle a pleuré pendant une heure.

Elle arrête le jeu et me demande si j'ai des réponses à ses questions concernant sa maman ; je lui réponds alors que je ne pourrai pas lui expliquer d'emblée pourquoi sa maman l'a battue et je lui demande à mon tour si elle sait pourquoi elle vient ici. Elle me dit que non ; je lui explique que suite aux problèmes avec sa maman, son papa a pensé qu'elle était peut-être triste ; elle acquiesce ; je poursuis en affirmant que je pourrai par contre l'aider à être moins triste et à comprendre la raison de sa tristesse. Cela semble la satisfaire.

Elle se met à ranger en me racontant qu'il faut toujours qu'elle range quand elle déplace quelque chose. Je lui annonce que c'est la fin de la séance. Elle me questionne alors sur la présence d'autres enfants ; elle cherche à savoir si j'en vois beaucoup d'autres, si ce sont des gars ou des filles, s'ils sont plus vieux, etc. ... Je lui demande si cela est important pour elle et en quoi ce peut l'être ; elle me répond que non, mais elle continue à poser des questions à ce sujet comme nous retournons à la salle d'attente ; elle demande notamment si c'est toujours moi qu'elle verra, ce que j'ai évidemment confirmé.

De retour dans la salle d'attente, le papa semble assez anxieux ; il me demande si cela s'est bien passé ; je réponds par l'affirmative alors qu'Amélie acquiesce de la tête ».

La teneur de cette première séance laisse présager la relative aisance avec laquelle va se dénouer le conflit de cet enfant. Amélie, en fait, se sentait coupable de la séparation de ses parents (celle-ci s'étant produite à ses yeux parce qu'elle l'avait désirée) et cette culpabilité était précisément accréditée à ses yeux par l'attitude violente et rejetante de sa mère : « Elle me fait ça parce qu'elle veut se venger ». Toutefois, en même temps, la vie dans la maison du père, où elle assumait le rôle de mère pour ses jeunes sœurs, lui permettait de savourer sa victoire œdipienne ; mais ce retour chez le père l'amenait, hélas, à relancer sa culpabilité qu'une série de passages assez spectaculaires à l'acte (à l'école) avait pour mission d'assouvir. On aura peut-être noté qu'une partie essentielle de ce "matériel" apparaît dès la première séance. En effet, Amélie joue à être la mère d'un enfant dont la thérapeute doit être la gardienne, mais c'est d'un enfant souvent malade dont elle est la mère. Quant au père de l'enfant, elle ne le voit pas assez souvent ; pire encore, il va mourir. Voilà donc le destin auquel elle se sent promise inconsciemment : devenir une veuve, mère d'un enfant dont l'état de santé est préoccupant, qui va peut-être mourir. Et ce destin pressenti ou craint est directement mis en relation avec l'attitude de la mère : « Pour quoi est-ce qu'elle m'a fait ça, ma mère ? », questionnement qui encadre la production dramatique, puisqu'il surgit avant comme après elle.

Le niveau élevé de la mentalisation et de la verbalisation de l'enfant a permis des progrès assez rapides. Amélie a pu exprimer ses conflits et leur trouver un sens. Ceci a eu pour conséquence dans un premier temps de faire apparaître des comportements très impressionnants pour l'entourage, passages à l'acte dont il a été facile de saisir le sens en tenant compte de la dynamique. Puis l'enfant s'est apaisée, devenant plus facile à l'école comme à la maison. À la onzième et dernière séance, elle s'est exprimée en toute spontanéité sur le sens de l'agir de sa mère à son endroit, livrant du même coup une compréhension de cet agir et de ses propres réactions, compréhension correspondant tout à fait à celle que nous, la thérapeute et le superviseur, avions élaborée dès le départ. Au moment de la fermeture du cas, la relation avec la mère restait problématique à cause de l'attitude de refus de celle-ci, mais Amélie était beaucoup plus à même de la supporter. Il me faut ajouter que dans ce cas, l'implication du père et son attitude tout à fait adaptée (à l'endroit de sa fille) ont compensé en bonne partie le défaut de présence de la mère.

2. Sur la conduite de la thérapie des sujets qui sont d'emblée à fonctionnement phallique

Des cas qui se présentent d'emblée avec un mode de fonctionnement œdipien, passons à ceux qui nous arrivent avec un mode de fonctionnement phallique. Il n'est sans doute pas inopportun de donner tout d'abord quelques précisions sur la dynamique psychique de ces cas. Il importe de dire d'entrée de jeu que ces sujets font partie de la catégorie dynamique des cas anaclitiques (ou limites, chez les sujets plus vieux) ; ils constituent en fait une sous-catégorie de ces cas. En effet, chez eux comme chez ces derniers, la relation à l'autre en est une de dépendance, d'appui, l'anxiété prédominante demeure l'anxiété de perte d'objet, la peur d'être abandonné, et l'instance régulatrice de la conduite n'est toujours pas le surmoi, comme c'est les cas des œdipiens, mais bien plutôt l'idéal du moi, une caractéristique vraiment anaclitique ; enfin, et pour faire bref, le statut de l'objet est toujours chez les sujets phalliques de niveau nettement précœdipien : cet objet n'est pas sexué, ni "totalement objectal" ; comme chez les autres sujets à fonctionnement anaclitique, il reste pour l'essentiel ce que Kohut (1991/1984) a bien décrit sous la notion de *self-object* (objet du soi), c'est-à-dire une entité qui a pour mission essentielle de remplir les besoins du soi, au détriment (ou même au déni) de ses besoins et désirs propres (à l'objet).

Cela étant, les sujets phalliques ont néanmoins des caractéristiques propres qui justifient qu'on les considère comme une sous-catégorie des sujets à mode de fonctionnement anaclitique et, aussi, qu'on les voit comme occupant une position développementale située pas très loin de la zone œdipienne. D'abord, leur revendication affective est moins vive ; en tout cas, elle n'a pas la même teneur que chez les anaclitiques de moindre niveau : ces sujets ne revendiquent pas vraiment la position d'un tout-petit par rapport à une maman qui leur serait exclusivement consacrée ; la rivalité anaclitique à l'endroit d'un plus jeune est certainement moins évidente, si toutefois elle existe. Ces sujets ont un narcissisme défaillant, mal assuré, vacillant, qu'ils cherchent constamment à conforter, à renflouer par des victoires sur l'autre, sur celui en fait qui se trouve à disposition, préférablement sur un plus grand. Le rapport avec eux tourne très rapidement à la compétition. La dimension sexuée des personnes (ou des personnages mis en scène) n'est pas prise en considération ; les catégories gars-fille, homme-femme sont tout à fait secondaires, tout au plus ; elles sont supplantées par les catégories fort-faible, bon-"poche" ou nul, vainqueur-perdant, etc. Les sujets phalliques ont un assez bon niveau de mentalisation (même si celui-ci est généralement inférieur à celui des sujets œdipiens), mais le jeu doit satisfaire les besoins de reconnaissance narcissique ; ils peuvent hésiter à (ou même refuser de) s'impliquer dans des jeux d'expression (*play*) surtout s'ils ont plus de sept ou huit ans, parce qu'ils considèrent que « c'est pour les plus petits ». Comme on peut le deviner, ils ne refusent que rarement de s'engager dans un jeu de compétition ("game"). Il importe que veiller à ce que la thérapie ne se cantonne pas dans ce type de jeu, sa progression pouvant en être empêchée.

On peut se demander quelles sont les conditions psychogénétiques qui sont à la source de la fixation du développement à ce niveau. De façon générale, les parents n'ont pas été en mesure de reconnaître narcissiquement leur enfant, n'étant pas disponibles pour cette tâche ou étant aux prises eux-mêmes avec un narcissisme mal assuré ou incomplètement satisfait. Ils n'ont pas été en mesure d'aider leur enfant à développer la conviction qu'il allait devenir un grand et qu'il allait être doté éventuellement de la puissance et de l'efficacité des grands. En lieu et place de cette conviction, s'est installé chez l'enfant un doute maladif, un doute aux effets pernicieux et généralisés à l'ensemble des sphères d'activité. Les enfants présentant ce mode de fonctionnement luttent en fait avec la peur de toujours être considérés comme des petits, comme des nuls, comme des perdants.

Voici une première illustration. Elle concerne Jean-Simon, un garçon de six ans et huit mois au moment de la référence. C'est l'enseignant qui a fait une demande de suivi psychologique devant l'importance des difficultés académiques, sociales et affectives de l'enfant. Au niveau scolaire, Jean-Simon est en situation d'échec en mathématiques et il n'est pas loin de l'être en écriture. Il semble intéressé par les tâches scolaires, mais il est sans ressources. Il ne sait pas comment organiser et appliquer ses connaissances. Il a un bon potentiel, mais il ne l'exploite pas. En classe, il ne participe pas ; il présente un problème d'attention ; il est renfermé et effacé au point de passer inaperçu. L'enseignant avoue qu'il est facile d'oublier cet élève qui ne dérange jamais. Jean-Simon est un enfant dépendant, pas du tout autonome, qui attend qu'on fasse les choses pour lui et qui ne prend aucune initiative. C'est cette impression de ne pas exister qu'il donne, cette passivité et cette dépendance qui inquiètent le plus l'enseignant. Au niveau social, Jean-Simon joue souvent à la victime et il ne va pas vers les autres. Il s'affilie plutôt à un *leader* et, dès lors, il le suit partout. Si l'autre enfant prend l'initiative des contacts, alors il arrive à se faire de nouveaux amis.

Le développement de l'enfant semble avoir été banal, sauf au niveau du langage : Jean-Simon n'a véritablement commencé parler qu'à deux ans et demi, au moment où ont cessé les otites répétitives et les opérations correctives.

Le père mentionne qu'à la maternelle, son garçon ne faisait rien de lui-même et qu'en plus, il détestait se faire reprendre, problème qui s'est maintenant résorbé. Actuellement, Jean-Simon dit aimer l'école même si ses résultats ne sont pas à la hauteur de ce qu'il peut donner. Selon le père, la gêne de son fils occupe toute la place, ce qui l'empêche de se concentrer sur autre chose. Pour illustrer à quel point son fils est gêné, monsieur rapporte que lorsqu'il apprend une chanson à l'école, il n'est pas capable de la chanter devant son parent à la maison ; il s'enferme plutôt dans la salle de bain et il la chante assez fort pour qu'on l'entende à distance. Il dit en outre qu'il a peur de l'autorité : si lui-même monte un peu le ton, Jean-Simon se met à pleurer.

Jean-Simon vit avec ses deux parents et une sœur aînée, âgée de huit ans. Celle-ci est en troisième année et va à la même école que son frère. Le père avoue que sa fille a beaucoup de caractère et qu'elle se montre très dominatrice avec son cadet. Généralement, celui-ci se laisse faire, mais il arrive que l'attitude de sa sœur ne fasse pas son affaire. Le père nous informe qu'il y plus de moments conflictuels que de bons moments au sein de la fratrie.

À la maison, Jean-Simon est patient, calme et renfermé. Le père est étonné que qu'il soit si calme. Le garçon commence tout de même à s'affirmer un peu plus, ce dont monsieur se dit fier. Il aide beaucoup dans la maison, puis il fait sa petite affaire. Il se couche le soir de lui-même. Il dort toute la nuit et ne rapporte jamais de cauchemar au réveil. Le père ajoute que son garçon a une excellente mémoire et qu'il parle d'événements dont monsieur ne se souvient pas ou peine à se souvenir. Jean-Simon a peur des hauteurs ; il n'est pas du genre casse-cou ni un aventurier qui prend des risques ; tout le contraire en fait. Le père avoue l'avoir sans doute surprotégé. Le passe-temps de prédilection de l'enfant est le dessin, activité à laquelle il peut s'adonner pendant de longues heures.

Monsieur se décrit comme un père doux et comme ayant beaucoup de mal à refuser quoi que ce soit. Jean-Simon a de ce fait de la difficulté à se faire dire non et, étant donné que la mère est plus ferme, les enfants sont portés à soumettre leurs demandes au père. Le père est très conscient que lui et son épouse ont trop souvent fait les choses à la place de leur fils et, bien qu'il s'efforce maintenant de le laisser se débrouiller, il avoue qu'ils cèdent encore très souvent à ses demandes d'aide.

Le père nous confie qu'il a eu un passé difficile et qu'il désire donner à ses enfants tout ce qu'il n'a pas eu. Avant la naissance du garçon, il a eu un problème de toxicomanie ; la situation familiale était alors plutôt conflictuelle. Pendant les deux premières années de vie de son aînée, la mère ne s'occupait que très peu d'elle. Monsieur partageait les tâches entourant le bébé avec sa propre mère (celle-ci habite avec son mari à l'étage supérieur du même bloc) ; à un moment donné, il a informé sa conjointe que si elle voulait un autre enfant, elle devait s'impliquer davantage.

Les parents ne s'entendent pas toujours sur les attitudes éducatives à adopter avec leurs enfants, mais jamais ils n'abordent pas ce différend devant eux. Monsieur avoue que, contrairement à son épouse, il a un problème avec les punitions sévères. Il préfère expliquer la situation et envoyer l'enfant réfléchir dans sa chambre.

Avant de passer en revue le matériel des deux premières séances, je me permets quelques commentaires sur les données que je viens de présenter, données qui proviennent de l'anamnèse du cas. Nous pouvons facilement entrevoir comment l'attitude hyper prévenante, voire même surprotectrice des parents, particulièrement celle du père, a fait le lit de la difficulté narcissique de Jean-Simon, comment elle a installé en lui le doute sur sa propre valeur et sur sa capacité de devenir un grand et lancé le besoin d'une reconnaissance phallique réparatrice. Il est facile également de voir que le père était quelque peu handicapé pour faire face à cette phase du développement de son enfant : vivant encore collé à ses propres parents, il s'appuyait quotidiennement sur eux (et particulièrement sur sa mère) pour l'accomplissement de ses tâches parentales. Le passé difficile (l'épisode de consommation de drogues) peut probablement être mis en relation avec les difficultés narcissiques consécutives à son propre déficit développemental. Nous nous sommes rapidement rendus à l'évidence que le père projetait sur son fils l'image de lui-même narcissiquement inadéquat ou même incapable, se contre-identifiant lui-même au parent protecteur, réconfortant, omniprésent qui lui avait fait défaut en temps opportun. En fait, nous nous retrouvions devant un véritable scénario narcissique de la parentalité (Manzano, Palacio Espasa et Zilkha, 1999), avec ses conséquences sur le développement de l'enfant.

Voici comment se déroule la toute première séance de thérapie :

> « Il est petit, il fait moins de bruit qu'une mouche, il a un teint basané et la même coupe de cheveux que son papa ! Je me présente à lui et me confirme qu'il a été informé du début de nos rencontres. Avec un petit sourire, il me fait signe qu'il a été mis au courant ; nous nous rendons à la salle de thérapie.

Ensemble nous faisons le tour du matériel de jeu ; il est très attentif et il me sourit à l'occasion. Je lui explique ce que nous allons faire durant l'heure et j'apprends que ses parents lui ont réellement dit qu'il pouvait me dire tout ce qui lui passe par la tête puisque nos échanges sont confidentiels. Je lui demande à quoi il aimerait jouer ; il me pointe le bac de personnages. Debout et en silence, il prend une dizaine de minutes pour délicatement examiner et choisir les personnages à son goût. De temps en temps, il jette un coup d'œil en ma direction. Je reste attentive et silencieuse. Notant qu'il avait sorti tous les animaux, je lui fais la remarque qu'il semble aimer les animaux. Comme il a répondu affirmativement, j'apprends, grâce à quelques questions complémentaires, que son animal préféré est l'ours parce qu'il est gros et fort (c'est probablement ce qu'il aimerait être lui-même).

Environ vingt-cinq figurines se tiennent debout sur le bureau ; le garçon a cessé toute activité. Je lui demande alors ce qu'il fera avec ces personnages et il me répond qu'il va jouer avec eux. Voyant qu'il reste assis et immobile, je lui demande s'il préfère jouer seul ou s'il désire que je participe au jeu ; il me répond qu'il veut jouer seul. Je me renseigne alors sur l'activité à laquelle je m'adonnerai et il me dit de travailler au bureau derrière lui. Je le questionne sur la nature de mon travail ; il sourit, puis hausse les épaules. Je croise alors les bras et lui lance que je ne peux pas savoir ce que je vais faire s'il ne me le dit pas ! Il me conseille donc de lire ou d'écrire. Avant de m'installer derrière lui, je lui fais remarquer que ma présence semble le gêner et il me fait signe que j'ai raison.

Je fais mine de me mettre au travail tout en gardant un œil sur ses mises en scène. Je l'avise de ne surtout pas se gêner s'il veut parler ou faire des bruits. J'ajoute que je suis disponible si jamais il voulait jouer avec moi ; il me sourit. Étant donné qu'il tourne la tête à l'occasion, je lui fais la remarque qu'il s'assure que je suis attentive à mon travail (non à lui) et il me lance que c'est bien le cas. J'observe qu'il fait des duels avec les personnages. Contrairement aux furieuses batailles dont j'ai été témoin jusqu'à présent (avec les autres enfants en thérapie), les affrontements se font en douceur et dans le silence, à l'exception du bruit de la respiration qui s'intensifie lorsque les combats sont un peu plus intenses. Jean-Simon semble retenir toute son agressivité à l'intérieur de lui (il se retient pour passer inaperçu, pour ne pas déranger, par gêne ?). Parfois, il s'organise pour que je ne puisse voir ce qu'il fait ; je ne peux qu'entendre le bruit des personnages qui luttent. Il s'occupe ainsi pendant une vingtaine de minutes.

Jean-Simon semble perdre intérêt, puis il jette des coups d'œil vers les crayons et les feuilles. Je lui demande alors comment il se porte et il lance que ça va. Après être resté immobile quelques instants, il me dit qu'il aimerait bien dessiner. Il insiste pour ranger les personnages lui-même, puis il me demande une grande feuille afin de dessiner les trois évolutions de Charmender, un pokémon de feu gentil, qu'il aime bien ; il dessine de droite à gauche et ses personnages sont positionnés comme s'ils étaient dans les airs. Il me dit de prendre aussi une grande feuille. Alors je dessine une maison, puisqu'il n'a aucune suggestion de dessin à me faire ; je remarque qu'il sait très bien manier le crayon pour un garçon de son âge. Je lui fais donc la remarque que le dessin semble être une activité qu'il aime bien et il me répond que oui ; il est bon, dit-il, parce qu'il a un cahier qui lui montre comment faire des pokémons et qu'il se pratique beaucoup. Je souligne que la pratique est une excellente façon de devenir bon et il tout à fait d'accord.

La séance tire à sa fin ; je lui demande s'il aimerait avoir d'autre matériel de jeu pour les prochaines semaines et il me lance, en riant (il est manifestement conscient que la demande n'est pas raisonnable !), qu'il aimerait bien pouvoir compter sur un nintendo puisqu'il n'a qu'un PlayStation à la maison. Il m'informe qu'il ne peut pas jouer avec celui-ci durant la semaine ; je lui demande ce qu'il pense de cette règle et il me dit que ça ne lui fait rien. J'essaie de savoir s'il lui arrive d'être triste ou choqué à cause de ce contrôle parental et il me donne la même réponse. Je lui lance alors qu'il ne me donne pas l'impression de se choquer très souvent et il me répond d'un ton sec que sa sœur n'a aucun problème avec cela, elle ! Je lui demande ce qu'il pense du fait que sa sœur se choque souvent ; il me lance qu'il trouve ça "plate" (il a monté le ton pour la première fois ; sa sœur aînée doit réellement le fatiguer pour qu'il réponde ainsi !). Il n'élabore pas davantage à ce sujet.

Je lui annonce qu'il ne reste que cinq minutes et, quelque peu déçu, il me dit qu'il voudrait faire quatre dessins et qu'il aimerait rester. Je lui propose alors de poursuivre l'activité la semaine prochaine et il semble satisfait de ma proposition. Il termine la ligne de gazon de sa production, puis nous retournons en classe.

Lorsque j'arrive au local de première année, les enfants s'habillent dans le corridor. Évidemment, ils se renseignent sur la raison de ma présence, puis l'un d'entre eux me chuchote à l'oreille : "De toute façon, i'est gai". Malgré mes questions, je n'arrive pas à savoir de qui il parle, mais je présume que c'est de Jean-Simon ».

Je ne peux m'empêcher de souligner la délicatesse de la thérapeute dans son approche de cet enfant : pas de précipitation, tout juste assez de "distance" entre l'enfant et elle-même tout au long de la séance, dans le genre « je ne m'impose pas à toi, mais si tu veux davantage de moi, je suis à ta disposition » ; pas d'attitude de protection, ni non plus d'indifférence.

Mais revenons au cas de Jean-Simon. Le phallisme est bien présent dans cette première séance. La préférence pour l'ours, un animal "gros et fort" en dit long sur le soi idéalement "compensé". Ensuite, les affrontements entre un fort et un faible vraisemblablement, entre un vainqueur et un perdant sont dans la lignée de ce qu'un sujet en mode phallique produit de manière typique. On notera aussi l'attrait qu'exerce sur Jean-Simon le personnage pokémon Charmender, qui est certainement un support identitaire à visée phallique compensatoire. L'enfant apprécie beaucoup les jeux vidéo parce que ceux-ci lui permettent d'entretenir sans l'aide de personne son besoin de compétition et de maintenir sa tentative de compenser le phallisme défaillant. Enfin, l'habitude de se comparer à la sœur surgit au moment où la thérapeute lui fait la remarque qu'il ne donne pas l'impression de se choquer très souvent. Cette habitude est également typique des sujets à fonctionnement phallique.

Et maintenant, voyons comment les choses se présentent à la deuxième séance :

> Très content de venir avec moi, Jean-Simon semble plein d'énergie aujourd'hui. Il n'est pas resté un Jean-Simon gêné bien longtemps ! Contrairement aux apparences, il a beaucoup de choses à raconter et je crois qu'il a déjà intégré qu'il pouvait s'exprimer en toute liberté en ma présence.
>
> Dès qu'il met le pied dans le local, il m'invite à dessiner avec lui. Il m'annonce qu'il fera encore des pokémons et, malgré mes questions, il n'a rien à me suggérer pour une éventuelle production. Il reste d'abord quelque peu silencieux, puis il me parle à l'occasion. Un peu partout sur sa feuille, il dessine six pokémons gentils, deux de feu et quatre de roche, qui s'amusent ensemble. Il trouve ses personnages moins bien réussis que la dernière fois et il m'annonce qu'il apportera sa feuille pour me montrer comment ils sont beaux lorsqu'ils seront bien dessinés. Alors qu'il fait une statue, il me lance qu'il n'est pas très bon pour faire des statues, mais qu'il veut tout de même en faire une. Il trouve celle-ci drôle, mais il ne sait pas pourquoi. Il me parle ensuite de la

"bolée" de sa classe qui porte des lunettes et qui excelle en arts plastiques. Je n'arrive pas à savoir pourquoi il me parle d'elle (j'ai l'impression qu'il est très préoccupé par la comparaison de lui-même avec elle et par l'évaluation de son propre niveau de performance).

Je lui fais la remarque qu'il semble en forme ; il me répond par un gros "oui ! » Il enchaîne en discutant du carnaval et du fait qu'il fera peut-être du patin avec les autres élèves à l'école. Il m'informe que, contrairement à certains élèves, il est capable de patiner puisque c'est une activité qu'il pratique parfois avec son père. Il m'annonce qu'il désire terminer son dessin la semaine prochaine puisqu'il veut faire de la pâte à modeler. Il trouve ma pâte étrange étant donné qu'elle est de couleur brune et il me lance que c'est sûrement à cause du fait que quelqu'un a mélangé les couleurs. Il dit adorer jouer avec la pâte à modeler, mais qu'il n'en a pas à la maison. Il me montre comment faire un oiseau, comme il l'a appris dans son cours d'arts plastiques. Il a beaucoup d'entrain et n'arrête pas ni de parler ni de rire. Nous avons réellement du plaisir et je sens déjà qu'il aime venir à nos rencontres. Une idée n'attend pas l'autre. Il fait ensuite un champignon sur lequel il pose son oiseau pour un petit repos. Il en fait un autre pour appuyer les pattes de l'oiseau qui se retrouve couché sur le dos devant un téléviseur qu'il a par la suite confectionné. S'il était l'oiseau, il regarderait *Télétoon* et aussi le *Loup-garou au campus*, émission qui le fait bien rire. Il ajoute, en riant, que sa grand-mère a peur de l'émission *Chair de poule*.

Il fait ensuite une toilette pour son oiseau puis, trouvant l'idée amusante, il en construit cinq autres de différentes grosseurs pour les petites, moyennes et grosses "envies". Jean-Simon s'amuse énormément. Il fait faire pipi et caca à son oiseau ; il change de toilette à chaque besoin. Tout à coup, l'oiseau se cogne et en perd la tête, ce qui fait bien rire le garçon, qui tente de refaire son animal. Il change d'idée et décide de faire un serpent, qui devient finalement un ver de terre. Il coupe ensuite toutes les toilettes afin de n'en faire une géante, qui se fait manger par le ver de terre. Ce dernier mange aussi ses propres besoins avec beaucoup d'appétit. La toilette se transforme en monstre toilette avec une grande bouche et deux yeux (à l'allure d'un *pacman*) et, jusqu'à la fin de la séance, un duel entre le ver et le monstre toilette est mis en scène.

La toilette mange le ver de terre, mais ce dernier se faufile puis réussit à lui perforer un œil. Après avoir dévoré un bout de toilette, le ver de terre fait caca sur la toilette et se fait à nouveau dévorer par celle-ci. Il s'en sort à nouveau pour transpercer le deuxième œil du monstre qui se retrouve en train de cuire dans une grosse poêle. Le ver tente de manger des bouts de toilette cuite, mais, ce faisant, il se brûle et perd des morceaux de son corps parce qu'il se trouve à fondre en touchant à la toilette. Mutilé, il se retrouve à son tour en train de frire dans une casserole. La toilette tente de manger un morceau du ver, mais elle aussi se brûle, puis elle fond. Finalement, les deux, toilette et ver, se retrouvent écrasés dans la même casserole ; le garçon les écrase avec plaisir et entrain ; puis, il fait des trous dans la pâte à l'aide du marteau de plastique. La cloche se fait entendre et il me lance : "Ah non ! Je ne veux pas m'en aller". Il chuchote alors : "Je pense que je vais revenir ici en cachette plus tard et personne ne va me voir ! » Il m'aide à ranger en vitesse avant de repartir pour sa classe. En chemin, il me montre sa boîte à lunch ainsi que celle de sa sœur. Il dépose celle-ci dans le gymnase, me confie qu'il mange à l'école, puis court vers son local. Je m'assure qu'il retourne bien en classe et alors qu'il s'aperçoit que je retourne en bas, il me lance un beau « salut !" ».

La teneur phallique des productions et comportements de Jean-Simon se maintient et même s'accentue dans cette deuxième séance. L'enfant choisit d'abord de dessiner des pokémons, une activité dans laquelle il excelle ; on peut en déduire qu'il désire apparaître comme habile et efficace aux yeux de sa thérapeute. Il fait ensuite référence à la "bolée" de sa classe, ce qui laisse voir, la thérapeute le note avec justesse, sa préoccupation pour sa propre performance en comparaison de celle du meilleur élève. Suit ensuite la référence à l'éventuelle activité de patinage, référence qui lui fournit l'occasion de dire que lui, contrairement à d'autres, sait aller en patins. S'intéressant ensuite à la pâte à modeler, Jean-Simon émet le commentaire que quelqu'un d'autre a mélangé les couleurs, ce que lui-même ne fait pas, comme c'est préférable à ses yeux. Il montre ensuite à la thérapeute à faire un oiseau, prétendant, ce faisant, à la position d'un grand. Il confectionne ensuite un oiseau, puis deux champignons, ce qui lui permet d'exhiber ses habiletés et son efficacité. Il crée ensuite une, puis quatre autres toilettes pour différentes grosseurs de besoins, ce qui trahit sa préoccupation pour les différentes grandeurs et pour les comparaisons (de lui-même avec les autres). L'oiseau, support identitaire initial, devient serpent puis ver de terre. Le rival phallique (le grand asexué) apparaît sous la forme d'une toilette géante, qui devient rapidement un monstre. Un duel endiablé s'ensuit entre le ver de terre (soi phallique) et le monstre-toilette-géante (adversaire sur lequel le garçon ferait certainement ses besoins avec grande délectation !) ; la fin de la séance arrive sans qu'un véritable gagnant ne puisse se dégager.

Comment, partant de ce point de son développement, Jean-Simon va-t-il évoluer ? Dès la cinquième semaine, l'enseignant souligne une amélioration très marquée de sa performance scolaire. À la sixième séance (une semaine plus tard), les premières manifestations œdipiennes vont apparaître. L'œdipe va s'établir en force à compter de la septième séance. La thérapie sera maintenue jusqu'à la douzième séance ; il y aura alors fermeture du cas, les objectifs de l'intervention ayant été atteints. Je cite ici quelques lignes du rapport que fait la thérapeute de sa rencontre finale avec les parents :

> « Enchantés par les changements radicaux chez leur garçon, les parents m'avouent ne plus le reconnaître tellement il est maintenant plein de vie. Il est resté le garçon calme, responsable et sensible qu'il était, mais, depuis février, il parle, il s'affirme, il fait de l'humour, il se montre plein d'imagination, il s'intéresse à toutes sortes d'activités que personne n'aurait pensé qu'il aimerait (il joue au golf depuis un certain temps !), ses résultats scolaires ont monté en flèche, il aime l'école, il se fait des amis, il participe bien à la vie de groupe et il se montre très altruiste. Le père raconte que son garçon a été mis en punition à l'école pour la première fois de sa vie et qu'il est très fier de cela (sans le lui dire) étant donné que cela prouve qu'il prend sa place maintenant. […]
>
> Je ramène doucement la discussion sur Jean-Simon en leur expliquant la problématique de l'œdipe. Suite à mes explications, les parents prennent conscience de l'apparition récente de certains comportements de compétition à l'endroit du père et de séduction à l'endroit de la mère ; Jean-Simon s'intéresse de plus en plus aux filles et il dit les aimer *sexy* ! Je sens les parents à la fois amusés et préoccupés par les nouvelles conduites de leur fils ; je les rassure en leur disant que cette période est tout à fait saine ; je leur mentionne les attitudes clés à adopter en tant que parents. […]
>
> Avant de partir, je m'assure qu'ils continuent à donner du temps et de l'attention à leur garçon même si les choses vont maintenant bien. Sur ces mots, les parents m'informent qu'ils sont tellement fiers de lui et qu'ils lui expriment régulièrement leur amour pour lui. Dans le corridor, je leur montre que Jean-Simon apparaît au tableau d'honneur puisqu'il joue avec les autres sans se chicaner ; ils n'en reviennent pas. Ils me remercient et me saluent très cordialement ».

Les difficultés de Jean-Simon ont pu être levées grâce à un changement d'attitude de la part des parents en même temps que l'enfant investissait sa thérapeute et était investi par elle. Dans ce cas, il fallait aux parents faire preuve d'un peu de fermeté et laisser Jean-Simon s'assumer davantage dans des secteurs où il avait nettement tendance à adopter une attitude passive.

Les conditions familiales qui bloquent le développement à la période phallique peuvent varier quelque peu d'un cas à l'autre. Le besoin de reconnaissance phallique ne peut être satisfait d'une manière ou d'une autre : parents non attentifs, préoccupés par autre chose, père absent ou au contraire très présent, exagérément bon ou prévenant (comme le père de Jean-Simon) ou, au contraire, extrêmement intolérant face aux velléités de l'enfant d'être reconnu comme "un grand", pour n'évoquer que quelques conditions possibles. L'enfant est enjoint d'une certaine manière de garder une position de "petit" et il finit par se soumettre à ce *diktat*, bien que le désir de grandir reste toujours présent chez lui.

Pour des fins de comparaison, considérons un second cas, celui d'un enfant plus jeune (cinq ans et huit mois en fait au début de l'intervention). William fréquente la maternelle. C'est un enfant très agité, qui a du mal à tenir compte des consignes et qui bouscule les pairs. Au dire de son enseignante, l'enfant manque manifestement de maturité. Du côté familial, signalons que les parents sont séparés depuis les environs du troisième anniversaire de l'enfant. La mère assume depuis lors la garde des deux enfants, une fille de neuf ans étant l'aînée. William et sa sœur voient leur père aux deux semaines ; il semble que celui-ci soit assez peu disponible (il crierait beaucoup) et qu'il se contente de gaver les enfants avec toutes sortes de cadeaux et de gâteries. Je cite le rapport de la deuxième séance :

> « Je suis allée chercher William dans son local. Quand l'enseignante lui a dit que j'étais arrivée, il s'est levé immédiatement et est venu à ma rencontre. Rendu au local, il a tout de suite remarqué que j'avais apporté un nouvel ensemble Playmobil, lequel comportait notamment une mère et un enfant à bicyclette. Il l'a regardé et a remarqué la présence des jouets de la semaine précédente. Il n'est pas resté longtemps à jouer avec les playmobils. Il les a juste regardés pour se rappeler ce qu'il avait fait la séance antérieure. Il est ensuite allé vers les animaux de la jungle. J'avais installé une chaise près de la table et un tabouret. William s'est assis à la place que j'occupais la dernière fois. Il regardait

les animaux l'un après l'autre, sans vraiment jouer avec eux. Tout à coup, il m'a raconté qu'en attendant l'autobus le matin, il était grimpé dans un arbre, qu'il avait même touché la plus haute branche, qu'il aimait davantage jouer à grimper qu'à des jeux sur une table. Il s'est ensuite levé pour aller voir les autres jeux. Il est retourné aux playmobils. Il a pris le père et la nouvelle bicyclette. Il a mis un petit garçon sur le siège tiré par la bicyclette. N'étant pas capable d'ouvrir le siège pour y entrer le garçon, il m'a demandé de le faire. Il n'a pas voulu identifier ces personnages. Il a ensuite fait tourner le manège en mettant la tête du papa pour l'arrêter. Par la suite, il a fait le tour de la salle en regardant les jouets. Il a pris une craie et a fait montre de vouloir dessiner au tableau, mais il n'a pas vraiment dessiné ; il a seulement tracé des lignes. En faisant cela, il s'est souvenu de la fusée (jouet utilisé lors de la première séance). Il l'a prise. Celle-ci est constituée de deux pièces et quand on sépare ces pièces, cela fait un fruit. La séance précédente, avec ma bouche, j'avais simulé ce bruit en l'amplifiant. Il a donc défait la fusée et il a simulé le bruit avec sa bouche, comme je l'avais fait. Il a recommencé plusieurs fois.

William m'a ensuite demandé s'il pouvait aller voir à la fenêtre pour voir si l'école était bien haute. Il a effectivement trouvé que c'était haut. Il a dit qu'il serait capable de sauter du toit. Il a ensuite affirmé qu'il avait déjà sauté en parachute. Je lui ai demandé avec qui il avait fait cela ; il m'a répondu avec son père. Il s'est ensuite assis sur la chaise et il m'a dit qu'il savait à quoi nous allions jouer. Nous devions deviner ce sur quoi l'autre fixait son regard. Nous avons joué à ce jeu pendant un bon moment. Parfois, quand je donnais la réponse trop rapidement, il paraissait changer d'objet pour me compliquer la tâche. Il a soudainement dit qu'il n'avait plus d'objet à regarder de là où il se trouvait. Il s'est alors empressé d'aller s'asseoir dans la grande chaise en cuir en arrière du bureau. Il s'est assis sur le bord du siège et s'est mis les mains sur les bras de la chaise. De cette façon, il paraissait plus grand. Il se tenait le dos très droit. "Vas-y, c'est à toi de me faire deviner", m'a-t-il dit. Je lui ai alors demandé s'il aimait s'asseoir sur cette chaise. Il a répondu que oui. Il m'a ensuite dit qu'il était presque toujours avec son père et qu'il voyait sa mère moins souvent. Je sais très bien qu'il habite avec sa mère et qu'il va chez son père une fin de semaine sur deux. Sans même que je puisse réagir à son affirmation, il a enchaîné : "Vas-y donc, c'est à ton tour de me faire deviner". Nous avons continué de jouer à ce jeu. Il m'a ensuite dit qu'il était censé aller faire du ski bientôt. Il m'a fait deviner quels objets il avait chez lui : « Penses-tu que j'ai des skis chez moi ? » J'ai répondu que c'était possible. Il s'est vite empressé de me dire qu'il n'avait pas de skis, mais une planche à neige. Il m'a dit que c'était ce que son père voulait. J'ai voulu poursuivre sur ce sujet, voyant qu'il parlait fréquemment de son père, mais il a tout de suite changé de jeu. Il n'a pas répondu à mes questions sur son père.

William a ensuite voulu jouer à *Fais-moi rire*. Chacun notre tour, nous devions faire rire l'autre. Il a fait toutes sortes de singeries pour me faire rire. Il reprenait toujours ce qui m'avait fait rire la fois précédente pour recommencer. Il s'est ensuite caché derrière mon dos de manière à échapper à mon regard. Il s'est arrêté de jouer pour me demander quand il allait retourner dans sa classe. Je lui ai dit qu'il restait cinq minutes. Il a continué de vouloir me faire rire. Quand le temps fut écoulé, il s'est arrêté tout de suite. Il a attendu que j'ouvre la porte pour sortir. En me suivant, il est retourné dans sa classe ».

À la manière typique de quelqu'un dont le narcissisme est peu sûr, William profite de toutes les occasions possibles pour en mettre plein la vue à sa thérapeute : le matin même, raconte-t-il, il est grimpé dans un arbre dont il a touché la branche la plus haute ; un peu plus tard, évaluant la hauteur du toit de l'école, il affirme qu'il serait capable de sauter en bas ; il avance ensuite qu'il a déjà sauté en parachute. En plus du récit de ces exploits, l'enfant adopte des attitudes qui trahissent son besoin d'être rassuré narcissiquement et d'être reconnu comme un grand : il s'assoit d'abord sur la chaise que la thérapeute avait occupée la séance précédente ; plus tard, il s'assoira sur le fauteuil derrière le bureau et tâchera de se grandir dans la mesure de ses moyens ; il affichera en outre assez rapidement sa préférence pour les jeux de compétition ("Devine ce que j'ai regardé" et "Fais-moi rire"), jeux grâce auxquels il essaiera de montrer qu'il est aussi bon, sinon meilleur que la thérapeute. Enfin, si le jeu expressif est assez pauvre dans cette deuxième séance, il est tout de même suffisamment substantiel pour faire apparaître une attaque perpétrée sur le "grand" ; on peut présumer qu'il s'agit du père phallique, même si la figure n'a pas été formellement identifiée par l'enfant. Le père est manifestement très présent à l'esprit de l'enfant : c'est avec lui que celui-ci dit avoir déjà sauté en parachute et c'est chez lui qu'il dit habiter. Il y a fort à parier que ce père est essentiellement un être de comparaison, une figure phallique.

Le cas de William est d'un type relativement simple à travailler. Il nous faut dans un premier temps obtenir la collaboration des parents pour que puisse être conforté le narcissisme vacillant de l'enfant. Le père et la mère doivent envoyer à celui-ci le message qu'il est en train de devenir un grand, qu'il va en venir à être doté des attributs (puissance, habileté, efficacité, etc.) qui vont avec ce statut. Ils doivent donc profiter des réussites et des manifestations d'autonomie de l'enfant pour pratiquer cette reconnaissance phallique.

Les choses n'ont été cependant pas été aussi simples tant avec le père qu'avec la mère. C'est en effet la direction de l'école qui avait référé cet enfant en thérapie, les parents ayant donné leur accord du bout des lèvres seulement. Seule la mère a pu être rencontrée, mais à une reprise seulement. Il a tout de même été possible de faire avec elle l'inventaire des interactions qui pouvaient enrayer le développement de l'enfant (elle recevait notamment celui-ci dans son lit chaque nuit) et de lui préciser l'orientation qu'il lui fallait donner à son attitude pour que ce développement puisse se remettre en route. Il est permis de penser que la reconnaissance narcissique a été réalisée de façon au moins minimale puisqu'à compter de la cinquième séance, les manifestations œdipiennes ont commencé à apparaître dans le contenu des séances et qu'elles se sont maintenues jusqu'à la fermeture du dossier après la douzième séance.

3. Sur la conduite de la thérapie des sujets qui sont d'emblée à fonctionnement anaclitique de bas niveau

Nous allons maintenant nous intéresser à des sujets qui ont vu leur développement affectif se figer à un niveau nettement plus bas, sur un point en fait situé en amont de celui des sujets que nous avons désignés jusqu'à maintenant sous l'appellation d'"anaclitiques médians". La désignation de ces sujets à fonctionnement anaclitique (limite) moins évolué ou de bas niveau pose quelque peu problème. Il est d'usage dans la pratique clinique psychanalytique contemporaine d'avoir recours à la dénomination "parapsychotique" pour désigner ce qui me semble être la même catégorie de sujets. Le voisinage de la psychose dans lequel ces sujets sont campés justifie certainement cette dénomination, qui a cependant, qu'on le reconnaisse ou non, une connotation un peu trop sombre et qui ne fait pas, selon moi, une juste place aux possibilités d'évolution positive pourtant bien réelles de ces sujets, surtout s'ils sont préadolescents ou, à plus forte raison, s'ils sont encore plus jeunes. Quoi qu'il en soit, cette appellation est certainement préférable à celle de "prépsychotique", qui est également utilisée pour les mêmes fins et qui, pour sa part, peut évoquer une évolution inéluctable vers la psychose, ce qui est loin d'être le cas, particulièrement quand ces sujets bénéficient d'une intervention thérapeutique éclairée. Je préfère quant à moi l'expression "à fonctionnement anaclitique de bas niveau", expression qui dit très exactement ce qui doit être dit.

Cela étant précisé, venons-en aux principales caractéristiques cliniques de ces sujets. De façon générale, ceux-ci ont une capacité assez faible de mentalisation : les productions ludiques qu'on arrive à tirer d'eux ont une portée plutôt courte. On pourrait dire métaphoriquement qu'ils s'expriment en phrases détachées plutôt que par phrases liées en paragraphes. L'intrusion du processus primaire est fréquente et se traduit par des "dérapages" ou des propos bizarres qui créent chez le thérapeute une impression d'étrangeté. Ces sujets sont en outre très portés sur l'agir et sur les jeux sensorimoteurs, activités qui permettent de contourner les exigences de la mentalisation. Leur discours abonde en expressions visant à satisfaire le besoin de toute-puissance. Il ne faut pas confondre ces productions avec celles découlant du besoin d'être rassuré narcissiquement (manifestations phalliques) qui, elles, ont manifestement une visée de compétition avec un plus grand ou avec un pair perçu comme un adversaire difficile à vaincre. Ces manifestations de toute-puissance sont, me semble-t-il, l'équivalent de défenses maniaques mises au point pour contrer le sentiment d'insécurité (anxiété de perte d'objet), de vulnérabilité, d'impuissance, de vide, etc. L'objet mis en scène dans le jeu ou dans le dessin est le plus souvent hostile et sert de support ou de cible à l'expression de violence. L'environnement évoqué apparaît défavorable, non supportant. Le clivage de l'objet en bon (gratifiant) et en mauvais (frustrant) apparaît fréquemment. On peut également voir des manifestations du clivage du soi (en bon et en mauvais). Ces sujets sont à proprement parler en violence défensive : ils se montrent violents non pour faire mal ou pour s'en prendre à l'autre, mais bien plutôt pour assurer leur survie. En situation d'évaluation projective (par exemple avec le CAT ou le TAT), ils ont une nette tendance à pratiquer une lecture groupale des situations présentées par les planches (par exemple, « Des ours ... Ils tirent ... », etc.), manifestant en cela leur déficit au niveau du processus d'individuation et de personnalisation.

C'est sur ce "terrain" que démarre la thérapie. Les quatre ou cinq premières séances peuvent donner l'impression qu'il ne se passe rien d'essentiel. Pourtant, très souvent, beaucoup de choses surviennent comme à bas bruit ; beaucoup de choses se règlent dans le vécu avec le thérapeute sans nécessairement avoir à être reconnues et pleinement identifiées. L'enfant prend plaisir à s'appuyer sur le thérapeute ; il découvre qu'il peut compter sur lui, que celui-ci survit à ses attaques, qu'il reste bien disposé à son endroit en dépit de la violence qu'il manifeste devant lui ou même à son endroit occasionnellement. Petit à petit, il en vient à adopter la position dépressive, c'est-à-dire à tenir compte du fait que l'"objet" qu'il violente est également l'"objet" qui le gratifie en d'autres temps. Il en vient alors à manifester de la sollicitude pour le thérapeute. Il me semble tout à fait important de rassurer ces sujets sur le sens véritable de la violence qui s'exprime dans leurs jeux (fonction défensive).

Considérons maintenant le cas de Brian qui fonctionne à ce niveau en début de thérapie. Ce garçon est alors âgé de huit ans et sept mois. C'est sa mère qui l'a amené en consultation. Elle dit de lui qu'il ne veut pas obéir, qu'il est difficile à l'école et qu'il ne semble avoir aucun intérêt pour son travail scolaire. L'enfant a connu une histoire infantile vraiment perturbée : la mère raconte que sa conception non désirée a été le fruit d'une aventure avec un copain de longue date, un homme alcoolique et violent, avec lequel elle n'a cohabité que quatre mois après la naissance de l'enfant. À la suite de cette rupture (elle n'aura par la suite aucun rapport avec cet homme), elle reprendra pour deux ans les habitudes de consommation de drogues qu'elle avait mises de côté dès le début de sa grossesse. Elle confiera l'enfant à son oncle et à sa conjointe chaque fois qu'elle partira sur ce qu'elle nomme "une dérape". Alors que l'enfant a trois ans, elle tente de refaire sa vie en emménageant avec un homme qu'elle fréquentait depuis plus de deux ans. Cette cohabitation ne durera cependant que deux mois, cet homme étant lui aussi violent à l'endroit non seulement de la mère, mais aussi de l'enfant. Le développement de celui-ci semble s'être déroulé tant bien que mal ; la marche fut cependant tardive (18 mois) et l'acquisition de la propreté nocturne fut remise en cause pour trois ans au moins après avoir été acquise à trois ans. Le grand-oncle semble avoir joué un rôle affectif important auprès de l'enfant, qui lui est très attaché.

Voici comment les choses se présentent avec Brian lors de sa première rencontre avec son thérapeute (masculin) :

> « Avec son visage fermé, Brian me sembla un peu craintif en début de rencontre. Il fit un tour rapide des lieux et sortit du papier et des crayons-feutre. Il me dessina un martien. En fait, seule la tête du personnage était dessinée. Ses yeux étaient faits verticalement et des hachures bleues et rouges couvraient le blanc des yeux. Le martien était fâché et Brian ne savait pas pourquoi. Il fit une bouche ronde fumant une cigarette. De la fumée sortait de celle-ci et allait vers le bas de la feuille. Le dessin de la cigarette mit un sourire sur les lèvres de Brian. Le martien fumait depuis longtemps. L'enfant dessina ensuite le côté droit du visage de couleur bleu et le côté gauche, de couleur rouge. Il rajouta des cheveux ici et là sur la tête. Je pus savoir que c'était un martien pouvant voler sans aile, qui se promenait dans l'univers et qui était un défenseur des planètes. Ses opposants étaient d'autres martiens plus petits. Ce martien était le plus gros et le plus fort. Il avait dix millions d'années et tous les autres martiens aussi. Ils étaient tous nés en même temps, le 25 décembre, à Noël, comme Jésus. C'est d'ailleurs eux qui inventèrent cette fête. Brian me précisa qu'il inventait, qu'il savait que ce n'était pas vrai. Il me dit ensuite que les amis de son martien étaient ailleurs dans l'univers. Il ajouta des brillants aux quatre coins de la feuille pour représenter les étoiles de l'univers.
>
> Brian alla ensuite au tableau pour me dessiner un autre martien. Il n'y avait que la tête encore une fois. La forme de celle-ci était celle d'une goutte d'eau à l'envers. Ce martien avait un gros œil avec des nervures dans le blanc. C'était l'œil méchant. L'autre œil était plus petit, mais il était gentil. Brian dessina une bouche avec des dents carrées ; il n'y avait aucun espace entre celles-ci. L'enfant poursuivit en faisant au martien des cheveux en pics et en lui dessinant de grosses oreilles. Comme il disait ne plus savoir quoi dessiner, je lui proposai de dessiner un arbre. Il acquiesça et fit d'abord un tronc seulement ; puis, il ajouta des feuilles. Il fit deux trous pour des écureuils dans le tronc, l'un en haut du tronc et l'autre en bas. Il fit des lignes verticales sur le tronc. Il dessina ensuite deux branches dont l'une supportait un nid d'oiseau. L'oiseau fut dessiné par la suite. Il effaça aussitôt son dessin pour me dire qu'il allait écrire le mot le plus long au monde, soit "anticonstitutionnellement". Le mot "antitucontibululement" fut écrit à la place, mais je ne dis rien. J'essayai tout de même de répéter le mot. Devant ma difficulté, Brian se mit à rire. Il semblait dès lors beaucoup plus

> détendu. Il encercla ensuite le mot "antitucontibululement" et il m'expliqua qu'à l'école, le professeur encerclait le nom des élèves qui étaient tannants.
>
> Nous avons terminé la rencontre en jouant à l'épée. Il était Clâde (un personnage de dessin animé, je crois) et j'étais Jos. Trois duels nous opposèrent et chaque fois, il était le plus fort. Par son épée, je périssais. Tout au long des combats, il mentionnait souvent : "Je suis le plus fort !" Il semblait réellement avoir du plaisir. Je mentionne ce détail, car lorsque nous sommes allés dans la salle d'attente rejoindre sa mère quelques minutes plus tard, son visage était redevenu fermé ».

Il me semble que Brian fait apparaître son soi en grand besoin d'être investi sous la figure de ce martien fâché (il ne sait pourquoi), son soi doté de toute-puissance, qui vole sans aile dans l'univers à la défense des planètes. Je vois les martiens, jumeaux adversaires de ce premier martien, comme une manière de compléter cette première élaboration : sans doute une façon de représenter le conflit vécu intérieurement entre un soi vécu comme bon (victime ou défenseur) et un soi vécu comme mauvais (ou violent). Dans la seconde séquence, il y a de nouveau représentation du soi clivé en bon et mauvais, mais intégré cette fois en une seule figure. La représentation de l'arbre va selon moi dans le même sens : soi blessé (trous dans le tronc), mais prêt à protéger (branche supportant un nid d'oiseau). La séance s'achève sur des manifestations de toute-puissance : désir d'écrire le plus long mot du monde et d'anéantir l'autre (Jos) sous le personnage de Clâde (c'est moi ou c'est l'autre ; pas de place pour les deux...). Le matériel dégage une impression d'étrangeté. Cette impression s'accentue avec ce qui est produit au cours de la deuxième séance, dont voici le récit :

> « Quand j'allai chercher Brian dans la salle d'attente, il était avec sa mère et son grand-oncle. Nous allâmes dans notre local et il alla au tableau me dessiner une portée musicale. Il tenta à plusieurs reprises de me faire une clé de sol et il me fit ensuite deviner différentes notes. C'était en quelque sorte une prise de contact.
>
> Constatant son indécision, je lui proposai de dessiner. Il voulut finalement aller dans le local de psychomotricité pour que nous puissions jouer avec les épées. Nous nous entendîmes pour qu'il dessine en premier lieu, pour ensuite aller jouer aux épées. Je lui demandai de me dessiner une maison. Il voulait que j'en fasse une, moi aussi, à ma façon. Avec un crayon noir, il dessina une maison avec dix fenêtres dans

le toit. Au rez-de-chaussée, il fit deux portes collées l'une à l'autre et deux immenses fenêtres. Il n'y avait pas de cheminée.

De mon côté, je dessinai une maison sur le toit de laquelle je fis deux fenêtres (dans le même sens que sa production) ; j'ajoutai une porte et une fenêtre au rez-de-chaussée. La couleur qu'il voulait que je prenne était le noir. Par la suite, il me donna le crayon rouge pour que je colorie le toit. Il rajouta une cheminée avec de la fumée, une fenêtre sur le toit et une autre au rez-de-chaussée. Il fallait ensuite dessiner des briques sur la maison. Tout en dessinant, il me dit qu'il fallait faire des briques croches parce que c'était la maison d'une sorcière, d'un monstre. Je demandai : "Il est là depuis combien de temps ? - Depuis 1000 ans. - Qu'est-ce qu'il fait ? - Si i' y en a qui viennent cogner, ben, il les mange. .. I' a toujours faim. - Il mange tout le monde ? - Ceux qu'il préfère le moins, c'est les grandes personnes... J'veux dire les vieilles personnes parce qu'elles ont la peau toute ratatinée. - Pourquoi les jeunes viennent-ils frapper à la porte ? - Parce que la maison est belle.... Y a des enfants qui viennent parce qu'ils pensent que c'est une maison abandonnée. - Est-ce qu'il sort des fois ? – Juste la nuit, puis i' mange des ours tout cru. - Aimerais-tu le rencontrer ? - Oui, j'prendrais une scie mécanique pis je l'scierais en deux. - Est-ce qu'il mourrait ? - Peut-être pas, mais j'prendrais un rouleau compresseur, pis je l'écraserais". Il ria de bon cœur en donnant sa réponse.

Je lui demandai alors de me dessiner une famille. Il commença et me dit : "Ça, c'est toi". Il me fit sept doigts à une main et six à l'autre. Il corrigea son erreur par la suite. Il me fit trois jambes et des pieds. J'avais des lacets sur mes souliers. Ce bonhomme n'avait pas de cou. Je ne pus avoir d'informations sur le dessin, car il voulait produire autre chose. Je lui suggérai de dessiner une famille en action. Il regarda le mur et paraissait mal à l'aise : "J'peux-ti faire autre chose ?", demanda-t-il. Je demandai : "Que veux-tu faire ? - Un dinosaure". Son dinosaure avait des dents pointues et des épines sur le dos. Il mangeait un autre dinosaure plus petit. Le gros mangeait parce qu'il avait faim. Le petit avait très peur.

Nous sommes ensuite allés au local de psychomotricité. Nous y avons joué aux épées. Il était toujours Clâde et moi, Jos. Il était très enjoué et riait beaucoup. Nous étions ennemis. Le combat fut relativement égal, mais à la fin ce fut Clâde qui transperça de son épée le corps de Jos. Son épée était immense et pouvait couper absolument tout. Nous avons ensuite joué à faire semblant d'être un robot. Nous frappions un gros ballon. Entre nous deux, des gens se faisaient écraser. Le ballon était en fait un immense rouleau compresseur. Brian s'est ensuite mis par terre et je devais lui envoyer le ballon au niveau des jambes. Il frappait ensuite le ballon avec ses pieds. Il était Dieu qui frappait la terre, Dieu qui se mettait en forme. Ce fut ainsi que la séance se termina.

Avant de quitter, Brian réclama son dessin du martien. Il le donna ensuite à sa mère. Celle-ci réagit avec un semblant de plaisir. Elle me dit en aparté que Brian avait hâte de me revoir. Elle trouvait cela encourageant puisqu'il avait fallu cinq ou six séances pour qu'il accepte vraiment d'aller en thérapie l'an dernier.

Commentaire du psychothérapeute : ce fut une séance qui me demanda beaucoup d'énergie. Lorsqu'il jouait à être Dieu qui frappait la terre, j'avais l'impression de jouer avec un enfant de dix ou onze mois qui pouvait parler. La relation avec la mère n'est manifestement pas très bonne ».

La première véritable production de Brian nous met en présence d'une maison avec dix fenêtres dans le toit, deux portes et deux immenses fenêtres au rez-de-chaussée. Le moins qu'on puisse dire, c'est qu'il s'agit d'une construction tout à fait singulière qui trahit chez l'enfant un manque de réalisme et un défaut d'intégration. Tenant compte du lien existant entre le symbole de la maison et la personne de la mère, on serait en droit de penser qu'il y a là expression d'une réalité maternelle assez singulière ou d'un rapport assez particulier à cette réalité. Cette hypothèse est étayée par ce qui survient ensuite : de la maison du thérapeute, Brian fera en effet une maison de sorcière, la maison du monstre qui mange tout le monde, préférablement les petits et les ours tout cru. Il est tentant de voir en cela la figuration du monstre maternel. L'enfant émet le désir d'attaquer ce monstre et de l'écraser. Invité à dessiner une famille, à la manière des enfants en très grande revendication affective, il se limita à dessiner son thérapeute, objet dont il espère l'investissement, et le résultat apparut aussi singulier que la maison préalablement dessinée. L'enfant revint ensuite avec une autre figuration du monstre maternel dinosaure à dents pointues et à dos doté d'épines, créature qui mange un dinosaure plus petit[40]. La séance se termine sur des manifestations de toute-puissance : Brian est à nouveau Clâde qui se débarrasse de Jos grâce à une épée immense "qui coupe absolument tout". Lui et son thérapeute

---

[40] Il est également possible d'y voir une représentation des deux conjoints violents de la mère. Mais, selon moi, ces figurations ne pourraient être que secondaires et ne viendraient qu'étayer la représentation du monstre maternel, de la mère inadéquate des premières années.

deviennent ensuite deux robots frappant un ballon et écrasant de ce fait des gens qui s'interposaient ; puis, finalement et surtout, s'étant couché sur le sol et frappant le ballon de ses pieds, il devient Dieu qui frappait la terre. En termes de toute-puissance, il est difficile de trouver manifestation plus éloquente !

Comment Brian va-t-il évoluer en partant de ce point ? Je ne peux, faute d'espace, entrer ici dans le détail de chacune des 21 séances qui ont été réalisées jusqu'ici avec cet enfant. Je vais me limiter à survoler le contenu de la thérapie en transcrivant l'essentiel des commentaires donnés en supervision.
- Troisième séance : expression de la toute-puissance, recherche de la mère anaclitique bienveillante (pour être bercé et protégé).
- Quatrième séance : expression de la toute-puissance (il vit sur une très haute montagne avec Dieu ; il était là avant Dieu !) ; expression de la violence défensive et manifestation du faux-*self* protecteur ; dénonciation de la mère méchante.
- Cinquième séance après une interruption de cinq semaines, due notamment à la période des Fêtes : évocation d'un environnement hostile ; manifestations de toute-puissance ; prise d'appui sur le thérapeute : le sujet prend confiance dans le thérapeute, celui-ci devenant le bon objet qui ne fait pas défaut et sur lequel le soi peut s'appuyer ; les productions sont moins morbides et moins bizarres.
- Sixième séance : les jeux d'affrontement avec le thérapeute deviennent plus égalitaires et souvent du style alliance contre un ennemi commun, contre un envahisseur potentiel ; expression de la violence défensive.
- Septième et huitième séances : expression de la toute-puissance ; alliance avec thérapeute contre l'ennemi et utilisation du thérapeute comme un bon objet.
- Neuvième séance : manifestation de toute-puissance ; Brian confie qu'il rêve souvent la nuit qu'un monstre l'attaque et le tue.
- Dixième séance : s'atténue la dimension d'hostilité et de méchanceté de l'adversaire ; les manifestations de toute-puissance se raréfient ; le phallisme paraît s'implanter.
- Onzième, douzième, treizième et quatorzième séances : les manifestations phalliques deviennent nettement plus fréquentes et en viennent à dominer le matériel des rencontres.
- Quinzième séance : apparitions des premières manifestations œdipiennes ; prise en compte de la dimension sexuée des personnages mis en scène.

- De la seizième à la vingt et unième séance : maintien du fonctionnement œdipien ; la rivalité avec le thérapeute n'est plus tant phallique qu'œdipienne ; amélioration de la mentalisation ; attitude générale de Brian dans laquelle transpire le bonheur d'être ce qu'il est.

L'évolution de Brian nous apparaît comme quelque peu inespérée, d'autant plus que dans son cas nous devions composer avec une mère aux prises avec des problèmes importants, une mère qui profitait de la moindre occasion pour interrompre la thérapie ou pour vouloir y mettre fin. J'émettrai l'hypothèse que le processus thérapeutique a pris le relais du mouvement réparateur instauré par l'oncle, mouvement qui a vraisemblablement protégé cet enfant contre la psychose.

Conclusion

Toutes les thérapies d'enfant qui se déroulent de belle façon aboutissent à un même point d'arrivée, qui correspond à l'accès à l'œdipe, au raffermissement du fonctionnement névrotique (œdipien) ou à la neutralisation d'une décompensation névrotique, donc au rétablissement d'un fonctionnement névrotique ou œdipien en équilibre. Toutes les thérapies n'ont toutefois pas besoin de démarrer d'un même point pour pouvoir parvenir à cet aboutissement heureux, le matériel de ce chapitre l'illustrant à sa manière. Toutefois, le point de départ de la thérapie, l'état dans lequel arrive l'enfant, le mode de fonctionnement qui caractérise alors sa dynamique psychique colorent singulièrement le processus thérapeutique et, de façon générale, établissent son niveau de difficulté. À la fermeture normale d'un dossier, la satisfaction du psychothérapeute et la fierté qu'il tire du travail accompli seront d'autant plus grandes que le point de départ aura été "de bas niveau". Il en va de la psychothérapie comme de bien d'autres activités humaines : c'est le niveau de difficulté qui donne de la valeur à la réussite.

Chapitre onzième

Sur l'interprétation

Introduction

La dimension interprétative est ce qui spécifie le travail du psychothérapeute ; elle est certainement l'un des aspects qui distinguent le plus sa fonction de celle d'intervenants de disciplines connexes (éducateurs, orthopédagogues, etc.). Si l'on considère le strict champ des psychothérapies lui-même, elle est sans aucun doute l'un des vecteurs qui permettent aux thérapeutes d'orientation psychanalytique de se démarquer de façon importante des thérapeutes s'inspirant d'autres courants.

Aborder le sujet de l'interprétation est une entreprise délicate à plus d'un titre. D'abord, parce que c'est un sujet une problématique qui comporte tellement d'aspects. En élaborant à son sujet, on ne peut que se demander si on ne va pas négliger quelque chose d'essentiel. C'est un sujet délicat ensuite parce que l'interprétation est une réalité tellement multiforme. Comment, en effet, traiter de quelques-unes de ces formes et en écarter d'autres pourtant courantes et efficaces, mais qui ne peuvent être abordées dans un chapitre aux dimensions nécessairement limitées ? C'est un sujet délicat enfin parce que le style d'interprétation qu'on favorise révèle beaucoup la personnalité de celui qui le pratique. Il y a en effet beaucoup de soi dans le style ou les styles d'interprétation que l'on promeut.

Je ne peux donc aborder cette problématique qu'avec humilité, qu'avec prudence et qu'avec sobriété. Il ne saurait être question de proposer ici une sorte de *vade-mecum* de l'interprétation. Je vais bien plutôt me limiter à suggérer des balises assez générales, balises dont on ne pourra tirer rien de très précis concernant la pertinence d'une interprétation dans tel cas à tel moment de la thérapie. Autrement dit, la visée de ce chapitre n'est pas d'éliminer la nécessité du superviseur. En somme, il ne s'agira pour moi que de suggérer des pistes utiles pour la gestion partagée (entre superviseur et supervisé) de cette fonction interprétative[41].

Concrètement, j'aborderai différents aspects de la fonction interprétative en répondant aux sept questions suivantes : qu'est-ce qu'interpréter ? Pourquoi faut-il interpréter ? Que risque-t-on à ne pas interpréter ? Comment faut-il interpréter ? Quand doit-on interpréter ? Que faut-il voir concrètement dans la réaction de l'enfant à l'interprétation ? Comment développer ses habiletés pour l'exercice de la fonction interprétative ?

1. Qu'est-ce qu'interpréter ?

Il me faut tout d'abord préciser ce que désigne très exactement le terme interpréter. Je vais procéder à partir de la définition suivante : interpréter, c'est pour le thérapeute d'agir de manière (par un mot, par une phrase ou par une suite de phrases) à faire accéder la communication avec le thérapisé à un niveau qui rend possible la prise de conscience par celui-ci de ce qui cherche à se dire chez lui et qui joue un rôle significatif dans sa dynamique. Interpréter, en somme, c'est faire en sorte, grâce à une intervention parlée, que puisse accéder au conscient le sens de ce qui, chez le patient, cherche à se dire inconsciemment ou préconsciemment.

Comment peut-on interpréter à l'aide d'un seul mot ? Supposons la situation suivante, situation qui est d'ailleurs fréquemment rencontrée : un enfant met en scène pour la deuxième ou troisième fois un scénario dans lequel on reconnaît l'identité de chacun des personnages utilisés ; contrairement à la fois précédente, il ne donne pas de nom à l'un de ces personnages, préférant plutôt que le thérapeute se charge de cette tâche. Le thérapeute peut très bien se permettre de nommer ce personnage de son vrai nom : « Qu'est-ce que tu dirais si on l'appelait X ? » Il s'agit là, à n'en pas douter, d'une interprétation au sens strict du terme. Ce personnage peut être le petit frère ou la petite soeur, qui, dans le jeu, se trouve à subir l'action violente du support identitaire. Il peut être, dans un autre cas de figure, le conjoint de la mère, sur lequel, à partir du toit

---

[41] On aura compris que je fais référence sous ces termes et expressions (interprétation, fonction interprétative) à ce travail de traduction, de reformulation, de clarification, d'identification qui va du thérapeute vers le patient. Je n'évoque donc pas le travail d'interprétation qui va du superviseur vers le supervisé ou *vice-versa*.

de la maison miniature, le sujet œdipien fait tomber différents objets, dans le but évident de le faire disparaître.

Interpréter par une phrase se conçoit plus aisément. Revenons à nos deux situations et supposons que notre sujet en thérapie n'a pas laissé le choix au thérapeute quant aux désignations des personnages mis en scène ; l'action se déroule donc, le sens latent profitant de l'effet masquant des figurines nommées de façon peu compromettante. Une fois l'action terminée, le thérapeute pose la question : « Se pourrait-il que, des fois, tu sois en grande, grande colère contre ton frère parce que tu estimes qu'il t'a comme volé ta maman ? » Ou encore, pour notre sujet œdipien : « Se pourrait-il que parfois, tu aimes tellement ta maman que tu voudrais que ton papa s'en aille loin, loin, de façon à ce que tu puisses prendre sa place auprès d'elle ? ». Nous pouvons ajouter quelques éléments à ces exemples pour évoquer des interprétations un peu plus complexes, par exemple : « Très souvent, tu aimerais bien que ton papa ne soit plus là, de manière à ce que tu puisses devenir l'homme de ta maman, mais tu aimes tellement ton papa. Alors, tu te dis : "Je ne veux pas que mon papa disparaisse" ».

L'intervention parlée, ai-je rappelé, vise à faire accéder le patient à la prise de conscience de ce qui cherche à se dire chez lui et qui joue un rôle significatif dans sa dynamique. Dans les deux exemples donnés ci-dessus, il est facile d'entrevoir que l'interprétation vise à favoriser chez le premier sujet la prise de conscience de la violence ressentie à l'endroit du petit frère ou de la petite sœur et chez le second, la prise de conscience de la rivalité intense à l'endroit du père et de son désir de possession exclusive de la mère œdipienne. Dans le cas de l'interprétation plus complexe, c'est l'ambivalence à l'endroit de la figure paternelle qu'on vise à faire reconnaître pleinement, en même temps, bien sûr, que le désir de possession de la mère œdipienne.

J'insiste sur un dernier élément de la définition : ce sur quoi porte l'interprétation joue un rôle significatif dans la dynamique du patient. Cette portée particulière de l'interprétation découle de la nature même de la démarche thérapeutique, du niveau de la signification qu'on estime pouvoir lire derrière les symptômes. On ne considère pas comme de l'interprétation le fait de reconnaître que l'enfant désirerait apporter à la maison un jouet de la salle de thérapie ou encore qu'il voudrait aller dans la cour de récréation en compagnie de sa thérapeute. Toutefois, derrière ces désirs, il peut très bien y avoir matière à interprétation (encore qu'il faille voir s'il est pertinent ou approprié de procéder à celle-ci) : désir de conserver la figure maternelle exclusivement consacrée au soi au-delà de la rupture (de la fin de séance) ou, dans le second cas, désir de vouloir s'afficher au regard des pairs en compagnie de sa thérapeute. Il est bien évident qu'à ce second niveau, on rejoint quelque chose qui joue un rôle significatif dans la dynamique du patient.

2. Pourquoi faut-il interpréter ?

Oui, justement, pourquoi faut-il interpréter ? Nous pouvons donner une foule de réponses à cette question. Pour permettre au sujet de reconnaître pleinement ce qu'il refuse de reconnaître ou ce qu'il tente de cacher à lui-même comme aux personnes significatives de son milieu. Je pense ici à l'enfant qui camoufle ses sentiments de violence à l'endroit de son petit frère ou sa petite sœur derrière une attitude hyperattentionnée et hyperprotectrice à son endroit ; je pense aussi à la petite fille œdipienne qui redoute l'éloignement de la mère parce qu'elle craint que se réalise alors le destin tragique qu'elle souhaite à celle-ci pour hériter de sa place auprès du père. On interprète pour que petit à petit se réalise le cheminement de thérapie, pour que puissent se défaire les uns après les autres les nœuds qui ont amené le blocage du développement affectif. On interprète pour que le sujet puisse vraiment aller de l'avant et qu'il mette de côté des formes d'adaptation à la réalité qui peuvent empêcher l'épanouissement de ses habiletés et de ses potentialités. On interprète parce que c'est précisément la raison d'être de la thérapie de fournir un milieu où peuvent être abordées les déceptions ressenties suite aux besoins inassouvis, aux désirs insatisfaits, aux espoirs non comblés. On interprète parce que de lui-même, de ses seules forces, le sujet ne pourrait accoucher du "sens en gestation chez lui", sens problématique, sens conflictuel, sens dont "l'enfantement" s'avère si douloureux ou est si redouté qu'il est facilement préférable de remettre celui-ci continuellement à plus tard. On interprète parce que le sujet "porteur de ce sens douloureux" a besoin d'un accoucheur, d'"une sage-femme-psy", d'un "sage-thérapeute", qui l'assiste dans le travail de mise au jour de ce sens, d'un sage-thérapeute qui va au-devant de ce sens quand il lui voit "poindre la tête" et qui, ce faisant, permet au travail de s'accélérer et d'arriver à terme, plutôt que de tomber à pic par cause de découragement ou de lassitude.

Il faut interpréter parce qu'il faut permettre au patient de s'approprier consciemment ce qu'il cherche à dire préconsciemment ou inconsciemment, ou sans le reconnaître tout à fait ou sans le reconnaître du tout. Il en va par exemple des sentiments de violence envers la mère primitive (laquelle est mise à mal parce qu'elle est reconnue comme ne donnant pas de support, comme hostile, comme mettant en danger la survie du présoi ou encore, du soi), ou de ceux envers le frère ou la sœur, rival anaclitique, et envers la mère anaclitique (qui est accusée de lâchage, d'abandon, d'indifférence, de favoritisme), ou de l'agressivité envers le rival œdipien qui, oh ! malheur, occupe la place enviée auprès du parent bien-aimé et de son volet complémentaire, l'amour intense, l'amour fou à l'endroit de ce dernier parent précisément, etc.

Il faut interpréter pour permettre à un sujet d'accéder plus directement à ce qui est à la source du conflit interne : par exemple, une culpabilité intense suite à la rupture du couple parental, une honte marquée suite à la mort d'un frère ou d'une sœur qui, rival anaclitique, a été l'objet de tous les soins maternels, etc. Il faut interpréter parce que c'est par cette voie que le patient va en venir à parler plus directement de son malaise intérieur, qu'il va pouvoir libérer les affects reliés à ce conflit. Il faut interpréter parce que c'est la seule voie possible permettant l'intégration du sens véritable d'événements, sens qui n'a pas été saisi ou qui a été mal saisi.

3. Que risque-t-on à ne pas interpréter ?

Pourquoi interprète-t-on ? Nous pourrions poser la question contraire : pourrait-on ne pas interpréter, ne pas interpréter du tout ? Probablement, pour un certain temps à tout le moins. Mais quel risque inutile ! On pourrait ne pas interpréter, très exactement comme des parturientes arrivent ou sont arrivées à mettre seules leur enfant au monde. Dans quelles conditions ! Avec quelle durée ! Avec quelles difficultés ! Avec quelles souffrances physiques et psychologiques ! Et avec quel taux de mortalité ! Avec quel taux d'échec ! On peut à la manière des humanistes concevoir une thérapie dénuée de toute intervention interprétative, une thérapie où tout se joue pour l'essentiel sur le sentiment que doit retirer le thérapisé d'être "accepté inconditionnellement", d'être considéré "pour ce qu'il est" et non pour ce qu'on souhaite qu'il soit. On peut concevoir une thérapie dénuée de tout effort de la part du thérapeute d'aller au-devant du sens qui cherche à se dire chez le sujet, une thérapie ne s'en tenant qu'au sens manifeste du discours et tablant sur une foi indéfectible dans "les possibilités de croissance du client". Il m'est facile de considérer que pour un certain nombre d'enfants, la présence confortante de cette "bonne maman" anaclitique puisse produire un certain effet, un effet calmant et que cette présence puisse favoriser une certaine progression développementale, une progression silencieuse, implicite, parce que non reconnue dans son sens véritable, dans son sens profond (sens qui tient compte des données du développement, celui-ci étant considéré de l'intérieur). Cela étant, je m'interroge tout de suite : à utiliser cette méthode, combien d'échecs pour le nombre de réussites ? Et surtout, quels gains y trouvent véritablement les sujets à moyen et à long terme ? Quel est l'effet objectalisant de cette "présence maternelle anaclitique" ? Quelle en est la valeur sexualisante ? En d'autres mots, comment et à quelle fréquence cette présence peut-elle assurer l'accès à l'œdipe et ultérieurement, à sa résolution, cet aboutissement qui signe la fin heureuse et pleinement réussie de la psychothérapie ?

Si l'on n'interprète pas, comment peut-on espérer que se dénouent les conflits qui figent les possibilités développementales du sujet ? Comment peut-on espérer que celui-ci révise ses modes d'adaptation à la réalité, si ne sont pas analysées, décantées, interprétées les représentations des personnes significatives de son environnement affectif, ces personnes qu'on continue de porter en soi et avec soi bien au-delà de leur disparition de son existence quotidienne, quel que soit le niveau de conscience qu'on ait de ces introjects ? Il suffirait qu'on mette "un client" en présence d'une personne qui affirme l'accepter inconditionnellement et qui s'efforce d'agir comme tel le plus possible pour que disparaisse comme par enchantement le jeu des introjections antérieures ? Il faut pour le croire beaucoup de naïveté, à moins que ce soit un haut niveau de toute-puissance. Suffit-il de placer un enfant perturbé de cinq ou six ans dans un milieu substitutif adéquat et aimant pour que disparaissent chez lui les effets des carences affectives antérieures ? Grande illusion que tout cela ![42]

---

[42] C'est très exactement l'une des faiblesses de l'approche familiale (systémique) qui laisse croire qu'on peut régler à peu près toutes les problématiques dirigées vers une thérapie individuelle en procédant d'une manière systémique, c'est-à-dire en traitant la famille du sujet comme si celle-ci était la patiente véritable et en tablant sur un réaménagement des modes de communication et d'interaction des unités du "système » familial". Cette perspective postule qu'on peut faire évoluer n'importe quel enfant seulement en changeant

Concrètement, que risque-t-on à ne pas interpréter ? Si nous tenons compte du fait que l'interprétation fait surgir chez l'enfant le sentiment d'être rejoint dans sa réalité intérieure, le sentiment d'être compris et accepté dans ce qu'il est vraiment, l'absence d'interprétation peut conduire assez rapidement à l'épuisement de ce potentiel de patience et d'espoir avec lequel l'enfant arrive en thérapie. Si l'enfant ne trouve pas résonance dans le discours du thérapeute des idées, sentiments et affects qu'il cherche à exprimer en thérapie, il est probable qu'il ne pourra maintenir son intérêt pour la démarche et que très rapidement sa motivation à venir ne résistera pas à la moindre des distractions (une émission de télévision à regarder, une période de jeu avec un pair, etc.).

Dans les cas dont l'évolution semble plafonner, où la situation problématique semble se maintenir, voire s'aggraver, la première précaution à prendre est de vérifier la qualité et l'intensité du travail interprétatif des récentes séances. Car la chute de l'espoir de l'enfant ou sa baisse de motivation peut apparaître autrement que par un refus de poursuivre ou par des absences répétées. Il faut donc alors, sous ce nouvel éclairage que fournit la situation critique récente, se mettre à la recherche de ce que l'enfant a cherché à dire et de ce qui n'a pas été entendu ou de ce qui l'a mal été.

---

les modalités d'interaction des membres de la famille, sans donc qu'il soit nécessaire de mettre en place un processus thérapeutique individuel favorisant l'investissement du thérapeute par le patient (ce que j'ai appelé le *by pass*) et l'investissement du patient par le thérapeute. On postule donc, exactement comme les humanistes, qu'en changeant l'environnement immédiat significatif, ce qui est désigné par retard ou déficit affectif va se combler de lui-même, comme par enchantement. Je profite de l'occasion pour affirmer ici qu'il y a un grand risque (d'inefficacité) à faire de l'intervention psychologique en ne prenant appui que sur une théorie de la communication, ce qu'est foncièrement la théorie dite systémique. Minimalement, il faudrait absolument compléter celle-ci par une théorie psychologique capable de tenir compte des modes de fonctionnement typiques (les structures et astructurations), de leur genèse et de leur organisation hiérarchique. Il n'est pas suffisant de clamer que les membres d'une famille s'influencent entre eux, ce qui est somme toute une banalité ; il faut préciser quelles sont les lignes de force de cette influence mutuelle, dans quel sens se font les projections de l'un à l'autre des membres, quelles sont les projections à privilégier (parce que les plus influentes) et éventuellement à neutraliser, quelles contre-identifications suscitent ces projections chez les parents et chez l'enfant (ou les enfants), quelle est l'influence des conflits infantiles non résolus des parents dans ces projections sur leur (s) enfant(s), etc. Voilà autant de questions (et il y en a bien d'autres) que la théorie systémique est incapable de prendre en considération parce qu'elle n'est pas une théorie psychologique.

À ne pas interpréter, que risque-t-on enfin ? J'ai évoqué ci-dessus le fait qu'une thérapie menée par un thérapeute qui n'interprète pas peut provoquer chez l'enfant un certain nombre de changements (la plupart du temps, ce ne sont que des réaménagements à l'intérieur d'un même mode de fonctionnement affectif). Cependant, comme ces changements proviennent pour l'essentiel du contact régulier avec l'équivalent d'une "bonne maman anaclitique" et non pas (également) d'une prise de conscience du sens de ce qui s'agitait en soi, de ce qui cherchait à se dire coûte que coûte, ils peuvent très bien durer ce que dure le temps du contact régulier, les symptômes pouvant réapparaître sous la même forme ou sous une forme différente (car les symptômes évoluent avec l'âge) dès la fin de la thérapie. En somme, les effets bénéfiques apparus malgré tout en thérapie peuvent très bien rester tributaires de la situation thérapeutique elle-même et l'enfant rester dépendant du thérapeute.

4. Quand doit-on interpréter ?

Répondre à cette question n'est pas chose simple. Il se trouve en effet qu'on ne peut éluder ici encore la question de la nécessité de la supervision. Il me faut dans la mesure du possible éviter que le lecteur, au terme de la lecture de cette section ou de ce chapitre, puisse se croire en possession d'une "culture de l'interprétation" qui serait à ses yeux suffisante pour garantir l'exercice non supervisé de cette fonction. Il me faut insister une fois de plus sur le fait qu'on ne devient pas thérapeute sans l'assistance éclairée d'un superviseur compétent. Cela est particulièrement vrai pour l'exercice de la fonction interprétative, fonction autour de laquelle pivote tout le travail thérapeutique.

Pour éviter justement ce genre d'expérimentation auto-autorisée, je vais me borner à donner davantage des illustrations que des prescriptions. Et les quelques prescriptions que je vais mentionner auront un caractère assez général et appelleront à être spécifiées selon les contextes. Je vais beaucoup plus insister dans l'ensemble sur ce qu'il ne faut pas faire plutôt que sur ce qu'il faut faire. L'utilisation d'illustrations me permettra de mettre en relief l'importance et surtout la complexité de l'interprétation.

Je veux rappeler tout d'abord que l'interprétation porte sur des éléments qui se relient de façon significative à la problématique psychique du sujet.

On pourra objecter que tout élément produit en séance peut être relié de façon significative à cette problématique. À la limite, cela est vrai. Il faut pourtant choisir en tenant compte du degré de signification, car il ne saurait être question d'interpréter dès qu'un élément surgit. Cela deviendrait rapidement insupportable pour l'enfant. C'est donc la répétition qui permet d'établir ce qui est plus pertinent par rapport à ce qui l'est moins. Il ne s'agit pas nécessairement de la répétition d'un scénario (il peut arriver que ce soit le cas), mais plus généralement de la répétition de la thématique, du sens latent. C'est la raison pour laquelle, préférablement, on n'interprète pas à la première occasion que surgit le matériel digne de l'être.

Qu'est-ce qu'une bonne occasion pour l'interprétation ? Considérons le matériel de la vingt-cinquième entrevue de Sébastien, un garçon de huit ans, référé sept mois plus tôt pour troubles de comportement à la maison et à l'école (il est intégré dans un groupe d'enfants difficiles). L'enfant a manifesté dès le début de la thérapie une forte revendication affective et une intense rivalité anaclitique (avec sa jeune sœur d'un an). Il s'est cependant beaucoup transformé au fil des sept mois de thérapie ; au moment de la séance qui suit, il est en œdipe depuis quatre semaines au moins :

> « Déjà caché à mon arrivée, Sébastien me force à me pencher pour le saluer et pour recevoir un sourire. Il met la main dans le tiroir de la dame de la pastorale (qui utilise également cette pièce durant la semaine), s'enfile un chapelet autour du cou, puis me demande de sortir afin qu'il fasse un souhait pour chacun. J'attends une minute et il me fait signe de revenir. J'apprends que le souhait me concernant est que je sois belle la semaine prochaine et que celui le concernant est de ne rêver qu'à de belles choses ce soir, étant donné qu'il a fait un cauchemar la veille.
>
> Il me donne un pot de pâte et me dit que je peux faire ce que je veux. Je fais un genre de monstre qui le fait rire. Il met la main sur les ciseaux et me dit qu'il fera une coupe de cheveux à mon personnage. Quelques coups de ciseaux se transforment en décapitation ; je lui lance : "Tiens, vilain monstre !" et il me regarde avec un sourire en coin.
>
> Sébastien est un véritable clown aujourd'hui et il fait beaucoup de petites choses pour tenter de me faire rire. Il construit un avion et m'annonce que nous allons faire comme la semaine dernière ; je suis "les vilains ciseaux" et il est le conducteur d'un jet rapide. Se souvenant de

ma performance antérieure, il me laisse des chances et je réussis à flanquer au jet deux bons coups de ciseaux, ce qui le fait beaucoup rire. Après avoir fait une petite danse, il court à la salle des toilettes !

À son retour, il met la main sur un rouleau de carton brun et des cure-pipes pour m'annoncer qu'il va me faire quelque chose. Je dois rester silencieuse en le regardant ; il me rappelle la consigne en me collant un ruban sur la bouche ! Avec beaucoup de patience et de persévérance, il finit par produire un personnage avec des gants de boxe : "C'est un boxeur…pour ton copain !- Ah bon ! Tu aimerais lui sacrer une volée à mon chum ? – Ouais (rire) ! - Il te dérange ? -Ouais ! - Est-ce que ça se peut que tu voudrais être mon homme ? - Oui. - L'homme de ta maman aussi ? – Oui ! - Mario, ton père, est-il dans le chemin des fois ? - Oui. - Tu aimerais l'écarter des fois pour avoir ta mère à toi tout seul, pour être son homme ? - Ben oui ! Je vais le donner à mon père pour la fête des Pères, mon boxeur ! "Tiens, p'pa ! (coups de boxe dans les airs comme s'il frappait la figure du père), Bonne fête !" Ça ferait toute une surprise !" (éclats de rire manifestant beaucoup de satisfaction). Nous habillons le boxeur et Sébastien fait un peu le clown en lui donnant des coups de poing.

Avant de partir, alors qu'il me fait un dessin surprise, il me demande de lui refaire un papillon, étant donné qu'il l'avait oublié la semaine dernière. Il m'observe et me dessine. Il prend le carton sur la porte et écrit mon nom en grosse lettre au haut de la feuille. Des bulles sortent de la tête du personnage dessiné (moi) puis je le vois hachurer le contenu de la bulle principale. Je lui demande pourquoi il fait cela ; il ne veut pas me répondre d'abord, puis il finit par m'avouer, un peu gêné, qu'il avait dessiné un cœur et qu'il l'avait raté (je crois plutôt qu'il ne voulait pas trop mettre en évidence son intérêt pour moi ; je crois qu'il espère que je sois amoureuse de lui et en même temps, il se rend compte du côté irréaliste de ce désir. La cloche sonne et il quitte, son boxeur dans la main ».

Je signale que Pascale, la thérapeute, n'a jamais précisé à Sébastien si elle avait un "am" ou non. Deux séances auparavant, la question a été soulevée tout naturellement : « Je pense que toi, tu n'as pas d'enfant et que t'as un copain. - Qu'est-ce qui te fait dire cela ? - J'ai raison, non ? - Qu'est-ce que ça te ferait que j'aie un copain ? - Ben, toutes les femmes ont un copain. - Alors, tu dis que c'est normal d'avoir un copain ? - …. ». L'intervention de nature interprétative de la thérapeute dans la présente séance permet à l'enfant d'exprimer clairement son sentiment amoureux à son endroit, de reporter celui-ci sur sa véritable cible (la mère) et de faire apparaître tout aussi clairement les sentiments de rivalité (œdipienne) ressentis à l'endroit du copain présumé de la thérapeute et surtout à l'endroit du père. C'est un échange qui produit généralement un effet marqué ; il est fort possible que les cauchemars soient devenus moins fréquents ou aient disparu à compter de ce moment. En outre, constater que la thérapeute n'est en rien troublée par l'aveu des sentiments amoureux qu'il éprouve à son endroit est de nature à rasséréner l'enfant et à le mettre sur la voie de dépasser cette étape.

Voici un second exemple. Ici encore, nous nous retrouvons à la vingt-cinquième entrevue d'une thérapie, celle de Jean-Michel, un garçon de cinq ans au moment de la référence. Il s'agit d'un enfant aux prises avec de sérieuses difficultés d'apprentissage à la maternelle. Il est présenté comme immature. Dès les premières séances, Jean-Michel manifeste un fonctionnement œdipien, paraissant coincé dans une position d'ambivalence très marquée à l'endroit de la figure paternelle ; il y a manifestement chez lui une interdiction de réussite et une anxiété de castration d'une telle intensité que la mobilisation pour les tâches d'apprentissage paraît vraiment difficile. La thérapie est dans sa dernière phase ; elle comportera en fait trente-deux séances, l'enfant acceptant finalement de faire porter sa quête amoureuse sur une autre cible que la figure maternelle. Je fais apparaître en italiques le passage sur lequel je veux particulièrement attirer l'attention :

> « Jean-Michel veut poursuivre le scénario de la semaine dernière. Auparavant, il me dit que le personnage qui le représente est le plus fort. Il va chercher le roi, qui est identifié en même temps comme son propre père. Il dit alors que c'est le père qui est le plus fort. Après maintes explications sur le fait qu'il s'est beaucoup pratiqué pour devenir le plus fort, il m'avoue que c'est maintenant lui-même qui est le plus fort. Il me dit d'installer les chevaliers de la tour. Une nouvelle fois, un second roi, qui habite dans la tour, a volé la princesse qui habite dans le château avec le premier roi. Jean-Michel se déguise pour ne pas être reconnu et vient sauver la princesse en tuant tous les chevaliers de la tour, mais pas le roi. Un combat terrible s'enclenche entre ce roi et Jean-Michel. Pendant le combat, je dis au garçon qu'il veut montrer qu'il est le plus fort de tous, mais qu'il va manger une volée. Jean-Michel rit beaucoup. Le roi de la tour en vient à capturer la princesse de nouveau. Jean-Michel devient impitoyable à son endroit. Après avoir ramené la princesse à son château, il ligote le roi. Pendant qu'il procède, je fais parler ce roi et je dis : "Ah ! ah ! j'ai compris ; Jean-

> Michel, tu veux garder la princesse pour toi tout seul ; tu veux la prendre à ton père". Surpris, Jean-Michel me répond : "Exactement". Il fait alors passer un bien mauvais quart d'heure au roi ligoté. Je lui demande (en parlant pour le roi) de me lâcher parce que, sinon, je vais aller le dire à son père qu'il veut garder la princesse pour lui. Je me lamente des mauvais coups qu'il me fait subir. Il rit beaucoup. Je lui demande alors : "Mais qui suis-je, moi ?" Il me répond : "Toi, tu es le méchant, le papa méchant". Je lui reflète : "*Ah ! j'ai compris : je suis le papa méchant et l'autre roi est le bon papa ; tu aimerais que ton papa ne soit pas là (pour avoir la maman), mais tu l'aimes trop, ton papa. Donc, tu te mets à penser comme si tu avais deux papas ; ainsi tu peux t'attaquer au mauvais et garder le bon*". Alors, Jean-Michel me dit que si j'arrête de parler, il va me libérer. J'accepte et une fois détaché, je (le mauvais papa) lui demande *si je peux aller dire au bon papa que Jean-Michel veut avoir la princesse pour lui tout seul, mais qu'il aime trop son papa pour le tasser*. Il me dit oui. Je parle donc ainsi au papa et comme je dis que Jean-Michel veut lui voler la princesse, il me corrige en disant qu'il ne veut pas la voler, seulement la prendre, mais qu'il aime trop son papa. Suite à cela, il me dit que nous allons faire la scène suivante : dans celle-ci, le mauvais papa est devenu le soldat du roi Jean-Michel et le bon papa demeure le roi avec la princesse. C'est ainsi que nous parvenons à la fin de la séance ».

Dans cette séance, nous pouvons voir la thérapeute saisir l'occasion pour faire prendre conscience à l'enfant de l'impossibilité devant laquelle le met son double dessein œdipien : posséder la mère œdipienne et écarter le père. La thérapeute fait aussi apparaître comment l'enfant tente de surmonter cette impossibilité : en faisant comme s'il avait deux papas, un premier qu'il peut aimer et avec lequel il peut rester en harmonie et un second auquel il peut déclarer la guerre et qu'il peut combattre sans merci. Cette intervention mit l'enfant sur la voie de surmonter son conflit intérieur. On peut constater à quel point la situation va pouvoir se résoudre à la lecture d'un extrait du rapport de la trentième séance :

> « Jean-Michel installe la même scène que la semaine dernière. Par son personnage, il va voler leur trésor aux gars de la tour. Il leur montre qu'il est le plus fort. Je lui demande pourquoi il doit absolument être le plus fort. Il me répond : "Pour avoir les plus belles filles, des médailles et des trophées". Il se confronte ensuite à un dinosaure, puis aux hommes de la tour qui, entre-temps, ont pris une potion magique censée les rendre très forts ; il l'emporte sur eux néanmoins. À la fin, je fais parler un chevalier qui s'interroge sur l'identité de la blonde que Jean-Michel va prendre. L'enfant se lève et va chercher la princesse en

disant que ce n'est pas sa mère, mais sa blonde. Il colle sur celle-ci le personnage le figurant et lui fait donner des baisers. Il donne également une blonde à chacun à condition qu'il ne vole pas sa mère à son père. Les chevaliers acceptent et Jean-Michel trouve une blonde pour chacun. Il s'amuse à donner des baisers à sa blonde et il se montre très excité ».

Il est manifeste que la quête amoureuse de Jean-Michel tend maintenant à se reporter vers une autre cible que la mère, celle-ci devant être laissée au père : on peut hériter d'une blonde à condition de ne pas voler sa mère à son père !

J'en viens à un troisième exemple qui concerne cette fois un garçon de dix ans et sept mois, Jean-Christophe, qui en est à sa douzième séance. Ce garçon nous a été référé par sa mère, qui le voit comme renfermé, comme jouant à la victime et comme manquant de confiance en lui. Il est également présenté comme lunatique et très facilement distrait (il a de la difficulté à l'école). Il entendrait des voix qui lui diraient ce qu'il faut faire et ne pas faire et c'est quelque chose qu'il n'aime pas. Les parents se sont séparés alors qu'il avait sept ans. Il aurait vécu cette séparation comme un abandon, selon la mère. Celle-ci vit avec un nouveau conjoint depuis deux ans, depuis que Jean-Christophe a huit ans et demi, en fait. La famille comporte également une fille de 16 ans et un autre garçon, âgé de sept ans. Les enfants ont toujours vécu avec leur mère depuis la séparation ; le père les reçoit cependant une fin de semaine sur deux. Dès la troisième séance, Jean-Christophe fait montre d'un fonctionnement incontestablement œdipien. L'hypothèse que nous retenons alors, c'est qu'il s'est senti obligé de jouer le rôle d'un "équivalent de conjoint" vis-à-vis de sa mère à partir du moment où ses parents se séparaient et qu'il l'a fait non sans éprouver une certaine culpabilité à l'endroit de son père (son désir d'être le protecteur des intérêts du père vis-à-vis de la mère semble un moyen de surmonter ce sentiment). Cette situation déjà fort délicate et périlleuse s'est davantage compliquée avec l'arrivée du nouveau conjoint avec lequel il est en intense rivalité. Ce conjoint n'est toutefois présent dans le milieu familial que les fins de semaine (il travaille à distance). Jean-Christophe ne le voit donc qu'une fin de semaine sur deux, c'est-à-dire quand il ne va pas chez son père. Au cours des onze premières séances, il a livré un matériel laissant entrevoir une capacité de mentalisation tout à fait exceptionnelle. Ce matériel témoigne d'abord d'une attitude de subordination de sa part à l'endroit de la figure paternelle, de sa serviabilité et de sa disponibilité à l'endroit du couple parental, de son désir d'être l'équivalent d'un soldat bon, efficace et généreux. Puis l'affrontement avec la figure paternelle (représentée par le camp allemand) pour la figure maternelle (symboliquement représentée) devient manifeste. La figure paternelle est mise en procès. Des interprétations ont été proposées à l'enfant concernant ses sentiments de rivalité possibles avec le conjoint de sa mère et son désir d'être l'homme de celle-ci ; elles ont toutes deux été l'objet d'une réponse négative. Voici le contenu de la douzième séance :

> « En arrivant dans le local, Jean-Christophe me donne un suçon en forme de cœur. Je le remercie. Il va installer le château dans le bac de sable. Son château est sur un rocher caverneux. Il remplit à moitié la caverne. Je demande : "Qu'est-ce qu'il se passe ? - Tu vas voir tantôt". Il me demande de sortir tous les personnages possibles. Il prend le roi, la reine, l'enfant et la mère de l'enfant. La mère de l'enfant et la reine sont de bonnes amies. Le roi est un roi niaiseux (il le répète à quelques reprises). Je ne peux savoir pourquoi. La reine et le roi ont un enfant qui a 16 ans (l'âge de sa sœur). C'est une fille qui est très colérique et qui accuse toujours l'enfant de dix ans (son âge). D'ailleurs la première fois que la fille a accusé le jeune de sept ans (l'âge de son frère), le roi et la reine ont chicané le cadet. Mais dès qu'ils ont appris la vérité, ils n'ont plus cru leur fille. Celle-ci est partie dans la forêt et personne ne sait quand elle va revenir, mais il est certain qu'elle va revenir. L'enfant et sa mère prennent soin des chevaux. La reine les aide. Il y a des soldats qui prennent de la bière avec le roi. Ce sont des amis du roi. Il y a un gars complètement saoul couché sur la table. Jean-Christophe trouve ça drôle. Pendant ce temps, de valeureux soldats guettent le château. Ils sont au nombre de trois. Jean-Christophe s'identifie à l'un des trois. Ils sont en uniforme et à jeun. Jean-Christophe prend un vieux personnage et me dit qu'il est mort ; il va le cacher dans le sable sous la grotte. Personne ne sait qu'il est là, sauf le roi. C'est en quelque sorte la situation initiale.
>
> Puis vient la nuit. Les gars, qui sont complètement saouls, prennent la place des trois soldats. Ceux-ci vont se coucher. Mais ils passent devant une porte secrète permettant d'entrer dans la grotte. Ils décident d'y pénétrer. Ils découvrent le cadavre. Ils le déterrent et vont le mettre dehors, à la vue de tous. Ils découvrent également un canon et l'emmènent avec eux. Ils quittent le château facilement puisque les gardes se sont endormis. Je questionne : "Pourquoi s'en vont-ils ? - Ils partent parce qu'ils ont découvert que leur roi avait menti. - En quoi leur a-t-

il menti ? - Il leur avait dit qu'il ne tuerait jamais personne". Le lendemain, la reine découvre le corps. Elle est dans une colère terrible. Le mort est en fait son ancien copain. Elle prend le fusil et tue le roi. Pendant ce temps, les trois soldats s'installent pour attaquer le château. Ils placent le canon et se mettent en position. L'attaque permet de dévaster le château et de tuer ses occupants, sauf le petit garçon qui part réaliser son rêve de devenir un soldat. Les trois soldats repartent dans leur machine à voyager dans le temps. Ils étaient là pour changer le cours du temps ».

Le contenu de cette séance est très dense. Jean-Christophe campe la figure du copain de sa mère d'une façon qui trahit son agressivité : c'est comme un roi niaiseux ; c'est un menteur, un "assassin parce qu'il a tué l'ancien copain de sa femme pour hériter de sa place près de celle-ci. Le "roi" et la "reine" ont trois enfants qui ont exactement le même âge que les enfants de la famille du sujet. Remarquons au passage comment Jean-Christophe profite de l'occasion pour régler le compte de sa sœur aînée, une colérique, une menteuse que les parents vont finir par découvrir, si ce n'est déjà fait, et qu'il souhaiterait voir partir au loin pour un certain temps ! Le rapport que le sujet aimerait avoir avec sa mère est également évoqué sous la forme de l'enfant et de sa mère qui prennent soin des chevaux (avec l'aide de la reine ! les deux façons de figurer la mère sont ainsi reliées) : Jean-Christophe a voulu ou voudrait être l'homme des chevaux de sa mère..., aussi bien dire son cavalier ! Le père naturel apparaît derrière le vieux personnage mort, dont le cadavre a été caché dans le sable, sous la grotte ; seul le roi le sait. Ce roi, précisément, il est figuré comme un insouciant en train de boire avec ceux des soldats qui sont ses amis ; c'est irresponsable puisque ceux-ci vont devoir peu de temps après aller au travail. Pendant ce temps, trois valeureux soldats (qui ne sont pas les amis du roi, notons-le, même si cela n'est pas dit explicitement) assurent la garde du château (ils sont à jeun !); Jean-Christophe dit être l'un d'eux (rappelons-nous que c'est l'angle sous lequel il s'est présenté dans les séances précédentes). Il y a relève de la garde du château. Les valeureux soldats découvrent le cadavre et ils l'exposent à la vue de tous. Ils emportent avec eux le canon (de la vengeance). Ils quittent le château, donc le camp du roi, parce que celui-ci leur a menti (il ne devait jamais tuer personne). La reine (la mère) découvre ce que le roi (son copain) a fait à son premier mari ; elle entre dans une colère terrible et tue le roi. Les valeureux soldats dévastent le château et tuent tous les occupants (la reine et la mère du petit "cavalier" également), sauf le petit garçon (un des supports identitaires de Jean-Christophe).

J'ai cru bon avoir recours à cette séance pour illustrer le contexte approprié d'une interprétation. Pourtant, dans cette séance, le thérapeute n'a fait aucune interprétation. Dans la rencontre de supervision, il avoue avoir été si estomaqué par la richesse et la densité du matériel qu'il n'a pas voulu en interrompre la production. À cela s'ajoute le fait que deux séances auparavant, Jean-Christophe s'est trouvé à refuser de reconnaître ses sentiments de rivalité avec son "beau-père" et son désir d'être l'homme de sa mère. Nous arrêtons dès lors une direction possible pour l'interprétation à proposer au cours des immédiates prochaines séances. Nous convenons qu'il sera moins menaçant pour Jean-Christophe de revenir quelque peu en arrière dans le temps plutôt que de considérer les choses sous l'angle avec lequel celles-ci se présentent maintenant. Il s'agira de poser au préadolescent l'une ou l'autre des questions suivantes (ou les deux), si bien évidemment le contexte s'y prête : "Quand ton papa est parti de la maison, lors de la séparation de tes parents, as-tu eu le sentiment que tu allais pouvoir devenir l'homme de ta maman ?" ou "Quand le copain de ta mère est arrivé chez vous, as-tu eu l'impression que tu allais perdre ta place de l'homme de la maison ?". Voici ce qui survient à la séance suivante :

> « Jean-Christophe regarda le nouveau matériel qu'il y avait dans le local. Il eut une idée. Il enleva les casques, les armures et les armes à tous les chevaliers. Il prit le roi et la reine et les mit sur une tour. Un enfant était avec eux. C'était leur fils. Il me demanda ensuite si j'avais vu le film *Le Gladiateur*. Je lui répondis que oui. Il m'expliqua que comme dans le film, il y aurait des combats dans une arène. Les combattants étaient derrière une grille et devaient se choisir des armes et des armures. De l'autre côté des grilles, des gladiateurs nous attendaient. Lui-même était un combattant injustement puni. Il s'appelait JC et j'étais l'un de ses compagnons. JC s'était fait avoir par le roi qui lui avait menti (il en allait de même pour ses compagnons) et qui l'avait surpris par-derrière lors d'un combat. Le roi avait attaqué son château et l'avait ensuite emprisonné. Les grilles s'ouvrirent et les combattants entrèrent dans l'enceinte. Il y eut combat. JC prit l'offensive et tua presque tous les opposants à lui seul. Le roi descendit de son trône pour voir qui était cet homme si impressionnant. En enlevant son casque, le roi le reconnut et il repartit. Le roi n'aimait pas JC et celui-ci ne l'aimait pas non plus. Je demandai ce que faisait la reine et ce qu'elle pensait de tout cela. Jean-Christophe ne savait pas ce que la reine faisait et ni quels étaient ses sentiments par rapport à ce combattant. Un second combat

eut lieu. Cette fois-ci, le roi était un gladiateur. JC l'emporta sur le roi et le Colisée s'écroula sur le roi. Nous avons dès lors rangé le jeu.

Tout en nettoyant le bac, je lui demandai d'où venait l'enfant qui était avec le roi et la reine. L'enfant était le fils de la reine, mais pas le fils du roi. Jean-Christophe ne savait pas qui était le père. "Donc, dis-je, le roi est un peu comme ce qu'est le copain de ta mère pour toi. – Oui". Je lui dis que le gladiateur s'était donc vengé du fait que le roi lui avait pris quelque chose. Il approuva cette synthèse. Je poursuivis : "Est-ce que ça s'peut que lorsque le copain de ta mère est arrivé, t'as eu l'impression de perdre ta place de l'homme de la maison ? – Non", répondit-il.

Jean-Christophe alla ensuite au tableau. Il dessina un gros soleil très, très chaud à gauche puis une ligne de sol verte avec du gazon. Il y avait une piscine avec 3 personnes. Il y avait Bob, Chloé qui allait rejoindre Alex. C'était des méchants, ils étaient des Allemands. Puis soudain, il y eut un avion américain qui largua des bombes sur les trois Allemands, ce qui fit exploser le secteur. Les États-Unis attaquaient les Allemands sur leur territoire parce que les Allemands les avaient attaqués auparavant. Jean-Christophe dessina ensuite une tortue volante qui larguait de l'eau pour éteindre le feu qui faisait rage sur le territoire allemand.

Après la rencontre, la mère me fait discrètement part qu'elle n'aimait pas que Jean-Christophe joue le rôle de l'homme de la maison lorsque son conjoint partait. Je lui conseille d'être tolérante à son endroit et de discuter avec lui des tâches à faire ».

Le matériel livré par Jean-Christophe dans cette treizième séance est très proche de celui de la séance précédente. Le préadolescent s'inspire beaucoup du film *Le Gladiateur* et il est intéressant de constater comment il "distribue les rôles". Il apparaît lui-même sous deux supports : il est d'une part le fils de la Reine (qui est en fait la sœur de l'empereur) ; il est d'autre part derrière JC, le "combattant injustement puni", qui emprunte beaucoup au général Maximus. Dans le film, celui-ci a été déchu par l'empereur de ses fonctions militaires ; son destin a voulu qu'il devienne un gladiateur extraordinairement habile et courageux. JC s'est fait avoir par le roi, qui lui a menti et qui l'a frappé sournoisement lors d'un combat (ce qui est également arrivé dans le film) ; ce roi méchant a également attaqué son château et l'a ensuite emprisonné, des actions qui étoffent le dossier accusatoire de Jean-Christophe à l'endroit du copain de la mère.

En effet, celui-ci aurait dévasté son lieu de vie[43] et aurait fait de lui un prisonnier. Dans le premier combat mis en scène, JC prit l'offensive et tua les opposants presque à lui seul. Le roi alla voir qui était cet homme impressionnant et il le reconnut (comme l'empereur Commode s'était approché de Maximus dans l'arène et l'avait reconnu sous son identité d'Espagnol). Remarquons l'expression des sentiments : le roi n'aimait pas JC et, en retour, celui-ci ne l'aimait pas davantage. Il y eut un second combat ; cette fois, c'était le roi lui-même qui était opposé à JC (comme dans le film, Commode prit l'initiative d'affronter Maximus). Celui-ci l'emporta et le Colisée s'écroula sur le roi ».

Le contexte s'avérait tout à fait approprié pour proposer une interprétation à Jean-Christophe. Le thérapeute sut en profiter. Habilement, il prépara le terrain en passant par l'identification du fils de la reine. Jean-Christophe lui apprit qu'il n'était pas le fils du roi, mais qu'il ignorait qui était son père. Le thérapeute proposa qu'il pouvait y avoir une grande similarité entre la situation de cet enfant et la sienne propre, ce que le préadolescent reconnut. Il résuma la situation du jeu : le gladiateur s'est donc vengé du fait que le roi lui avait pris quelque chose ; Jean-Christophe approuva. Vint alors l'interprétation proprement dite : « Est-ce que ça s'peut que lorsque le copain de ta mère est arrivé, tu as eu l'impression de perdre ta place de l'homme de la maison ? » La réponse fut négative ; il ne faut pas s'en étonner compte tenu du caractère quelque peu secret du garçon. Ce qui est particulièrement éclairant, c'est la suite de la séance, dont le sens constitue une sorte de réponse positive à l'interprétation proposée. Jean-Christophe fait apparaître dans un dessin trois personnages dans une piscine, Bob (figuration probable du père), Chloé (figuration de la mère) et Alex (figuration du copain de la mère) que Chloé va rejoindre (la mère passe d'un premier homme à un second). C'était des méchants, des Allemands. Jean-Christophe se projette lui-même dans ces Américains qui larguent des bombes sur eux, parce que « les Allemands les avaient attaqués auparavant ». Les parents et le copain de la mère sont donc identifiés comme ceux qui ont mis le feu aux poudres. Jean-Christophe en avait contre son père avant que sa mère choisisse d'aller vers un autre homme (le conflit œdipien s'était mis en place avant la séparation des parents). Bien évidemment, il en a contre sa

---

[43] Il faut noter au passage la prétention œdipienne qui se révèle dans cette manière de dénommer la résidence de JC : s'il a un château, c'est qu'il n'est pas loin d'être un roi lui-même.

mère également, de même que contre son copain. C'est comme s'il avait réagi à l'interprétation en disant : « Tu sais, j'en ai contre mon père, avec qui tout a commencé ; j'en ai contre ma mère qui est allée vers un autre homme et j'en ai contre cet homme ». Il est bien évident que cette interprétation aurait pu être proposée sur-le-champ.

Que doit-on voir derrière cette tortue géante larguant de l'eau pour éteindre le feu qui faisait rage sur le territoire allemand ? Une manifestation du surmoi de Jean-Christophe ou de sa culpabilité face aux conséquences des attaques (imaginaires ou réelles) en direction des figures parentales ? C'est bien possible. Comme il est possible d'y voir une figuration de la thérapie (qui avance à pas de tortue !), une entreprise qui a pour fonction de calmer les conséquences du conflit œdipien du sujet.

Tous les exemples d'interprétation que j'ai donnés jusqu'ici dans cette section ont porté sur des cas œdipiens. Ce sont les types de cas dans lesquels la tâche d'interprétation est généralement la plus complexe. Voici, à titre d'illustration, une séance qui laisse voir comment le travail peut se présenter avec un matériel d'un niveau légèrement antérieur. Il s'agit en fait de la seizième rencontre de la thérapie de Karine, une fille de huit ans et demi, qui est en voie de passer à l'œdipe :

> « La mère demanda à sa fille si elle allait me parler d'un événement qui s'était passé le matin même. Karine ne voulait pas. Elle accepta sans aucune réticence de venir avec moi dans le local de thérapie. Elle prit l'initiative d'apporter son manteau et ses bottes pour que "ça aille plus vite à la fin pour partir". Elle alla monter sur les cubes pour ensuite se jucher sur le bord de la fenêtre et se cacher derrière les rideaux. Je dis : "Tu aimes ça quand tu es seule ? - Oui. - Tu veux me montrer que tu es assez grande maintenant pour rester toute seule ? - J'sais pas. - Qui pourrais-tu être, juchée là en haut ? - J'sais pas. - Qu'est-ce que tu pourrais faire toute seule en haut ? - J'sais pas". Elle redescendit. Puis elle décida de remonter. Je lui proposai mon aide, mais elle me dit : "Je suis capable toute seule ! - Tu veux me dire que tu es grande maintenant ? - Oui ! »
>
> Karine redescendit et s'assit sur le cube. Nous étions au même niveau. Elle me dit que lorsqu'elle aura 11 ans, elle garderait les bébés de sa tante. Je demandai : "Crois-tu que tu vas être bonne pour garder des bébés ? - Je sais pas. J'ai jamais fait ça… Il va falloir que je change les couches. - Crois-tu que tu vas t'occuper des bébés mieux que ta mère

pourrait le faire ? - J'sais pas. De toute façon, c'est les enfants de ma tante, pas de ma mère ! - Il faut être grande pour s'occuper des bébés ? » Elle ne répondit pas.

Karine me regarda et me demanda : "Il reste combien de temps avant la fin des rencontres ? - Qu'est-ce que tu en penses ? - 1000 jours encore ! » Elle me dit qu'elle allait avoir neuf ans bientôt. Elle demanda : "On va-ti pouvoir faire une fête ici ? - Tu aimerais ça, faire ta fête ici ? - Oui. Penses-tu que ton boss va vouloir que j'amène mes amis ici ? - Penses-tu qu'il voudrait ? - J'sais pas". Elle partit au tableau.

Karine m'affronta au tic-tac-toe. Elle l'emporta. Elle me demanda : "Je suis bonne, hein ? - T'aimerais ça que je te dise que t'es la meilleure ? » Elle alla à la corde à danser et voulut me montrer qu'elle était meilleure que moi. Puis, en sautant à la corde, elle chanta la chanson suivante : "Gabriel m'a demandé de l'épouser". Gabriel est ce garçon qu'elle appelle "son chum". Je demandai : "Est-ce que Gabriel t'a déjà demandé en mariage ? - Oui, pis j'ai dit oui ».

Karine vit ma montre et me dit que nous allions faire des courses. Ce fut encore la compétition. Elle remporta toutes les courses. Je lui fis remarquer qu'elle voulait me montrer qu'elle était meilleure que moi. Elle acquiesça.

Je lui demandai de m'aider à ranger et elle accepta. Je lui demandai si elle voulait me dire ce qu'il s'était passé ce matin. Elle me dit qu'elle s'était engueulée avec son père pour mettre des bottes de pluie au lieu de ses bottes habituelles. Elle trouvait stupide de mettre des bottes de pluie quand il fait soleil. Son père lui aurait serré le bras un peu fort. Je lui demandai si elle avait peur que son père ne l'aime plus. Elle répondit : "Non, mais il était fâché" ».

Dans ce matériel, plusieurs éléments œdipiens cohabitent avec des éléments phalliques. Le thérapeute donne cependant préséance au niveau phallique dans sa fonction interprétative, laissant aux éléments de niveau supérieur la possibilité d'apparaître avec plus de force avant de procéder à leur interprétation.

Comme on peut le constater, le travail interprétatif du thérapeute vient le plus souvent chapeauter le travail d'élaboration de l'enfant ; il est comme le couronnement, l'aboutissement de celui-ci. Il peut également arriver qu'il s'insère tout naturellement dans l'élaboration de l'enfant. Il lui faut alors être de portée très courte, de façon à ne pas perturber le cours de ce qui est en train d'émerger. Il faut également avoir le sentiment que l'enfant va pouvoir "encaisser" ce qui va lui être proposé ; si la "pilule" est trop grosse ou mal présentée, l'enfant peut aussi bien cesser de jouer, passer à un autre jeu, se confiner ou confiner le thérapeute au silence.

Il est très important de savoir lire minimalement ce qui est en train de se dire. Il faut savoir s'appuyer sur le contexte et pour cela, pouvoir décoder ce qui s'agite chez l'enfant. Il faut, de façon générale, éviter en tout début de séance de revenir sur le matériel de la séance passée pour suggérer une interprétation "à froid", sans avoir une idée précise de l'ouverture ou de la disponibilité de l'enfant à aborder ce sujet à ce moment précis. De même, il faut s'empêcher d'aborder un sujet qui a paru "brûlant" en supervision, mais qui n'est pas relié au matériel mis en place par l'enfant. Je me souviens d'avoir eu en supervision une thérapeute qui n'arrivait pas à renoncer à la position qu'on pouvait dire à un sujet en thérapie tout ce qui émergeait de la supervision, peu importait le moment, pourvu qu'on pût trouver les mots pour le traduire… Inutile de dire que comme je n'arrivais à la convaincre, nos chemins se sont séparés assez rapidement. Interpréter sans tenir compte du contexte établi par l'enfant, c'est comme "forcer l'entrée" ; c'est comme obliger l'autre à faire une confidence qu'il n'est pas prêt à faire.

C'est sans doute ce qui explique pourquoi il est plutôt inhabituel d'interpréter dans les dix ou quinze premières minutes d'une séance. Il faut laisser à l'enfant le temps de dire où il " campe" ; il faut lui laisser le temps de préciser où il en est à ce moment-là ; il faut lui permettre de laisser apparaître ce qui s'agite dans son inconscient en ce début de séance. C'est la sagesse même qui commande qu'on laisse l'enfant la possibilité de mettre en place son scénario de jeu avant d'en dégager quelque chose.

C'est également assez peu fréquent qu'on puisse interpréter dès les toutes premières séances de thérapie, à tout le moins dans un contexte d'initiation à la pratique psychothérapeutique[44]. Cela n'exclut pas la possibilité qu'on puisse poser des questions qui permettent à l'enfant de clarifier ce qu'il attribue au thérapeute ou à ses parents comme intention, comme sentiments, etc. Il faut de façon générale attendre que la phase d'amorce ait été traversée pour proposer des interprétations.

Autre élément important : il faut éviter la surinterprétation (trop d'interprétations dans la même séance). C'est l'une des croyances qu'on a tout naturellement en début de pratique qu'il faille revenir et revenir avec la même interprétation, comme si on martelait une pièce de métal sur l'enclume. Nous ne sommes pas ici avec une matière inanimée. Le patient est une personne, un être de pensée et de créativité, un être de sentiments et d'affects, etc. Il faut donc qu'on lui laisse le temps de décanter, d'intégrer, de réagir à ce qui vient d'être proposé à son intelligence, à sa conscience. Il ne sert à rien, par ailleurs, de vouloir aborder trop de choses en même temps. Il faut savoir évaluer ce que l'enfant peut prendre. C'est l'analyse du matériel en supervision qui permet de décider de la force ou de la quantité de la "dose interprétative", en attendant que le psychothérapeute ait suffisamment développé son expertise pour qu'il puisse le faire de lui-même.

5. Comment faut-il interpréter ?

En précisant la nature de l'interprétation et en répondant à la question "Quand interpréter ?", j'ai déjà donné un certain nombre d'indications sur la manière d'interpréter. Je vais poursuivre dans cette direction dans la présente section en proposant cinq prescriptions, qui auront d'ailleurs une portée assez générale.

La première prescription n'a presque pas besoin d'être précisée tellement elle paraît évidente et si facile est son application par celui qui fait ses premiers pas dans la pratique psychothérapeutique. Nul n'est besoin en effet d'argumenter pour établir la nécessité de parler d'une manière qui tienne compte de l'âge et des possibilités de compréhension de l'enfant et du fait qu'on ne livre pas une interprétation à un tout-petit de trois ans

---

[44] Un clinicien d'expérience se permet d'interpréter dès le premier contact avec l'enfant. Winnicott (1972) nous donne de beaux exemples de cette forme de pratique. Mais n'est pas Winnicott qui veut !

dans les mêmes termes que ceux qu'on utilise pour un enfant de huit ans. Il y a, dans ces circonstances comme dans d'autres similaires, une adaptation du discours qui se réalise tout naturellement et très facilement, pourvu qu'on ait eu l'occasion d'interagir un tant soit peu avec un tout-petit.

Cette adaptation en fonction de l'âge n'est pas suffisante : elle doit souvent être elle-même dépassée ou davantage spécifiée. Chaque thérapie a son style particulier, parce que la communication entre deux êtres est singulière en soi. Si, en supervision, il est facile d'arrêter le sens ou la direction d'une interprétation qui paraît tout indiquée, il peut s'avérer sage de laisser au thérapeute le choix final des termes à utiliser pour convoyer le message à l'enfant. Car, au-delà de sa description de ce qu'il arrive en thérapie, au-delà de ce qu'il peut en dire, le thérapeute est celui qui connaît véritablement les habitudes langagières et les possibilités de compréhension de l'enfant. Le superviseur doit donc veiller à ne pas se substituer à lui dans cette tâche. Bien plus, le thérapeute doit être pleinement convaincu du sens et de la pertinence de l'interprétation pour être en mesure de bien l'amener au moment approprié ; il doit l'avoir pleinement intégrée intellectuellement et affectivement pour pouvoir la glisser tout naturellement dans le tissu de sa communication avec l'enfant.

La seconde prescription qui revêt une grande importance à mes yeux concerne le style interrogatif que doit avoir la proposition interprétative. Il faut que le thérapeute évite la tournure très affirmative, celle qui ne laisse pas de place au doute. Il doit en effet laisser au patient la possibilité de "prendre" ou de "ne pas prendre". Il lui faut éviter de heurter de front l'aménagement défensif et la façon la plus sûre d'y parvenir, c'est de procéder sous forme de question : « Se pourrait-il que tu trouves qu'on s'occupe beaucoup trop de ton petit frère et pas assez de toi à la maison ? », « Se pourrait-il parfois que tu souhaiterais que ton papa s'en aille pour que tu puisses devenir l'homme de ta maman ? », etc. Cette forme interrogative me paraît particulièrement souhaitable la première fois que l'interprétation est soumise à la conscience du sujet. Les fois subséquentes, on peut procéder avec des formes légèrement plus affirmées (« Peut-être que parfois tu trouves que... », « Peut-être que des fois, tu voudrais que... », etc.). Une fois que l'enfant a reconnu le bien-fondé de l'interprétation, on peut bien sûr faire usage d'une tournure plus affirmative ou carrément affirmative.

La troisième prescription se rapporte aux éléments contextuels qui entourent l'interprétation. Il faut que le thérapeute puisse être en mesure de dire à l'enfant ce qui se trouve à fonder l'interprétation proposée. Il se peut fort bien en effet que l'enfant demande : « Qu'est-ce qui te fait dire ça ? » ou encore « Pourquoi tu dis ça ? » Le thérapeute doit pouvoir justifier son interprétation en prenant avantage du matériel qui vient d'être produit ou de celui qui a été produit dans les séances récentes. Il lui faut s'appuyer sur du matériel (ludique, graphique ou onirique) qui a été fourni par l'enfant et non pas sur celui provenant d'autres sources (père, mère, enseignant, éducatrice, etc.).

La quatrième prescription concerne les attentes du thérapeute concernant la réaction de l'enfant. Il ne faut pas être décontenancé par la réponse négative de l'enfant. Une interprétation ne doit pas être conçue comme un coup décisif. C'est plutôt une perche qu'on lance à l'enfant. Comme nous le verrons ci-après, les enfants peuvent réagir de manière fort diversifiée à cette intervention, sans que cela doive nécessairement remettre en cause sa pertinence.

La cinquième et dernière prescription pourrait se résumer ainsi : savoir profiter des occasions qui se présentent et savoir les exploiter au maximum. C'est un point sur lequel il n'est pas facile de discourir de façon générale à cause de la diversité des occasions et des réactions du thérapeute. Par contre, il est très facile de donner des exemples. En voici quelques-uns qui me permettront d'illustrer ce que je veux réellement évoquer par cette prescription.

Dans un ouvrage antérieur (Bossé, Boileau et Moreau, 1999), nous pouvons voir Isabelle, la thérapeute de Pierre-Luc (quatre ans et trois mois), saisir l'occasion que lui fournit l'enfant pour procéder à une interprétation sous la forme du récit d'une histoire que raconte la mère (une figurine) à son petit garçon. Voici le récit de la séance (la neuvième) dans laquelle se produit cette intervention :

> « Aujourd'hui, Pierre-Luc semblait quelque peu grippé, mais il a tout de même élaboré un matériel intéressant. En route vers le local de thérapie, il m'a raconté qu'il avait été malade et qu'il avait eu "des gros bobos dans son bedon". Une fois rendu au local, il semblait heureux de retrouver tous ces jeux que je lui apportais chaque semaine. Il m'a tout d'abord demandé de jouer avec le matériel sur le plancher, dans

un coin de la pièce. Il a commencé par fabriquer un petit garçon en pâte à modeler auquel il a fait une casquette. Tout en faisant sa production, il m'a demandé de fabriquer une maman et de lui faire un chapeau. Il s'est ensuite mis à me raconter quelque chose avec les personnages. Pour la première fois, il a fait parler ses personnages en "entrant dans leur peau", ce qu'il n'avait jamais véritablement fait auparavant. Il a donc pris le personnage du garçon alors que moi, je devais prendre celui de la mère. Il a mis en scène un garçon et une maman qui jouaient ensemble et qui allaient se coucher par la suite. J'ai alors demandé à Pierre-Luc s'ils dormaient ; il me répondit que non, qu'ils allaient plutôt aux toilettes à tour de rôle, qu'ils allaient "faire pipi et caca", me dit-il ; naturellement les bruits étaient beaucoup plus intenses quand il s'agissait de la mère ! Il est bon de noter que je devais constamment ramener Pierre-Luc à l'élaboration et l'inciter à poursuivre son jeu à partir de là où il en était. L'enfant a repris le même scénario plusieurs fois en diversifiant les jeux avec la mère (jeux de cache-cache, courses, chatouilles, etc.) et en diminuant la durée du temps passé à la toilette. Après avoir fait ce manège à trois reprises, le petit garçon demanda à sa maman de lui raconter une histoire avant qu'il ne s'endorme. J'ai alors tenté l'expérience de lui raconter l'histoire d'un petit garçon qui était fâché parce que sa maman n'avait pas le temps de s'occuper de lui et encore moins de temps pour jouer avec lui ; et puis là, un moment donné, la maman a commencé à jouer avec son petit garçon, elle a commencé à jouer à la cachette, à faire des concours de course avec lui et à lui faire des chatouilles. Ayant dit cela, j'ai demandé à Pierre-Luc ce que le petit garçon faisait selon lui ; il m'a répondu "qu'il n'était plus fâché". Il est important de mentionner que l'enfant était tout ouïe lorsque la "maman" racontait l'histoire ; il était très concentré et il ne bougeait pas d'un centimètre, ce qui est plutôt rare de sa part ».

Isabelle a su saisir l'occasion et elle a su l'exploiter magnifiquement. Dans la seconde thérapie rapportée dans le même ouvrage, Mylène procède de façon similaire avec Guillaume (quatre ans et sept mois), à la septième séance. Voici l'extrait :

« L'enfant me demande ensuite s'il est possible d'aller jouer sur la cage à grimper. Bien qu'elle ne fasse appel qu'à la motricité et qu'elle laisse peu de place à l'imagination, je consens quand même à cette activité, espérant en tirer quelque chose éventuellement. À mon grand étonnement, l'enfant se couche dans les oreillers et se couvre de ceux-ci "pour qu'il fasse le plus noir possible", me dit-il. Ensuite, il ajoute qu'il fera le bébé et moi la maman, mais avant il me demande de bien le couvrir pour ne pas qu'il ait froid. Je lui dis : "Que veux-tu que je fasse à présent ?" – "Raconte-moi une histoire", réplique-t-il. Alors, je lui raconte l'histoire de deux petits garçons qui vivaient avec leurs parents et dont l'un était fâché contre sa mère parce qu'elle ne jouait pas souvent avec lui. À ce moment, je lui demande de me donner des noms pour les personnages afin que l'histoire soit plus amusante (et dans le but de le faire travailler lui aussi). Il me dit spontanément que les enfants pourraient s'appeler Justin et Guillaume (son frère et lui) et que les parents pourraient être Claude et Doris (ses deux parents). En poursuivant mon récit, je lui demande si ça lui arrive d'être fâché contre sa maman ou son papa parce qu'ils n'ont pas toujours le temps de s'amuser avec lui. Il me dit qu'il souhaiterait que ses parents soient toujours avec lui pour faire des jeux. Il me rappelle que ceux-ci travaillent constamment et que ça le dérange ».

Les deux thérapeutes interagissent ici avec des enfants au fonctionnement anaclitique, on l'aura sans doute compris. Cette façon de proposer une interprétation est utilisable avec les enfants de niveau œdipien également. C'est ce que nous pouvons constater dans la séquence suivante, extraite de la neuvième séance d'un enfant de quatre ans, qui a accédé à l'œdipe :

« Jean-Philippe est vraiment content aujourd'hui. Tout en creusant dans le sable, il me dit qu'il cherche quelque chose pour lui. Il prend alors deux petites autos et me demande de lui raconter une histoire. Je lui demande à propos de quoi il aimerait que je lui raconte une histoire ; il me dit : "Une histoire de sable". Cette indication étant très vague, je commence en utilisant les personnages qui étaient dans le sable : "Il était une fois un papa qui s'en allait travailler (je fais semblant de l'éloigner). La maman, elle, demeurait à la maison pour préparer le repas". Je prends alors le petit garçon, mais Jean-Philippe me précise que "c'est un grand gars". Je lui demande alors ce que fait le grand gars : va-t-il au travail avec le papa ou reste-t-il à la maison avec la maman ? L'enfant opte pour qu'il reste à la maison. Je lui demande alors si le grand gars aime ça, être tout seul avec la maman et s'il aimerait être plus souvent seul avec elle. Il me répond que oui, qu'il ne veut pas aller travailler avec le papa. Il voit alors un tricycle et il s'assoit dessus. Il me dit que lui, il a un bicycle de dinosaure, mais que quand il va revenir à la garderie, il va avoir un bicycle avec des roues : "tu vas voir". "Regarde, je suis capable de faire ça (il enlève ses mains de sur les poignées). Caillou, lui, a lâché une poignée l'autre jour et il avait une goutte de sang sur lui. Il s'est fait mal. Moi, quand je fais du bicycle, j'embarque avec maman. J'aime ça, aller seul avec maman. Papa, lui, il veut qu'on achète une bicyclette pour moi seul". Je lui ai alors demandé : "Est-ce que des fois, tu aimerais ça, prendre la place de ton papa pour être auprès de ta maman ?". Il me fait oui de la tête et me demande une autre histoire. Je lui dis de la commencer et que je vais la terminer : "Il y a un tracteur et les trois le regardent (en désignant les trois personnages). Le garçon demande au papa de venir voir. Il y a plein de tracteurs dans la rue et ils vont faire une maison neuve. Les personnes les regardent et elles sont contentes. Après, elles vont aller manger. La maman doit enlever son foulard pour manger. Le papa est assis à côté d'elle et le garçon mange. Ensuite, ils sont dehors ; ils sont assis là pour voir le monde creuser. La maman est debout, le papa aussi ; le garçon est entre les deux. Un autre tracteur s'en vient. Le "grand gars" aimerait ça être tout seul avec la maman ; le papa va travailler" ».

À la séance suivante, l'enfant revient avec la même suggestion. L'histoire qui s'élabore à deux constitue un beau prolongement de la séance précédente :

« Jean-Philippe me demande de raconter une histoire ; alors, je place les personnages (le papa, la maman, le garçon et la petite fille) et les animaux de la ferme à l'intérieur du carré de sable. Il m'apporte toutes les autos. Nous convenons qu'il fera bouger les autos et que je ferai bouger les personnages. Je lui raconte alors que la petite fille terminait ses devoirs avec sa maman et que le papa devait se rendre à la ferme pour terminer son travail. Je lui demande de préciser ce qu'il arrive au grand gars. Il me dit que maintenant le grand gars va travailler avec le papa sur la ferme. Je lui raconte alors que le papa travaille sur la ferme et qu'il est grand et fort et qu'aujourd'hui, le grand garçon a décidé d'aller avec lui pour l'aider et il s'aperçoit qu'il peut faire beaucoup de choses ; il aide son papa et un jour, il va être grand et fort comme celui-ci. Il enchaîne en disant que le papa va sur son tracteur et que le garçon est capable de continuer le travail de son papa. Il me dit que le tracteur est sale et qu'il faut maintenant passer au lave-auto et qu'après on reviendra à la ferme ».

La thérapeute agit dans cette séquence comme dans la précédente de manière à favoriser l'implication de l'enfant dans l'élaboration du scénario. C'est ce qui donne à l'une comme à l'autre séquence son caractère de création commune. La thérapeute profite de l'occasion pour appuyer sur ce qui se dessine chez le sujet en même temps qu'elle lui en fait une interprétation discrète, c'est-à-dire le double mouvement de renoncement à la mère œdipienne et d'identification au père, appuyant également sur le mouvement de reconnaissance phallique, besoin encore récemment manifesté par l'enfant.

Comme on peut le deviner, ces occasions magnifiquement propices à l'interprétation surviennent fréquemment dans le vif de l'interaction avec l'enfant, particulièrement avec l'enfant tout-petit, qui, généralement, raffole qu'on lui raconte une histoire. Chez les enfants plus vieux, si de telles occasions de coélaboration existent également, elles vont habituellement avoir un caractère plus restreint, ce qui peut diminuer d'autant l'espace potentiel d'interprétation. Il faut donc être davantage à l'affût pour les repérer et les exploiter.

6. Que faut-il voir concrètement dans la réaction de l'enfant à l'interprétation ?

J'ai laissé entendre ci-dessus qu'il ne fallait pas s'attendre à ce que l'enfant reconnaisse automatiquement la réalité visée par l'interprétation. Plusieurs cas de figure sont possibles. Je vais me limiter ici à en évoquer quelques-uns, tous des cas œdipiens. L'enfant peut certes reconnaître tout de go ce que propose l'interprétation (« Se pourrait-il que parfois tu sentes que tu aimes tellement ta maman que tu voudrais qu'elle soit ton amoureuse et toi son amoureux ? ». Je me souviens d'un enfant qui en réponse à la question demande à sa thérapeute : « *Comment t'as fait pour découvrir ça ?* » et d'un second qui répond : « Oui, mais je n'ai jamais dit ça à personne… De toute façon il n'a personne à qui j'aurais pu le dire ». Il arrive fréquemment qu'après avoir répondu négativement à la question la première fois, l'enfant se fasse plus nuancé la seconde fois que celle-ci lui est posée (par exemple, deux semaines plus tard), quelle que soit la force avec laquelle a été rejetée la première interprétation. Ainsi se comporte Mathieu, un enfant de cinq ans et huit mois, aux prises avec un intense conflit œdipien ; à la première interprétation sur son désir de voir disparaître le père pour être l'homme de sa mère, il a réagi par un non prononcé haut et fort, comme s'il était scandalisé par la question ; deux semaines plus tard, comme le matériel projectif le justifie amplement, la thérapeute revient avec la même question ; elle est surprise de le voir répondre oui, même s'il atténue quelque peu le sens de sa réponse : « Oui, mais pas pour toujours ».

L'enfant peut réagir à l'interprétation proposée comme s'il la refusait, alors que la suite de son jeu démontre qu'il l'accepte. Jean-Christophe nous en a donné un bel exemple ci-dessus : après avoir refusé de reconnaître qu'il avait eu le sentiment de perdre sa place de l'homme de la maison avec l'arrivée dans sa famille du conjoint de sa mère, il a fait apparaître dans un dessin trois personnages méchants (Bob, Chloé qui allait rejoindre Alex) sur lesquels un avion américain (figurant le moi œdipien) larguait des bombes, en raison d'une attaque antérieure de leur part. À sa sixième séance, Jérôme, enfant unique de sept ans et trois mois, a une réaction qui va dans le même sens : il met en scène un combat acrimonieux entre des chevaliers qui n'avaient pas de trésor et des pirates qui en avaient un précisément ; ce combat est remporté par les premiers. Depuis leur château, ils parviennent à faire couler le bateau des pirates. La thérapeute propose que « les chevaliers seraient peut-être comme un garçon qui serait jaloux du trésor de son père, c'est-à-dire la place d'amoureux dans le cœur de sa mère, trésor qu'il aimerait avoir pour lui tout seul ; ayant dit non, l'enfant place un pirate avec sa femme et l'enfant pirate en disant que ça pourrait être leur histoire. Ce faisant, Jérôme suggère que l'histoire se rapporte à la situation d'un enfant avec son père et sa mère, même s'il ne semble pas prêt à reconnaître ouvertement qu'il pourrait être cet enfant.

Autre cas de figure possible, l'enfant peut vouloir par sa réaction entraîner le thérapeute dans une autre direction que celle proposée par l'interprétation. Considérons le cas de Vanessa, une petite fille de quatre ans et demi, à la quatrième séance de sa thérapie[45]. Je me dois de préciser que pendant les trois premières séances, cet enfant a fait montre d'une rivalité anaclitique très vive à l'endroit de son petit frère de huit mois (Alexandre), exprimant à au moins deux occasions ce qui nous est apparu comme des sentiments violents à son endroit. Nous avons convenu qu'il fallait profiter de la prochaine bonne occasion pour montrer à l'enfant que l'expression du sens de sa violence était bel et bien entendue. Voici donc le contenu de la séance :

> « Vanessa décide tout d'abord de terminer un dessin commencé avant mon arrivée. Comme elle dessine, je lui demande si elle fait parfois des rêves. Elle me répond qu'elle rêvait parfois à des gros loups. Je la prie de me raconter ce que fait le loup dans son rêve ; elle me répond :

---

[45] J'ai déjà fait allusion à ce cas au chapitre neuvième.

"Hooohooo" comme font les fantômes dans sa maison. Elle me demande ensuite de l'aider à dessiner, sans répondre à mes autres questions sur son rêve. Une fois son dessin terminé, elle veut jouer avec la maison, commençant par placer tous les meubles en ordre. Elle trouve le carrosse du bébé et dit que le bébé va pouvoir aller se promener à Montréal. Je lui demande alors si elle souhaitait parfois qu'Alexandre ne soit pas là, pour qu'elle puisse avoir papa et maman juste pour elle. Ma question la fige complètement ; sans répondre, elle m'annonce qu'elle n'a pas vraiment envie de jouer avec la maison ; elle remet les meubles dans le sac, très rapidement et agressivement. Elle ne retouche pas à la maison de toute la rencontre.

Elle décide de faire à manger avec la cuisinette. Elle installe la poupée bébé dans un berceau et s'affaire à préparer de la nourriture. Elle dit qu'elle joue le rôle de la maman et que moi je fais le papa qui berce le bébé. Je lui demande si chez elle c'est maman qui fait à manger et papa qui s'occupe d'Alexandre ; elle me répond : "Des fois !" À plusieurs reprises au cours du jeu, qui dure environ 30 minutes, je questionne Vanessa sur sa famille et sur le rôle de chacun, mais elle ne me répond pas, ramenant toujours la discussion sur notre jeu de rôle.

Après avoir simulé le repas, Vanessa veut faire des puzzles avec moi. Tout en les faisant, elle me raconte que sur l'image, il y a un chien comme chez Jean. Je lui demande qui est Jean ; elle me dit que c'est un ami qui habite à Drummondville et qu'il l'a aidée à apprendre à marcher. Je lui demande si elle a d'autres amis ; elle me dit que Maude et Sabrina-Maude sont aussi ses amies. Je la questionne sur la dernière ; elle me dit que Sabrina-Maude n'est pas son vrai nom, qu'elle ne se souvient plus de celui-ci, mais que Sabrina est le nom prévu par la maman pour le bébé fille avant que naisse Alexandre. Je lui demande si elle souhaitait parfois que sa maman ait eu Sabrina plutôt qu'Alexandre ; elle me répond qu'elle aime beaucoup Alexandre. Je lui dis que peut-être, elle aurait préféré ne pas avoir de petit frère et garder son papa et sa maman juste pour elle ; elle me réplique qu'elle "aime son frère fort - fort - fort – fort", étant pratiquement au bord des larmes. Je lui dis que je sais qu'elle l'aime beaucoup, mais qu'elle peut très bien vouloir avoir son papa et sa maman juste pour elle pour qu'ils ne s'occupent que d'elle.

Nous terminons le puzzle en silence, puis elle m'informe qu'elle avait envie de dessiner. Je lui dis qu'elle a le temps de me faire un dessin avant de retourner avec les autres enfants. Son dessin représente tout d'abord un loup qui est méchant et qui mange les gens, puis il se transforme en un carrosse avec un bébé dedans, mais ce n'est pas son frère,

> puisqu'elle me dit que c'est un bébé fille qu'elle ne connaît pas. Elle me demande ensuite si elle peut faire un autre dessin "vite vite" avant de partir. Ce second dessin fait apparaître un fantôme qui fait peur aux enfants, mais elle ne veut pas m'en dire plus, prétextant qu'elle doit ranger les crayons avant de partir. Elle prend son temps pour ranger chaque crayon, ne voulant manifestement pas retourner tout de suite avec les autres enfants ».

En début de séance, Vanessa livre un matériel qui justifie de penser qu'est toujours très active chez elle la rivalité anaclitique avec Alexandre. Comme cette semaine dans son jeu, l'enfant envoie encore le bébé se promener à Montréal, la thérapeute la questionne sur son désir possible de relation exclusive avec ses deux parents, relation excluant le petit frère. Vanessa réagit apparemment comme si elle avait été trop rapidement ou trop complètement devinée. Elle refuse de poursuivre sur la même lancée. Elle continue néanmoins d'élaborer sur un thème fort apparenté. Elle propose un jeu de rôle à deux : elle fait la maman qui s'affaire à préparer la nourriture du bébé pendant que la thérapeute, jouant le rôle du papa, berce le petit ; cela ressemble beaucoup à la situation dans laquelle elle s'est retrouvée récemment alors que la maman s'est absentée de la maison pour quelques jours en raison de son travail. C'est comme si Vanessa disait : "Je ne veux pas qu'Alexandre parte ; je veux plutôt qu'il soit notre petit à papa et à moi". Nous découvrions alors que Vanessa jouait à être une petite pour cacher à la mère son désir de la supplanter dans le cœur de son papa. Si la fillette avait des pensées agressives à l'endroit de son petit frère, c'est parce que celui-ci était l'enfant du couple père-mère. En l'absence de la maman, elle pouvait en toute quiétude s'approprier le petit frère, le faire sien au plan imaginaire et se voir en couple avec le papa. Cette tendance était d'autant plus "indiquée" pour elle que la mère, pas trop sûre de sa capacité de soutenir la rivalité potentielle de sa fille dans le triangle œdipien, avait fait l'impossible pour maintenir celle-ci dans la position d'un "bébé". Quant au père, il adoptait des comportements de séduction qui ne pouvaient faire autrement que d'attiser l'ambition œdipienne de l'enfant : au cours de l'absence de la mère, il a non seulement encouragé sa fille à prendre soin de son frère, il l'a accueillie dans le lit parental, un faux-pas dont il devait prendre conscience par la suite.

Si nous continuons de passer en revue les réactions possibles de l'enfant à l'interprétation, nous nous retrouvons face à un quatrième cas de figure : l'enfant peut ne pas répondre du tout ou faire comme s'il n'avait rien entendu. Ici encore, il faut prêter attention à ce qui apparaît dans sa production immédiatement subséquente, car la réponse peut apparaître sous cette forme. L'enfant peut ainsi se montrer ouvert à aborder la question, mais sous une forme indirecte seulement. Il peut toutefois vouloir signifier qu'il n'est pas prêt ou disposé à admettre le sens de ce qui lui a été proposé. Il peut aussi vouloir se donner du temps pour y réfléchir.

Il arrive très fréquemment qu'après réagi affirmativement à l'interprétation qui lui a été proposée, un enfant revienne dans une séance subséquente avec un matériel qui commande très exactement la même interprétation. Il se comporte en fait comme s'il avait besoin d'entendre celle-ci à nouveau, comme s'il cherchait à l'intégrer, à s'en convaincre tout à fait, à ne plus résister à sa signification pour lui. Il accomplit en fait ce qu'en termes psychanalytiques on désigne par l'expression "travail de perlaboration".

La toute dernière séance d'une thérapie fournit fréquemment de belles occasions pour une interprétation à portée plus globale. Assez souvent, les choses s'y passent comme si l'enfant voulait aborder une dernière fois ce qui a pu être au cœur de son processus évolutif. C'est un peu ce qui se produit avec Jean-Simon, un sujet dont il a été question au chapitre précédent. Le garçon est âgé de sept ans au moment de sa douzième séance, dont voici le récit :

> « Alors que je reproduis son dessin, il ramasse les productions qu'il a faites au cours des dernières séances, les roule ensemble et me lance : "Est-ce que tu dînes à l'école des fois ? - Tu aimerais que je mange à l'école ? - Oui ! Tu pourrais apporter ton petit lunch ou ton gros lunch si tu manges beaucoup ! (rire). Tu connais mon père ? - Pourquoi tu me demandes cela ? - Je sais que tu connais mon père ; il me l'a dit. - Cela semble te déranger quelque peu ! – Ouais ! - Est-ce que ça se pourrait que ce soit un peu la même chose avec ta maman : tu aimerais à l'occasion être seul avec elle sans ton papa ? - Ouais. J'suis pas mal coquin à la maison ! J'suis le plus coquin ! - Avec qui t'es le plus coquin ? - Avec papa ! - Parce que tu veux ta maman pour toi ? – Ouais ! - Même si des fois tu aimerais faire disparaître ton papa, tu l'aimes aussi, n'est-ce pas ? - Je l'aime plus que maman. - Tu voudrais être

comme lui ? - C'est sûr…Est-ce qu'on va se voir demain ? » Je lui rappelle alors que c'est notre dernière séance ; il me lance un "Hosh !" en pointant un pouce vers le bas ! ».

Dans cette ultime séance, la thérapeute ne suggère pas de nouvelle interprétation. Se laissant guider par les questions et réactions de l'enfant, elle ne fait que reprendre le matériel qui a été abordé dans les trois ou quatre séances précédentes.

Si ces réactions à l'interprétation sont couramment observées, elles sont loin d'épuiser la liste de celles qui peuvent être manifestées par l'enfant, j'en suis bien conscient. Mon but ici n'est pas d'être exhaustif, mais bien plutôt de sensibiliser une nouvelle fois celui qui s'initie à la psychothérapie infantile à l'importance d'aller au-delà de la réaction manifeste de l'enfant.

7. Comment développer ses habiletés pour la fonction Interprétative ?

De toutes les habiletés que requiert la pratique thérapeutique, celles qu'exige l'exercice de la fonction interprétative sont certainement les plus délicates et les plus longues à développer. Cela est particulièrement vrai pour la thérapie d'adultes et d'adolescents. C'est encore vrai pour la thérapie d'enfant, encore que le degré de difficulté soit un peu moindre, me semble-t-il. Le développement de ces habiletés ne peut se faire sans le concours de certaines conditions, notamment une fine connaissance du développement de l'enfant, un appui sur un schéma développemental crédible, l'éclairage et l'assistance d'un superviseur compétent qui permet une supervision de type interactif. Je vais élaborer quelque peu sur chacune de ces conditions. Ce sera ma façon de terminer ce chapitre sur l'interprétation.

Pouvoir compter sur une fine connaissance du développement de l'enfant – À de nombreuses reprises déjà, j'ai insisté sur l'importance pour le thérapeute d'avoir intégré une vision du développement, ce développement étant observé et décrit non pas à partir du point de vue d'un observateur externe (point de vue auquel ont malheureusement trop tendance à se limiter les spécialistes de la recherche en développement), mais à partir d'un point de vue qui colle le plus possible à la réalité intérieure de l'enfant. Qu'il me suffise de rappeler ici que seule cette perspective développementale est en mesure de préciser comment se constituent petit à petit le soi et le moi d'un sujet, comment les préobjets (affectifs) se transforment petit à petit en objets partiels puis en objets entiers, puis en objets totaux, c'est-à-dire sexués, comment apparaissent ou évoluent les instances régulatrices de la conduite, comment se met en place le mode qui caractérise le fonctionnement affectif à un moment donné de son développement, comment les modes possibles sont hiérarchisables entre eux, quel en est le type d'anxiété caractéristique, quels en sont les mécanismes de défense typiques, quel est le type de relation d'objet d'un sujet qui est campé dans l'un ou l'autre de ces modes, etc. Sans cet ensemble de connaissances, il est absolument impossible de décoder ce qui cherche à se dire dans les productions ludiques, graphiques ou oniriques d'un enfant. Sans cet ensemble de connaissances, il est impossible de développer un tant soit peu d'aisance et d'autonomie dans l'exercice de la fonction interprétative.

***Pouvoir compter sur un schéma développemental crédible et* vérifiable** – L'ensemble des connaissances que je viens de résumer a été présenté de façon détaillée au chapitre troisième. Il s'inspire pour une très large part des contributions successives de Bergeret (1974, 1984, 1994), de Bergeret et coll. (1996), de celles de Misès (1988) et de celles de Winnicott (1970, 1972). Cette perspective n'est pas la seule à revendiquer la caractéristique de pouvoir rendre compte du développement d'un point de vue interne, même à l'intérieur du courant psychanalytique. Les perspectives lacanienne et kleinienne, pour ne nommer que celles-là, avancent également chacune de leur côté qu'elles donnent une vision interne du développement infantile. Comme l'a démontré Green (2000), la perspective lacanienne ne peut d'aucune manière intégrer les contributions des grands auteurs psychanalytiques qui ont mis au jour les moments importants du développement infantile ; elle ne peut non plus être intégrée à ces contributions pour former un ensemble plus fécond et plus éclairant. Quant à la perspective kleinienne, si elle apporte des éléments intéressants pour le développement tout à fait précoce (notamment les notions de clivage de l'objet et de position dépressive), elle perd cependant beaucoup en crédibilité en situant l'entrée de l'enfant en œdipe dès le début de la deuxième année (et peut-être même avant cette période), ce qui l'oblige à postuler l'instauration d'une "situation œdipienne" à la période où les autres auteurs psychanalytiques voient l'entrée de l'enfant dans l'œdipe. Cette propension des kleiniens à faire apparaître les choses le plus précocement possible constitue certainement la faiblesse majeure de ce courant. Elle explique sans doute la difficulté des tenants de ce courant à rendre compte du développement du narcissisme secondaire en général et du développement du phallisme en particulier.

Pouvoir s'appuyer sur l'expérience d'un superviseur compétent – À plusieurs reprises, j'ai insisté sur la nécessité de compter sur la présence d'un superviseur compétent pour pouvoir s'initier aux rudiments de ce métier de psychothérapeute. Si cette condition est tout à fait importante pour le développement des habiletés générales d'un éventuel thérapeute, elle s'avère absolument cruciale et incontournable pour le développement des habiletés nécessaires pour l'exercice de la fonction interprétative.

Participer à une supervision de type interactif – Certes, la présence du superviseur (et d'un superviseur compétent) est cruciale, mais son efficacité est formidablement accrue si la supervision a une teneur interactive prononcée. On peut en effet être un superviseur habile dans le diagnostic des cas, dans le décodage du sens latent qui se profile derrière les manifestations de l'enfant en thérapie, mais on peut aussi, en prenant tout l'espace de supervision, priver son ou ses supervisés d'un espace potentiel de développement. Il en va des habiletés d'interprétation comme de toutes les habiletés : elles ne se développent vraiment rapidement que si l'apprenti occupe le siège du conducteur (pour parler en termes métaphoriques). Rien de plus antipédagogique qu'une supervision dans laquelle le superviseur, si compétent qu'il soit (ou ait été) par ailleurs dans sa propre pratique psychothérapeutique, émet ses opinions à la manière d'un patron tout-puissant qui se considère comme porteur de la seule façon acceptable de voir les choses. Rien de plus dommageable pour le développement des habiletés des supervisés qu'une supervision dans laquelle l'information court seulement dans un sens, celui qui va du superviseur aux supervisés. Il y a donc des pièges à éviter, même en présence de personnes compétentes, équilibrées et bien disposées. Le superviseur doit se méfier de la position de domination à l'adoption de laquelle l'invitent sa compétence et son ancienneté. Les supervisés doivent redouter la dépendance et la passivité auxquelles peut les inciter leur situation d'apprenti. Comment trouver l'équilibre entre ces points où chute l'efficacité ? Il faut que superviseur et supervisé voient à ce que leur échange soit vraiment interactif ; il faut que le superviseur laisse le plus d'initiative possible au supervisé dans l'exercice de la fonction interprétative. Cela se réalise sans trop de difficultés dans une supervision de type individuel. L'interactivité peut toutefois paraître plus difficilement réalisable dans le contexte d'une supervision de groupe, dont une grande partie du temps doit être consacrée à la présentation du matériel de thérapie, ce qui laisse d'autant moins d'espace pour les échanges entre personnes présentes. Heureusement, dans ce contexte, nous pouvons maintenant compter sur l'extraordinaire efficacité des moyens électroniques de communication. Au cours des récentes années, nous avons pu, mes étudiants de baccalauréat ou de maîtrise et moi, expérimenter une nouvelle façon de travailler : dès que possible, chaque supervisé prend soin de faire parvenir aux membres du groupe par courrier électronique le compte rendu de ses séances ainsi qu'un paragraphe résumant sa manière de décoder les productions de l'enfant, de telle façon que superviseur et supervisés aient la chance de prendre connaissance du matériel avant même la supervision. Celle-ci est dès lors entièrement consacrée à l'échange de points de vue et à la mise en perspective du matériel courant avec le matériel antérieur. Cette façon de faire favorise l'implication active de chacun, non seulement dans ses propres cas (chacun est invité à commenter le contenu qu'il soumet à la supervision), mais également dans les cas des collègues. Elle favorise surtout l'interactivité entre superviseur et supervisés et grâce à cette interactivité, le développement accéléré des habiletés nécessaires pour l'exercice de la fonction interprétative.

Conclusion

Freud (1900) a soutenu que l'interprétation d'un rêve ne peut jamais être considérée comme terminée, qu'il existe l'équivalent d'un point de fuite, une sorte d'ombilic donnant ouverture à un nombre presque infini d'éléments interprétatifs. J'ai le sentiment, au terme de ce chapitre, qu'il en va un peu de même pour la question de l'interprétation elle-même : elle est si vaste qu'on ne peut décemment avoir l'impression d'en avoir fait le tour en quelques dizaines de pages. Tout ce que je peux espérer pour ma part, c'est d'en avoir su aborder dans ce chapitre les aspects les plus pertinents pour celui qui s'initie à la pratique de la psychothérapie auprès de l'enfant.

Chapitre douzième

Considérations complémentaires sur les sujets à fonctionnement œdipien

Introduction

Il y a quelques aspects du fonctionnement œdipien qui, dans le cours des chapitres antérieurs, n'ont pu recevoir un traitement proportionnel à leur importance. Le présent chapitre me donnera l'occasion de combler cette lacune. Consacré exclusivement à des considérations complémentaires sur les sujets de ce mode de fonctionnement, il s'élabore en quatre sections. La première propose quelques clés pour la reconnaissance de l'œdipe naissant. La seconde s'arrête sur les déclarations d'amour faites par les enfants à leur thérapeute. La troisième considère l'impact maturatif possible de la différence de sexe entre enfant et thérapeute. La quatrième, enfin, reprend et complète la question de la place de l'œdipe dans les considérations relatives à la fin de la thérapie.

1. Quelques clés pour reconnaître l'œdipe naissant

L'accès à l'œdipe se réalise d'une manière plus ou moins discrète selon les enfants. La reconnaissance de ce passage peut s'avérer quelque peu ardue dans les cas d'enfants qui sont assez habiles dans l'art de camoufler leurs sentiments. S'il est toujours important de savoir repérer au plus tôt là où se trouve l'enfant au niveau de sa dynamique affective, cette nécessité est peut-être encore plus marquée quand il s'agit de la reconnaissance du fonctionnement œdipien. Continuer à comprendre et à interpréter comme étant de niveau anaclitique (même phallique) un matériel devenu œdipien peut enrayer l'élan maturatif de l'enfant[46]. Cela risque de con-

---

[46] C'est très exactement le problème auquel sont confrontés les "théoriciens" de la théorie de l'attachement et les praticiens qui s'inspirent de cette théorie. Ils ne savent pas faire

voyer à celui-ci le message qu'il n'est ni compris, ni accepté dans sa réalité profonde. Quand une interprétation tombe juste ou frappe la cible, l'enfant ne peut faire autrement que de se sentir en confiance, que de se sentir compris au-delà même de sa propre capacité de compréhension. Si l'interprétation ne vient pas ou si elle vise à côté de la cible, il ne peut que se sentir confus, voire incompris. Et cet état de fait, s'il se prolonge indûment, peut faire stagner le processus thérapeutique.

Si la tâche de reconnaître l'œdipe récemment "mis en place" est quelques fois chose difficile, y a-t-il des indices sur lesquels on peut s'appuyer de manière à pouvoir en réduire la difficulté autant que possible ? La réponse qu'on peut apporter à cette question trouve son contenu dans l'inventaire des caractéristiques du fonctionnement œdipien que la clinique a su mettre en évidence de manière assez précise, particulièrement ces vingt dernières années. Parmi ces indices, un petit nombre se trouve à bénéficier d'un statut tout à fait particulier. C'est notamment le cas de la capacité (qui doit être) évidente du sujet de prendre en compte la dimension sexuée des éléments du triangle, la sienne propre donc comme celle de ses deux parents (ou leurs équivalents au niveau du transfert). Ces éléments sont donc évoqués ou mis en scène de telle façon que leur dimension d'homme ou de femme, de gars ou de fille et les caractéristiques précisant leur statut génital soient intégrées dans la production et servent d'appui à la distribution des rôles ou à l'organisation du récit. Ce ne sont donc plus les catégories de "grands" *versus* "petits", de "forts" *versus* "faibles", de "bons" versus "poches", etc., qui vont avoir la préférence de l'enfant. Ces catégories phalliques sont alors carrément dépassées ; elles ne répondent généralement plus aux besoins de l'imaginaire, parce qu'elles ne sont pas marquées sexuellement.

Le second indice est constitué par la présence de la figure aimée réelle ou symbolisée dans la production de l'enfant. Il est plutôt rare, selon moi, que le parent convoité libidinalement apparaisse directement, sans voile, sans masque[47]. Le père prend le plus souvent la figure du roi et la mère,

---

la différence entre un attachement anxieux de type anaclitique et un attachement contraphobique de niveau œdipien : par exemple, une petite fille redoute de s'éloigner de la figure maternelle parce qu'elle craint qu'en son absence se réalise son souhait inavoué et inavouable de la voir disparaître.

[47] Dans une situation clinique où l'on ne peut profiter d'un ensemble de données qui pourraient justifier ou nuancer ce seul signe (par exemple, dans une situation purement

celle de la reine ou celle de la princesse. Il se peut que la symbolisation soit plus poussée encore ; les garçons font fréquemment usage, par exemple, de la métaphore du trésor convoité par deux camps pour représenter la figure maternelle. Il arrive à certains garçons de figurer celle-ci par le territoire à défendre ou à conquérir. D'autres figurations sont également possibles pour les mêmes fins : la maison, le château, la montagne, etc. De façon générale, il s'agit d'un objet présenté comme précieux.

De façon complémentaire à l'indice précédent, la présence du tiers rival réel ou symbolisé dans la production de l'enfant constitue un indice très sûr de la configuration œdipienne. Ici encore, il est plutôt exceptionnel que le parent rival (de même sexe donc) apparaisse sans masque. Ce parent est le plus souvent déguisé : pour les garçons, il apparaît sous la forme du roi méchant, du pirate, du monstre, du gorille, du dinosaure, du méchant cow-boy, de l'ennemi (allemand, japonais, russe, etc.) ; pour les filles, c'est assez souvent la méchante reine, la sorcière, la belle-mère, etc., ou des figures d'emprunt fournies par le matériel mis à la disposition de l'enfant. Cette énumération n'épuise pas toutes les possibilités, tant s'en faut. Il y a des idiosyncrasies que même une énumération plus exhaustive ne parviendrait pas à contenir. Les possibilités dépendent en fait du matériel ludique qu'adopte l'enfant et de ce qu'il trouve dans son environnement culturel. Le film *Le Gladiateur* tel qu'utilisé par Jean-Christophe, comme je l'ai rapporté au chapitre précédent, constitue un bel exemple de cette suggestion culturelle.

L'attitude combattante du support identitaire à l'endroit du rival et son attitude chevaleresque, protectrice, à l'endroit de l'objet aimé (tel que représenté ou figuré) sont les corollaires des deux précédents indices. Les figures qui servent de support identitaire ne sont pas nécessairement de nature différente de celles qui servent à camper le rival œdipien : pirate, cow-boy, gladiateur, monstre, gorille, ce qui peut à l'occasion attester tout aussi bien du malaise ressenti inconsciemment dans la quête de l'objet convoité que du désir d'être sur le même pied que le rival et de l'affronter sur son terrain, avec des armes comparables.

évaluative chez des sujets plus vieux), cela peut même être de mauvais augure et signe que le refoulement ne joue pas.

Un quatrième indice important est fourni par la présence du mouvement attestant de l'angoisse de castration, phénomène auquel je fais souvent référence dans mon enseignement sous l'appellation de "mouvement castrateur". Ici encore, à cause d'idiosyncrasies, il faut renoncer à faire une énumération des cas de figure possibles. Il est en fait plus facile de cerner ce mouvement castrateur par l'évocation de quelques exemples : une agression débridée sur la figure rivale se termine non seulement par la mort de cette figure, mais également par celle du support identitaire ; un breuvage mortel qui a servi à l'exécution de la figure rivale en vient par inadvertance à être absorbé par le support identitaire, qui meurt également. Autre exemple : un autre petit œdipien produit une scène dans laquelle son désir de séduction de la figure aimée se réalise en fantasme par le biais de son support identitaire ; il se retrouve au volant de la voiture qui les conduit, lui et la thérapeute (également figurée), dans une belle promenade ; manque de chance, le moteur flanche et la voiture tombe en panne. Le mouvement castrateur peut se manifester dans le jeu suivant, dans une séquence immédiatement subséquente à la conquête de l'objet aimé ou de la victoire sur le rival. Dans ce cas, la logique de l'enchaînement doit être cherchée dans l'inconscient du patient et non dans l'organisation manifeste du matériel.

J'ai donné au chapitre neuvième un bel exemple du "mouvement castrateur". Il n'est pas superflu de revenir sur cet exemple dans le présent contexte. Nous en étions alors à la vingt-deuxième séance de thérapie de Maxime. Voici comment se présentaient les faits rapportés :

> « Maxime prend bébé Maxime et les deux autres bébés, qu'il assoit dans l'auto de police. Il prend le camion et une autre auto et il simule un accident. La police intervient à plusieurs reprises pour donner des contraventions. Maxime met en scène un accident entre l'auto de police et le camion. À ce moment précis, le camionneur devient un voleur qui sera attrapé par les policiers. Je fais remarquer à l'enfant que les bébés sont bien petits pour être des policiers. Il rétorque qu'ils remplacent leur père, qui travaille la nuit et dort le jour. Je lui demande comment la maman vit cela ; il me dit qu'elle est inquiète, mais que les deux frères sont prudents. Le camionneur a un trésor qu'il a pris à des gens. Les policiers le poursuivent. J'apprends que l'un des bébés était en fait l'enfant du voleur. Maxime prend les carabines pour les donner au camionneur, mais bébé Maxime réussit à se saisir de l'une de ces carabines ; après avoir tué le camionneur, Maxime dirige l'arme vers

bébé Maxime et vers son frère. Il termine le jeu en me disant qu'ils sont tous morts ».

Lors de la présentation de cette vignette, j'ai évoqué le désir de l'enfant de supplanter le père (la prise de possession de la place du père par les bébés) et l'ambivalence à l'endroit de la figure paternelle : ce père est celui qu'on veut remplacer, mais il est également caché derrière la figure du camionneur voleur qu'on veut arrêter (pour le tuer ultérieurement) parce qu'il a pris un "trésor" à des gens. J'ai également soulevé la possibilité de voir dans l'issue de la scène (bébé Maxime et son frère meurent) une manifestation de la castration encourue. La mère n'était pas évoquée par l'enfant, pas directement en tout cas (elle l'a par ailleurs été par la thérapeute), mais j'ai estimé qu'elle figurait symboliquement derrière le "trésor" volé par le "camionneur voleur". Nous étions donc bel et bien en œdipe avec cet enfant, ce que les séances ultérieures devaient confirmer, de toute façon.

À ces quatre premiers indices s'ajoutent ceux qui apparaissent rapidement dans les situations transférentielles propres à la thérapie : par exemple, l'attention portée aux caractéristiques sexuelles du thérapeute (par exemple, des compliments sur la beauté ou la douceur de ses cheveux, sur la beauté de ses vêtements, etc.) ; l'évocation de ses propres caractéristiques sexuelles (rappelons-nous le petit Julien qui insiste sur la longueur ou sur la dureté de son pénis ; l'intensification du sentiment amoureux, intensification manifeste par le désir de prolonger la séance, de rapprocher la séance suivante, de créer des occasions de rencontre à l'extérieur du cadre thérapeutique (« J'aimerais ça que tu viennes à la maison »), etc. Je reviendrai sur cet aspect ci-après.

Un dernier groupe d'indices proviennent du milieu familial ou du milieu de garde. Si les parents sont rencontrés à ce moment de la thérapie, ils font état du changement d'attitude de l'enfant à leur endroit : celui-ci fait montre de comportements de séduction à l'endroit du parent de sexe différent et de comportements de rivalité à l'endroit du parent de même sexe. Les changements dans le comportement général peuvent être également notables : l'enfant a cessé d'adopter une attitude de dépendance, d'appui sur l'autre ; il se montre soucieux d'affirmer son autonomie, d'afficher son efficacité, sa capacité de réaliser des choses. Il manifeste une confiance en lui qu'on ne lui avait pas connue jusqu'alors. Ces mêmes indices ressortent à la garderie (ou au jardin d'enfants) : l'enfant manifeste un comportement de séduction à l'endroit de son éducatrice ou de son éducateur (pour les filles) ; il tolère maintenant très bien la présence des pairs ; il se montre protecteur à l'endroit des plus jeunes ou des plus faibles. Il est capable d'entrer en compétition de façon saine avec les pairs. Il est attentif à ce qu'on exige de lui, respecte les consignes et peut faire preuve de *leadership* positif. Autant les parents que le personnel de la garderie (ou de l'école) se plaisent à dire qu'ils sont l'impression de se retrouver devant un tout autre enfant, un enfant capable de relever les défis de son âge, un enfant sur lequel on peut compter, un enfant adapté et heureux en somme.

2. Les déclarations d'amour à l'endroit du thérapeute

J'ai abordé précédemment, au chapitre huitième précisément, la question de la gestion du transfert amoureux. Dans le même chapitre, j'ai donné des exemples qui laissaient voir comment les enfants pouvaient manifester leurs sentiments amoureux à leur thérapeute avec des demandes ou des conduites à teneur sexuelle assez explicite. Je vais poursuivre dans la même veine dans la présente section en m'arrêtant cette fois sur des façons plus courantes utilisées par les enfants pour révéler leurs sentiments amoureux à leur thérapeute. Ce développement prolongera de belle façon le sujet abordé dans la section précédente, puisqu'il sera question de la manière dont se révèle dans le jeu et dans la relation l'intensification des sentiments positifs à l'endroit du thérapeute.

Les enfants ne sont généralement pas aussi directs que les adultes dans l'expression de leurs sentiments amoureux. Ils procèdent la plupart du temps de façon détournée, en passant par le jeu et en camouflant les désirs du moi derrière ceux d'un support identitaire. Examinons la manière dont les choses se présentent avec Mathieu, un garçon de 11 ans et cinq mois au moment de sa seizième séance :

> « Mathieu a apporté des stylos gel et il me raconte ce qu'il fait avec eux. Il prend ensuite une grande feuille et m'annonce qu'il désire dessiner un monstre. Il m'invite à produire un dessin de mon choix, à l'aide de ses stylos ; je l'accompagne donc dans cette activité en créant mon propre monstre. Le garçon m'explique qu'il a vu ce monstre à la télévision dans une émission qu'il aime bien écouter. Un enseignant handicapé l'avait dessiné au tableau afin de faire le parallèle entre le

monstre et les handicapés qui se font mépriser à cause de leurs différences par les gens sans handicap. Mathieu me dit qu'il considère cet exemple comme une bonne leçon de vie.

Nous dessinons en silence, car il m'informe que je n'aurai des informations sur sa production qu'une fois qu'elle sera terminée. Il ajoute que ce sera long puisqu'il n'a pas choisi de dessiner un monstre très facile ; sans défi, c'est ennuyeux, précise-t-il. Soudain, il me lance que ma production l'inspire ; alors il dessine, lui aussi, des serpents sur son monstre. Par la suite, il me raconte qu'il a adoré son séjour au camp, mais qu'il y a eu un pépin à cause d'un garçon qui a brisé une porte de douche et qui a refusé d'avouer son mauvais coup. Manifestement irrité, il ajoute que tous les garçons de sa classe devront contribuer aux frais de réparation, même s'ils savent très bien qui est le coupable. J'essaie de savoir pourquoi Mathieu ressent le besoin de dessiner un monstre ; il dit n'en avoir aucune idée. Après avoir réfléchi, nous convenons que cela fait du bien de faire une telle production ; le garçon ajoute que nous pouvons tout mettre ce qui nous dérange dans le monstre. À plusieurs reprises, il m'informe que son monstre est très méchant et qu'il lui arrive parfois d'être marabout et impatient.

Mathieu ajoute de petites araignées partout sur son monstre. Celles-ci sont des amies de ce dernier et elles servent de nourriture aux serpents qui lui sortent des boutons qu'il a sur les joues. Il ne reste que 20 minutes à la rencontre et j'apprends que le monstre de Mathieu s'appelle Jackpac l'Épeurant et qu'il mange des crayons, les craies de Pascale (la thérapeute) (Mathieu sourit) et finalement tout ce qui lui passe sous la dent. En parlant de dents, il semble que Jack ne les brosse pas, ce qui lui cause beaucoup de caries. Mathieu, à l'aide d'une voix monstrueuse, donne vie à Jack, qui désire me transmettre un message important. Le défi est que je dois trouver le message et le monstre considère que j'ai déjà reçu amplement d'indices. Après avoir réfléchi, j'avoue mon embarras et je lui demande d'autres indices. Il avance : "Je peux te dire que ça a rapport avec deux choses communes à nos dessins. Regarde et tu trouveras ! - Les serpents ! - C'est proche. Regarde et cherche le message". Je propose différentes choses, mais, d'après lui, je m'éloigne de plus en plus du but. Jack s'impatiente et me répète de trouver le message. Voyant bien que je fais des efforts, il me lance que le message a un lien avec quelque chose qui se trouve près de Médusa (mon monstre). Après quelques tentatives, j'apprends qu'il parle en fait de moi. Je ne vois pas le lien entre moi et les serpents. En plus, ce n'est pas quelque chose sur moi ou à côté de moi. Jack me lance alors qu'un des indices est en fait truqué et que si je regarde bien, je vais trouver.

Le monstre s'impatiente, le temps file et je me montre pressée de résoudre l'énigme.

Je lui propose alors que le message concerne nos deux monstres ; il me dit que je suis proche du but. J'avance : "Jack veut parler à Médusa ? - Proche. - Il veut être son ami ? - Proche. - Il veut être son amoureux ? – Proche". La cloche sonne et Mathieu ne veut pas partir tant que je n'ai pas trouvé le message. Étant donné que je brûle, Jack finit par me dévoiler que ce n'est pas lui qui est amoureux de Médusa, mais bien ses serpents qui sont amoureux de ceux de Médusa : "Ils n'arrêtent pas de me "picosser" les oreilles, ils me tapent sur les nerfs, mais ils sont trop gênés pour le dire eux-mêmes". J'apprends que les quatre serpents s'appellent Méchant, Timide, Amoureux et Drôle. Je vois très bien que cette mise en scène est une façon détournée utilisée par Mathieu pour me faire part de ses sentiments à mon égard ; je dois aussi avouer que je me sens coincée, ne sachant pas trop quelle direction emprunter pour la réponse. Mon intuition est de demander à Médusa de s'adresser à ses filles serpents pour voir si le sentiment est réciproque. Avant que Mathieu ne quitte le local, Médusa communique à Jack que les serpents désirent connaître davantage les quatre serpents avant de prendre une décision ; Jack accepte en précisant qu'elles ont une semaine pour se décider. Nous plaçons nos dessins face à face afin qu'ils fassent connaissance pendant leur séjour dans le tiroir. Mathieu prend ses stylos et, l'air "inconfortable", il regagne sa classe. Je ne savais plus trop si j'avais bien agi ».

Les serpents de Jack l'Épeurant servent évidemment de support pour l'expression du désir œdipien de Mathieu à l'endroit de sa thérapeute, figurée elle-même comme objet de désir par les serpents de Médusa. Comme façon détournée d'exprimer son désir, il est difficile de faire mieux ! Notons que la nature des représentations (monstres sexués) se prêtait remarquablement bien à l'expression du désir œdipien et qu'elle pouvait fort bien étayer la dimension monstrueuse de ce désir et faire place à l'expression discrète de la culpabilité. J'estime par ailleurs que Pascale, la thérapeute, a su se comporter de la bonne manière tout au long de la séance ; je tiens à faire remarquer que du début à la fin, elle a exploité à merveille le caractère projectif de la situation thérapeutique.

Une deuxième illustration nous provient également de la pratique de Pascale. Elle concerne Sébastien, un garçon de presque huit ans au moment de cette vingt et unième séance. C'est un sujet auquel j'ai fait allusion au chapitre précédent. Le matériel qui suit laisse voir les premiers signes de son passage à l'œdipe (ce qui surprend fortement la thérapeute, comme l'atteste son commentaire), signes qui, les séances suivantes, seront corroborés par d'autres, encore plus indiscutables :

> « De bonne humeur, Sébastien m'accroche dans le corridor, avant de se rendre aux toilettes, pour me confier un pot rempli de je ne sais quoi qui fait du bruit et qui est assez lourd (je dois avouer que je me suis imaginé un peu n'importe quoi étant donné qu'il faut s'attendre à tout avec lui !). Il me dit de ne pas regarder à l'intérieur alors que je l'attends dans le local.
>
> Il revient et s'assure que j'ai respecté sa consigne. Je dois fermer les yeux et deviner l'odeur du contenu. Je lui dis que cela sent le sable ; il me lance que ce sont des billes (avec beaucoup de sable aussi ! Je n'ai pas vraiment besoin de vous dire qu'il en a mis un peu partout et que j'avais le nez plein de poussière à la fin de la rencontre !) Il m'informe qu'il a perdu ses "mastos" (ses mastodontes, c'est-à-dire ses billes géantes) au profit d'un gars pour qui les billes sont ce qu'il y a de plus important ! Il transfère par la suite les billes dans un autre contenant afin de mettre le sable à la poubelle. Alors qu'il aperçoit un masque que j'avais commencé avec un autre enfant, il décide d'en produire un pour lui.
>
> Pendant que je termine le mien, il fait des trous dans le masque qui le représente. Je lui demande alors ce que nous allons faire avec nos masques et, à ma grande surprise, il me lance que nous allons jouer à la Belle au bois dormant ! J'accepte, bien sûr ; il me demande de lui attacher son masque. Se munissant d'une assiette comme bouclier, d'un mètre comme épée et de son chandail noué au cou comme cape, il devient le Prince charmant. Je mets ensuite mon masque de princesse et il m'explique que je devrai me coucher par terre comme si j'étais endormie, pour qu'il vienne me réveiller : "Là, là, on s'embrasse pas pour de vrai !" J'ose : "Pourquoi ? – Voyons ! Parce que t'es un adulte, pis moi un enfant ! Je vais faire semblant !" Il se penche en ma direction et donne un bisou dans les airs pour me montrer ce qu'il veut dire.
>
> Avant de débuter le jeu de rôles, il me lance qu'il veut que nous jouions la pièce devant les élèves de sa classe. Il ajoute que Brigitte, la psychoéducatrice, pourrait jouer la sorcière qui me donne une pomme empoisonnée afin de faire de moi son esclave (je crois qu'il ne la trouve pas facile, Brigitte !). Il fait alors une grosse pomme qu'il me confie afin que nous puissions commencer le jeu. Je reçois donc la pomme ; je croque dedans et m'effondre au sol d'une manière dramatique. Mon

prince arrive avec sa cape et ses armes pour me toucher de son épée afin de me réveiller ; je dis : " Oh ! Prince charmant ! – Princesse ! - J'ai l'impression d'avoir dormi pendant 100 ans… - C'est à cause de cette maudite pomme que la sorcière t'as donnée… ; elle avait l'air gentille, mais elle sait se déguiser, cette méchante ! - Oh Prince ! Vous m'avez sauvé la vie !" Soudain, un bruit se fait entendre. C'est le fameux dragon qui doit être tué par mon prince. Il me montre comment me battre, mais je dois rester derrière lui. Le prince, qui n'a pas froid aux yeux, livre un combat féroce contre la bête, puis finit par la tuer, nous sauvant ainsi tous les deux. Je remercie mon prince et la scène se termine ainsi. Sébastien me dit alors que nous sommes prêts pour présenter la pièce devant sa classe. Je ne sais pas trop quoi lui répondre. Il me dit que je suis gênée et il ajoute que nous connaissons pourtant la pièce par cœur. Je lui précise alors que les choses que nous faisons ensemble doivent rester dans le local.

Sébastien me lance que nous allons répéter la pièce (nous la referons deux fois en fait). Cette fois-ci, après mon évanouissement, il se penche un peu plus près de moi pour me réveiller ; le scénario se poursuit ensuite comme précédemment. Cependant, au bruit du dragon, nous nous dépêchons de nous cacher pour ne pas être vus et, par la suite, il va se battre seul avec le méchant reptile qu'il tuera à nouveau. La troisième et dernière fois, le scénario est passablement le même sauf que lorsque le dragon se pointe, Sébastien me donne épée et bouclier afin de me montrer comment me battre en duel avec lui. Par la suite, il s'avance tranquillement vers la porte puisque le dragon est de l'autre côté. Il ouvre la porte et fait une grimace au dragon, ce qui est suffisant pour le tuer. Notre duel reprend. Il frappe fort et brise son mètre, malgré mes avertissements. Suite à cela, il ne veut plus jouer et il refuse de réparer le mètre brisé. Je tiens alors la règle et lui demande gentiment de prendre le ruban à masquer pour réparer l'objet. Il exprime à nouveau le désir de présenter la pièce devant sa classe ; je lui mentionne alors que cela pourrait être un bien beau projet de fin d'année pour lui et sa classe. La cloche sonne puis il repart avec ses billes, déguisé avec son masque et son bouclier.

Commentaire de la thérapeute : se pourrait-il que Sébastien commence à être habité par des préoccupations œdipiennes ? Je n'ose pas le croire ».

Ici encore, nous nous retrouvons devant une belle illustration de "déclaration d'amour" indirecte. Sébastien laisse voir en effet qu'il aimerait bien être le prince charmant de sa thérapeute et également qu'il aimerait bien montrer à ses pairs qu'il peut fort bien assumer ce rôle.

La troisième illustration est issue, elle aussi, de la pratique de Pascale ; elle concerne Jean-Simon, un sujet de six ans et dix mois dont il a également été question précédemment. Nous nous retrouvons à la huitième séance de la thérapie :

> « L'enseignante se montre épatée par les améliorations qu'elle observe chez son élève. Elle m'informe que Jean-Simon participe de plus en plus et qu'il offre même son aide aux élèves qui comprennent moins bien que lui. Pour ma part, je n'ai plus de doute concernant les préoccupations œdipiennes du garçon !
>
> La première moitié de la rencontre est consacrée à la création de marionnettes qui doivent s'ajouter à celles que nous avons déjà faites. Jean-Simon m'informe que nous allons faire des choses d'Halloween pour notre théâtre de marionnettes, mais avant de faire une sorcière puis un clown, je dois terminer le visage du personnage que Jean-Simon a déjà commencé. De son côté, il produit une araignée, un fantôme puis un bonhomme de neige ; il est très calme et concentré. Il me fait rire et colle son visage assez près du mien lorsqu'il m'adresse la parole. Il m'annonce par la suite que nous pourrions faire des choses de Pâques, mais pour l'instant, il veut ranger pour faire de la pâte à modeler. J'aurais aimé en savoir davantage sur nos personnages, mais le contexte ne se prêtait pas réellement à des interprétations.
>
> Alors qu'il sort la pâte à modeler, Jean-Simon me demande, pour la première fois, d'un air gêné : "Est-ce qu'on va se voir demain ? - Tu aimerais que l'on se voie demain ? – Oui ! - Nous sommes quel jour demain, Jean-Simon ? (il réfléchit en silence) – Hush ! Ouais. C'est congé demain. - Tu trouves trop long le temps entre nos rencontres ? – Ouais". Après une pause, il dit en riant : "On fait des bonhommes toilettes".
>
> À l'aide de la pâte jaune, il fait une boule et y ajoute deux bras en cure-pipes (selon moi, il s'agit d'un support identitaire). Après m'avoir dit de faire un bonhomme de neige à l'aide de la pâte blanche, il change d'idée pour me conseiller de faire un lapin. Il me parle par la suite d'un jeu de pokémons de son cousin, jeu dans lequel il y avait un personnage qui donnait toujours des bisous ; alors qu'il mentionne le mot, il fait le bruit d'un bec avec sa bouche puis il se met à rigoler. À l'aide de la pâte de couleur bleue, il produit un bonhomme de neige sur lequel il fait des yeux sévères pour montrer qu'il est méchant (la figure rivale œdipienne). Il se met à rire et me lance, les mains vis-à-vis son entrejambe, qu'il va faire un pénis. Il façonne un pénis jaune et il le colle

ensuite au premier personnage en forme de boule. Le bonhomme de neige, qui a aussi des bras en cure-pipes, lui plante un bras dans le pénis (action du père castrateur), ce qui fait crier de douleur le pauvre personnage jaune (c'est-à-dire le support identitaire). Ce dernier se tourne vers le bonhomme méchant et lui fait pipi dessus. Le bonhomme de neige se tortille en hurlant "C'est chaud ! C'est chaud !" et Jean-Simon prend un certain plaisir à faire agoniser le vilain personnage. Le personnage jaune saute dans les airs. Le méchant bonhomme de neige reçoit une autre raclée ; Jean-Simon lui fait même manger de la merde ! Soudain, le garçon prend de petits bouts de ruban collant pour faire des bandages sur les trous qu'il a faits dans le bonhomme de neige, manifestant ainsi de la compassion à son endroit (sentiment de culpabilité ; le rival est tout de même son père qu'il aime et qu'il ne veut pas perdre ! (Quel magnifique jeu ! C'était comme si j'assistais bien assise à la première d'un bon film d'action dont je pouvais prévoir le dénouement !).

Jean-Simon me demande ensuite la boîte de bonshommes afin de prendre des personnages masculins ("Je prends juste des gars !") et de me donner des personnages féminins. Avant de se battre dans la peau de Tarzan contre un vilain vampire, il me donne un petit chaton en miaulant affectueusement. Le combat est féroce et Jean-Simon se promène partout dans la salle pour simuler des scènes de bataille. À quelques reprises, il se fait enlever sa force, mais il réussit toujours à la récupérer ; il semble toujours avoir le dessus sur le méchant. La cloche annonce la récréation ; Jean-Simon veut rester. Je lui propose alors de reprendre le jeu la semaine suivante et il accepte. Avant de partir, il dépose les personnages sur le bureau pour se souvenir de notre jeu au début de la prochaine ».

Dans ce troisième exemple, l'intensité du sentiment amoureux de Jean-Simon se manifeste de plusieurs façons : 1) par le rapproché physique vis-à-vis de la thérapeute ; 2) par l'expression du désir de revoir celle-ci le lendemain ; 3) par l'allusion au pokémon du cousin qui donne des bisous, geste qu'il imite avant de se mettre à rigoler ; 4) par l'évocation du pénis ajouté à son personnage (son support identitaire) et enfin, 5) par le fait de confier à la thérapeute un petit chaton, symbole de ses sentiments amoureux.

J'en viens maintenant à des illustrations impliquant des sujets légèrement plus jeunes, qui n'ont cependant rien à envier à leurs aînés quant à la manière discrète de déclarer leurs sentiments amoureux. Considérons tout d'abord le cas de Jean-Daniel, un garçon de cinq ans dans un extrait de sa septième séance :

> « Jean-Daniel a décidé de mettre de côté les animaux de la ferme ainsi que les pompiers pour s'attarder à la pâte à modeler. Comme il se trouvait un peu loin de moi, il m'a dit qu'il prenait la chaise pour l'approcher. Je lui ai fait remarquer : "Tu aimes ça me montrer que tu es fort et que tu es capable". À ma surprise, il m'a répondu : "Oui, parce que je grandis ! Quand je vais être grand, je vais être policier et comme ça, je pourrai attraper les méchants". Il m'a aussi montré de quelle façon il allait passer les menottes aux brigands. Il a donc continué son jeu en choisissant des petites figurines d'ours. Ils les plaçaient dans différents contextes : il y avait un ours dans une baignoire, un ours avec un ballon, un autre avec un ourson dans les bras, etc. Il m'a attribué une figurine en disant qu'il s'agissait du papa ours. Pour sa part, il avait celle de la maman. Il fallait que nos ours s'en aillent en voiture. Je lui ai demandé à quel endroit ils s'en allaient. Il m'a dit : "Chez ma grand-maman qui fait des ployes" (des galettes de sarrasin). Il m'a aussi affirmé que c'était loin, là où nos personnages s'en allaient. Ceux-ci sont revenus et Jean-Daniel a décidé de prendre la pâte à modeler pour faire des cœurs avec les moules. Il a placé un cœur en pâte à modeler sur le capot de la voiture dans laquelle étaient nos ours. Par la suite, un oiseau est venu protéger nos ours contre une boule de pâte à modeler qui risquait d'atterrir sur nos personnages. L'oiseau est parvenu à soulever la boule et à la catapulter plus loin[48]. Encore une fois j'ai souligné à Jean-Daniel qu'il aimait me montrer qu'il était bon et habile[49]. Sans hésitation, il a acquiescé. Il a continué de jouer avec la pâte et à réaliser différentes formes. Il a fait une fleur, un lapin et même un cœur. Il m'a dit : "Tiens, j'ai fait un cœur pour toi". Je l'ai remercié et il a poursuivi son jeu ».

Dans le cas de ce garçon, l'expression du désir amoureux prend la forme de la constitution d'un couple d'ours (un papa et une maman) qui partent en voyage chez la grand-mère et qui sont dans une voiture sur le capot de laquelle est placé un cœur. Pour être bien sûr d'être compris de sa thérapeute, Jean-Daniel lui offre ensuite un cœur directement !

---

[48] On peut trouver en cela un bel exemple du mouvement castrateur évoqué dans la section précédente.
[50] La thérapeute aurait fort pu proposer au garçon : « Es-tu en train de me dire que tu sens que tu pourrais être un bon mari pour une femme ? »

Passons au cas de Paul-Antoine, un sujet de quatre ans et demi, rencontré pour la onzième fois :

> « Dès son entrée dans le local, Paul-Antoine a renversé mon sac de jouets parmi lesquels se trouvent les petits pompiers qu'il aime tant (son papa est policier pompier). Il a d'ailleurs commencé son jeu en installant la caserne sur le haut du fauteuil, disant : "Ce n'est pas une montagne, c'est la rue Caroline (le nom de sa thérapeute)". Ensuite, il m'a attribué le pompier jaune tandis que lui, il manipulait le pompier rouge, qu'il appelait Marionnette. Les deux pompiers montaient éteindre le feu en haut de l'étagère et s'aidaient mutuellement lorsque l'un d'eux tombait.
>
> Après un moment, il m'a dit que son anniversaire était au mois d'août. Je lui ai demandé s'il allait faire une fête avec ses amis. Il m'a dit que oui. Je l'ai questionné sur l'identité des personnes qu'il allait inviter et il m'a répondu : "Ben, je vais t'inviter, toi". Je l'ai interrogé sur ce que nous ferions si j'y allais et il m'a dit sans hésitation : "Je vais te donner des cadeaux". Il m'a aussi dit qu'il aimerait que je lui donne mes legos, mon auto de police, mon camion de police, ma caserne, ma prison, parce qu'ils vont bien mieux que les siens. À cet instant, il a commencé à jouer avec le camion de police. Il manquait la vitre sur le toit de celui-ci ; il m'a demandé de la chercher. Je ne parvenais pas à la trouver. Il m'a alors dit avec un chat dans la gorge qu'il désirait retourner avec ses amis. Je lui ai dit qu'il ne pouvait y aller, car les enfants de son groupe étaient dehors. Il m'a semblé comprendre que je consentais à son départ ou que j'allais le laisser seul dans le local. Il s'est alors mis à pleurer, me disant : "Ce n'est pas gentil de sortir sans moi". J'ai rétabli les choses. Il s'est alors mis à jouer avec les blocs Lego. Son sourire est revenu lorsqu'il a retrouvé la fenêtre qu'il cherchait. En jouant avec sa petite auto, il m'a dit que plus tard, il serait policier pompier (comme son père). Puis il s'est attardé sur les fleurs en legos. Il m'a dit qu'il aimait les fleurs, qu'il aidait sa mère à s'en occuper. Il l'avait aussi aidée à faire des tartes aux pêches. J'en ai profité pour lui demander s'il croyait qu'il serait meilleur que son papa pour s'occuper de sa maman quand il sera grand. Il m'a répondu avec un très grand sérieux qu'il faisait déjà cuire ses œufs tout seul, qu'il les mangeait brouillés ; il a insisté pour savoir comment je mangeais les miens. Je lui ai dit : "Brouillés avec du fromage". Il m'a dit que ça devait être bon. Il a exprimé le désir que j'aille chez lui pour lui montrer comment je faisais. Je lui ai indiqué qu'il pouvait demander à sa maman qui pouvait certainement le lui montrer.

> […] Paul-Antoine a alors exprimé le désir de retourner dans son groupe. Il y est donc allé. Il s'y est vanté d'avoir joué au pompier avec moi. Son éducateur lui a dit : "Tu as pratiqué ton futur métier". Paul-Antoine a acquiescé et lui a dit qu'il avait quelque chose à lui montrer. Il s'est alors redirigé vers le local de thérapie. Il m'a demandé de le dessiner à droite sur une feuille et de me dessiner à gauche (avec des cheveux longs, une longue robe et enfin, des souliers comme lui-même en portait sur le dessin). J'ai profité de cet instant pour lui annoncer que la prochaine séance serait notre dernière. Je lui ai demandé de me le répéter pour m'assurer qu'il m'avait bien compris. C'est ce qu'il a fait, pour ajouter tout de suite après : "Tu vas revenir la semaine d'après"! Il est alors parti en courant avec son dessin. On pouvait l'entendre dire, montrant son dessin : "Regarde, regarde, c'est Caroline !" ».

Comme dans le cas de Jean-Simon ci-dessus, les sentiments amoureux s'expriment de plusieurs façons qui ajoutent les unes aux autres : 1) tout d'abord, la scène ludique est campée sur « la rue Caroline », en l'honneur de la thérapeute ; 2) l'enfant évoque ensuite son anniversaire, qui tombe en août (nous sommes en avril) ; 3) à cette occasion, il invitera sa thérapeute ; 4) il la comblera de cadeaux ; 5) il recevra d'elle beaucoup de cadeaux également ; 6) il comprend et vit le consentement de la thérapeute à son retour à son groupe comme une "mise à l'écart" ; 7) il invite la thérapeute chez lui pour qu'elle lui apprenne à faire des œufs brouillés au fromage ; 8) il lui fait faire un dessin sur lequel il se fait apparaître en sa compagnie, elle-même étant dotée de ses attributs féminins ; 9) il demande la thérapeute de se dessiner avec des chaussures semblables à celles de son support identitaire ; 10) il montre ce dessin avec fierté à ses pairs et à l'éducateur ; 11) il entend l'annonce de la fin prochaine de la thérapie, mais il ne peut en tenir compte.

Martin, le sujet de ma sixième illustration, est âgé de cinq ans ; il vit sa huitième séance de thérapie. Il manifeste son sentiment amoureux d'une manière qui est somme toute assez typique d'un grand nombre d'enfants :

> « Martin a entrepris de faire le casse-tête (puzzle) et il m'a aussitôt demandé de venir l'aider, ce que j'ai fait. Le casse-tête était de bonne dimension et représentait plusieurs animaux de la jungle. Lors de l'assemblage, Martin m'a mentionné à plusieurs reprises que son morceau était plus gros que le mien, car nous faisions chacun notre partie ; puis,

lorsqu'il fut prêt, nous avons assemblé le tout. Une fois le casse-tête terminé, je lui ai demandé quel animal il était et il a pointé le koala perché dans l'arbre. Il m'a demandé quel animal j'étais moi-même ; j'ai choisi le cerf. Ensuite, Martin a décidé qu'on devait changer de personnages. Il s'est lui-même choisi un personnage, soit la panthère, "parce que cet animal court rapidement". Puis, il m'a demandé de faire de même. J'ai choisi l'éléphant, mais Martin a refusé en spécifiant que la fois d'avant, j'avais le plus gros personnage et que lui, il avait le plus petit ; donc cette fois-ci, ce devait être l'inverse, je devais être le petit. J'ai alors choisi le panda, mais Martin a préféré m'attribuer la perdrix. Il a décidé que son personnage avait faim, donc qu'il devait traverser la forêt pour aller chercher des bananes. Il disait qu'il devait être très prudent puisqu'il y avait un méchant très fort dans la forêt (le lion). La panthère revint, la vie sauve. Martin décida que cette fois, c'était moi qui avais faim ; il affirma que c'était lui qui devait aller chercher des bananes, à cause du lion méchant, parce que son animal était très rapide. Avant qu'il ne reparte, je lui ai demandé comme se nommait sa panthère ; il m'a dit : "Jack". Je lui ai demandé s'il avait une idée du nom que je devais donner à ma perdrix. Il m'a dit que c'était à moi de décider. Je lui ai dit que je n'avais pas d'idée et que j'aimerais bien qu'il m'aidât. Ce qu'il fit ; il nomma la perdrix Martine (le féminin de son nom). Dès lors, Jack repartit chercher des bananes, mais cette fois, il aperçut la queue du méchant lion ; il se cacha, puis, lorsque le chemin fut libre, il revint à la course. À son retour, je lui demandai si le lion l'avait attaqué ou blessé ; il m'a répété qu'il avait seulement vu la queue du lion, mais que celui-ci ne l'avait pas vu. Il s'est ensuite assis à mes côtés. Je lui ai posé des questions sur le casse-tête afin de lui faire préciser l'histoire. En bref, tous les animaux de la forêt étaient ses amis, à l'exception du lion, qui était le méchant. Jack et Martine étaient deux grands amis ».

Les protagonistes de la relation thérapeutique sont mis en scène sous la forme d'une panthère, Jack, qui est le support identitaire, et d'une perdrix nommée Martine, laquelle figure la thérapeute. En ayant recours au féminin de son nom pour dénommer ce second personnage, Martin affiche son désir de possession œdipienne. Après être allé dans la forêt pour y chercher de la nourriture pour lui-même et y avoir évité le lion méchant (figure rivale castratrice), en toute galanterie et avec un fort souci de protection, le support identitaire retourne dans la forêt, bravant le danger d'une rencontre avec le lion, pour y quérir de la nourriture pour Martine. Le fantasme se termine avec la mention que Jack et Martine sont deux grands amis !

3. La différence de sexe entre thérapeute et patient : dans quelle mesure elle constitue un facteur maturatif ?

Comme les illustrations que je viens de présenter le laissent voir, très fréquemment les enfants œdipiens deviennent littéralement amoureux de leur thérapeute quand celui-ci est de sexe différent. Est-ce à dire qu'il faille considérer la différence de sexe entre thérapeute et patient comme un facteur qui accélère l'accès à l'œdipe, qu'elle constitue en somme un facteur maturatif ? Je suis tenté de l'affirmer sur la base de ce que j'ai pu constater au fil des ans. Je dois tout de même reconnaître que mon expérience tant de thérapeute que de superviseur me convainc que, de façon générale, la similitude des sexes entre les deux parties n'est pas un facteur limitatif au strict plan de la thérapie. Les phénomènes transférentiels tiennent compte ou résultent de cette particularité quand celle-ci est présente, cela est bien évident. Ainsi, les garçons en thérapie avec un thérapeute masculin aborderont l'œdipe en transférant sur les thérapeutes des affects, besoins, désirs, etc. se rapportant à la figure paternelle, alors que les filles feront l'équivalent à l'endroit de leur thérapeute féminine en transférant sur elle des éléments correspondants se rapportant à la figure maternelle.

Cela étant dit, je suis enclin à penser que la différence des sexes entre l'un et l'autre agent de la relation thérapeutique joue un rôle de catalyseur, d'" intensificateur" et, me semble-t-il, d'accélérateur, tout autant pour les filles que pour les garçons[50]. Si ma conviction sur ce plan n'est pas arrêtée au point de refuser de référer un petit patient à un thérapeute de même sexe, elle l'est tout de même suffisamment pour qu'en cas de référence, je tienne compte du facteur différentiel quand la chose est possible.

4. L'œdipe et la fin de la thérapie

L'accès à l'œdipe indique, j'ai déjà insisté là-dessus à quelques reprises, que la thérapie est entrée dans sa dernière phase, la phase de terminaison[51]. Pendant combien de temps l'enfant doit-il vivre en œdipe pour

---

[50] On pourra lire à ce sujet l'ouvrage *Le sexe du psychothérapeute et son influence en pratique infantile* que j'ai publié en 2008 en collaboration avec P. Bissonnette et M.-C. Boutet.
[51] Il va de soi que cette affirmation ne vaut pas pour les sujets qui sont arrivés en thérapie avec un fonctionnement œdipien. Pour ces sujets, qui font face à une décompensation

qu'on puisse envisager la fin de la thérapie ? En fait, ce n'est pas tant une question de durée qu'une question d'accomplissement dans cette durée. Je préciserais ainsi l'élément principal du chemin qui doit être parcouru : il faut idéalement avoir constaté un mouvement de report du sentiment amoureux (du sentiment de rivalité œdipienne[52], quand le thérapeute est du même sexe) vers une autre cible que le ou la thérapeute ou de dilution de ce sentiment au profit de l'investissement d'une activité ou d'une sphère d'intérêt. Comment cela va-t-il apparaître ? Par une hésitation à venir à la séance, par un intérêt libidinal accru pour le parent de sexe différent (quand l'accès à l'œdipe s'est réalisé grâce à la relation avec le ou la thérapeute), pour un éducateur prolongeant la fonction parentale, pour un pair (de sexe différent). Cela peut apparaître également sous la forme du développement d'une passion ou d'un intérêt pour une activité ou un domaine quelconque ; ce cas de figure est particulièrement fréquent chez les sujets qui ont entre six et dix ou 11 ans, autrement dit chez ceux dont l'âge correspond à celui des sujets qui sont dans la période de latence.

Même si je reconnais qu'il n'est pas nécessairement facile de prévoir pour un sujet donné combien de temps il faut compter depuis le début de l'œdipe pour la mise en place d'un tel mouvement, je dirais que pour la majorité des enfants de quatre à six ou sept ans il faut miser sur une durée allant de quatre à six semaines. Sans doute un peu plus dans la mesure où le sujet s'approche de la période de l'adolescence. Des facteurs externes à la thérapie peuvent rendre compte d'une prolongation sensible de cette durée : par exemple, l'attitude de chacun des parents à l'endroit de l'enfant, le caractère de celui-ci, l'accès plus ou moins facile pour lui à des relations privilégiées avec des garçons ou des filles de son âge, etc.

---

névrotique, légère ou prononcée selon les cas, nous devrons faire appel à des critères plus fins et plus spécifiques pour la détermination de la phase terminale de la thérapie et pour la fin de celle-ci : entre autres, levée du caractère paralysant de l'angoisse (de castration), bien-être ressenti dans les relations interpersonnelles ou sociabilité épanouissante, créativité et adaptation dans les tâches d'apprentissage (scolaires et parascolaires), etc.

[52] Je souligne "œdipienne" parce qu'il faut absolument savoir faire la différence entre la rivalité phallique et la rivalité œdipienne ; cette dernière, au contraire de la précédente, tient compte de la dimension sexuée du rival et s'associe à une angoisse de castration (et non à l'angoisse de perte d'objet), entre autres critères différentiels).

Conclusion

Je vais conclure ces considérations complémentaires sur les sujets à fonctionnement œdipien par une sorte de mise en garde : c'est qu'on aurait tort de croire que l'accès à l'œdipe va régler tous les problèmes qui se posaient dans le milieu familial ou scolaire de l'enfant en début de thérapie. Par exemple, un enfant peut avoir accumulé un déficit important dans ses tâches d'apprentissage à l'école. Sa performance va continuer de témoigner de ce déficit tant et aussi longtemps que celui-ci n'aura pas été surmonté. Comme on le sait, ce n'est pas le rôle du thérapeute de diriger ce travail de récupération. Il faut tout de même éviter de prolonger indûment la thérapie en supposant que l'enfant va pouvoir récupérer spontanément et sans aide complémentaire. Il pourrait être beaucoup plus sage d'orienter les parents vers une aide pédagogique spécifique, si ce que fournit l'école à ce niveau ne suffit pas. Assumer les coûts de cette intervention va être d'autant plus facile pour les parents que la thérapie aura pu être fermée ou réduite sensiblement dans son rythme. Le domaine du rendement scolaire n'est certainement pas le seul à considérer ici pour éviter "l'acharnement psychothérapeutique". Il faut savoir tenir compte, par exemple, des limites que présentent les principales figures du milieu familial. Doit-on, par exemple, prolonger la thérapie d'un enfant qui, ayant cheminé remarquablement sur beaucoup de plans, éprouve toujours des difficultés dans ses relations avec un père dysfonctionnel, fermé par ailleurs à toute remise en cause de son attitude ? Je ne le crois pas. De toute manière, la thérapie de l'enfant artificiellement maintenue ne donnera jamais ce que le père refuse de donner. Le thérapeute doit savoir tenir compte de cela et choisir d'orienter la mère vers une figure paternelle complémentaire pour son fils.

Chapitre treizième

Quelques jalons d'orientation pour le début d'une pratique privée

Introduction

Les considérations que je vais proposer dans le présent chapitre sont d'une teneur assez différente du contenu des douze chapitres précédents. Elles portent non pas sur le travail thérapeutique en tant que tel, mais bien sûr l'organisation générale du travail et surtout sur divers éléments stratégiques dont la connaissance peut être fort utile pour le lancement réussi d'une pratique privée (en libéral) de psychologue d'enfant.

J'ai trop souvent constaté le désarroi de jeunes psychologues, frais émoulus de l'université, devant le défi de ce démarrage, pour ne pas être convaincu de la pertinence et de l'importance de ces informations. La formation, telle qu'elle est conçue et réalisée présentement au Québec (au moment de la rédaction de cet ouvrage en 2002), ne prépare à peu près pas les étudiants à la réalité de travailleur autonome, de gestionnaire de sa propre entreprise, qui sera le lot d'un bon nombre d'entre eux dès le début de leur carrière. Il n'est donc pas étonnant que la plupart de nos diplômés se sentent assez démunis et assez peu sûrs d'eux quand il s'agit de commencer à pratiquer la profession dans laquelle ils ont déjà tellement investi[53].

Au cours des vingt dernières années, en plus de maintenir ma propre pratique de psychothérapeute et de superviseur, à titre de superviseur et de conseiller, j'ai accompagné une bonne quinzaine d'étudiants au moins dans cette opération démarrage. J'ai aussi profité des confidences d'un

---

[53] L'Ordre des psychologues du Québec organise de temps à autre des ateliers ayant pour thème le démarrage de la pratique privée. Ces ateliers offrent des informations indispensables pour l'organisation de son travail, dans ses aspects juridiques et physiques notamment.

certain nombre de mes anciens étudiants qui, dans ce volet de l'entrepreneuriat, ont fait montre d'un réel talent et d'un remarquable sens de l'initiative. C'est sur la base de cette expérience que j'ai élaboré les propos qui suivent.

Concrètement, ce chapitre comportera huit sections, dont voici les titres : choisir son lieu de pratique ; choisir soigneusement son superviseur et s'inscrire dans un réseau ; soigner sa publicité ; s'introduire ou se faire introduire auprès de sources potentielles de références ; développer la gamme de jeux mis à la disposition des enfants ; voir au développement de ses habiletés ; au-delà de la pratique privée.

1. Choisir son lieu de pratique

La première chose dont il faut s'assurer avant de prendre sa décision quant à son lieu éventuel d'implantation professionnelle, c'est de l'existence d'une "masse critique", d'un bassin de population suffisamment important pour garantir une clientèle éventuelle. Cette évaluation doit tenir compte bien évidemment du nombre et de la compétence des psychologues d'enfants qui ont déjà pignon sur rue dans la région. Il faut également prendre en considération le niveau de vie moyen de la population, du degré moyen de connaissance de cette population quant aux services que peut rendre un psychologue d'enfants, de son ouverture potentielle à une sensibilisation à de tels services. Il pourra être avantageux d'entrer en contact avec des psychologues qui œuvrent déjà dans le milieu (de préférence des psychologues qui ne reçoivent pas des enfants, car ceux-ci peuvent vous considérer comme un concurrent potentiel à écarter, donc à décourager). Ces professionnels peuvent vous donner des informations utiles pour votre prise de décision. Une telle évaluation correspond en quelque sorte à ce qu'on appelle couramment "une étude de marché" ; soyons modestes cependant, cette étude est réalisée avec des moyens fort rudimentaires et la valeur de ses résultats est fonction de la qualité de votre jugement et de l'objectivité des informations qu'on aura bien voulu vous donner.

Votre évaluation ne doit pas seulement tenir compte des possibilités qu'offre le milieu éventuel quant à la pratique psychothérapeutique. Des fonctions complémentaires qui vous sont actuellement ou éventuellement accessibles (par exemple, l'expertise psycholégale, l'évaluation de personnalité, l'enseignement, etc.) peuvent bien évidemment devoir être considérées pour votre décision. Un autre type de facteur très important est celui de pouvoir compter sur un réseau déjà existant ou sur un professionnel bien lancé, sources possibles de références. J'y reviendrai ci-dessous.

Je ne peux passer sous silence que bien des jeunes psychologues prennent leur décision en tenant compte de contraintes familiales : originaire de telle ville, tel ou telle verra comme tout à fait naturel de tenter de lancer là sa pratique professionnelle. Et puis, il peut très fréquemment se trouver que le conjoint ou le futur conjoint exerce déjà son métier dans cette ville ; celui-ci étant difficilement mobile au niveau de l'emploi, il est raisonnable de vérifier si l'on peut s'établir comme psychologue dans la même région.

Une fois que vous avez déterminé dans quelle localité vous vous établissez, vous devez vous mettre à la recherche d'un cabinet, d'un endroit de pratique. Avec une clientèle infantile, il importe de n'être pas très loin du centre-ville (cette particularité ne s'applique pas aux grands centres urbains). C'est donc dire que de façon générale, on ne s'établit pas en périphérie, à moins que la population y soit suffisamment dense et que les conditions minimales d'anonymat, le vôtre et celui des personnes qui viennent vous consulter, soient assurées. L'un de mes anciens étudiants qui habitait une petite ville de province s'était trouvé fort mal à l'aise le lendemain d'une évaluation psychologique quand il avait découvert que la personne impliquée dans le cas à titre de père abuseur était son deuxième voisin. Pas besoin de vous préciser que ce voisin a été encore plus mal à l'aise que lui après avoir découvert que son évaluateur de la veille habitait si près de chez lui...

Cette dimension de l'anonymat revêt une certaine importance, suffisamment d'importance en tout cas pour que nous nous y arrêtions quelque peu. La fonction de psychologue est à ce point particulière qu'elle commande un certain style d'existence, une existence sociale en retrait. Les parents qui viennent consulter apprécient que leur démarche puisse se faire dans un contexte de discrétion, qu'elle n'exige pas d'eux l'équivalent d'un aveu public de la situation problématique de leur enfant, de leur famille ou d'eux-mêmes. Pour plusieurs d'entre eux, c'est déjà difficile d'admettre pour eux-mêmes la situation de cul-de-sac dans laquelle ils sont avec leur enfant ; alors, imaginez le degré supplémentaire de difficulté s'il faut ajouter à cela un aveu quasi public de leur situation problématique.

Les parents apprécient également que le psychologue qu'ils consultent ne soit pas un personnage vedette de la vie mondaine locale, ni même un personnage bien en vue suite à des apparitions dans les médias. Ils ont l'assurance que ce qu'ils confient d'eux-mêmes et de leur famille à ce professionnel va pouvoir rester confidentiel. C'est ce qui fait que le psychologue doit mener une vie sociale discrète, une contrainte qui se marie bien de toute façon avec les exigences de la neutralité caractérisant les conditions de la situation thérapeutique.

Il vous faut donc penser à ces conditions d'accès relativement discret pour les parents au moment où vous choisissez le lieu de votre cabinet. Il faut que vous vous mettiez dans leur peau et que vous puissiez répondre affirmativement à la question : « Serais-je à l'aise si j'étais parent d'enfant en difficulté de venir consulter à cet endroit ? »

La discrétion physique des lieux est un petit détail auquel on ne pense pas nécessairement en début de pratique, justement parce qu'on n'a pas encore eu une clientèle suffisamment large pour en mesurer l'importance. Par discrétion physique, j'entends bien évidemment la qualité d'insonorisation du local. Il y a des enfants qui sont particulièrement bruyants en séance. C'est souhaitable de les laisser manifester ce caractère bruyant et de ne pas avoir à les réprimer sur ce plan. Vos voisins d'en dessous, d'au-dessus, d'à côté, etc. peuvent en être très incommodés et, pour cela, vous prendre en grippe. Vous pourriez ainsi rapidement hériter de la réputation d'être un locataire insupportable ; ce serait tout aussi malheureux qu'injustifié.

La salle d'attente ne permet pas que le patient qui sort de votre cabinet ne croise celui qui y entre (ce qui serait l'idéal). Ce n'est pas un problème : il vous suffit d'espacer les rendez-vous (de dix à quinze minutes). C'est la façon de faire que je conseille parce qu'elle comporte beaucoup d'avantages. D'abord, elle permet de remettre le cabinet en ordre avant d'accueillir le patient suivant. Ensuite, ce court laps de temps représente juste ce qu'il faut pour jeter sur papier un résumé de ce qui est survenu avec le patient qui vient de quitter. C'est le meilleur temps et la meilleure façon de préparer la matière de votre supervision ou le matériel que vous confiez au dossier du cas pour vos propres fins de consultation ultérieure. « Oui, mais nous perdons du temps : dix ou quinze minutes par heure, c'est une heure aux quatre ou cinq heures, donc un patient supplémentaire en moins ! », diront les plus "comptables". Il faut inclure ce laps de temps intermédiaire dans l'heure que vous consacrez à l'enfant ; vous êtes donc payés pour cela. Si vous voulez que votre pratique soit rigoureuse et vraiment professionnelle, il faut savoir y consacrer du temps et de l'énergie. C'est le prix à payer et il est fort raisonnable, croyez-moi.

Autre détail d'importance pour le choix de l'emplacement de votre cabinet : vous devez tenir compte de la réputation de vos colocataires, à plus forte raison s'ils sont psychologues. Si vous travaillez avec quelqu'un qui a été radié de l'Ordre ou encore, qui traîne une réputation d'incompétence, votre propre réputation va inévitablement en souffrir ; sans le savoir, vous vous mettez un boulet au pied que vous pouvez avoir à traîner fort longtemps. Les collègues ou professionnels qui sont susceptibles de vous référer des cas vont dire : « Si ce psychologue travaille avec Untel ou Unetelle, c'est qu'il ne doit pas valoir plus : qui s'assemble se ressemble… ». N'ayez surtout pas la naïveté de croire que tous ceux qui s'affichent comme psychologues sont compétents et de compétences équivalentes entre eux.

Choisir un centre de services pluridisciplinaires comme lieu de pratique peut constituer un atout, particulièrement si vous êtes le seul psychologue d'enfants à y œuvrer. L'interaction fréquente avec des professionnels impliqués dans différents aspects de la vie de la famille peut fournir de belles occasions de vous faire connaître professionnellement avec comme conséquence de vous amener des références et également d'établir des actions concertées ou des collaborations.

Il se peut qu'on ne soit pas très sûr que le lieu de pratique choisi soit vraiment propice à la réussite du lancement de sa pratique. Il est alors sans doute sage de moduler son engagement financier en tenant compte de cette incertitude. Au lieu de louer un cabinet pour sa seule pratique, on peut fort bien prendre arrangement avec un professionnel qui accepterait avec empressement, moyennant rétribution horaire, de mettre ses locaux à votre disposition.

Pour clore sur ce sujet du choix de votre lieu de pratique, j'insisterai sur le fait que votre cabinet dit beaucoup de vous comme professionnel et qu'il est un atout considérable dans l'établissement de cette confiance qui doit nécessairement caractériser votre relation avec les parents. C'est littéralement un outil de promotion de la qualité de vos services, un outil superficiel sans doute, mais un outil quand même. Les pièces qui composent votre lieu de pratique (salle d'attente et toilettes incluses) doivent être propres, en ordre et, si possible, caractérisées par une certaine élégance, sans exagération toutefois. L'enfant doit se sentir tout à fait à l'aise dans ce qui sera pour lui la salle de thérapie. Il doit y trouver des meubles qui sont adaptés à sa taille et sur lesquels il pourra s'installer confortablement.

2. Choisir soigneusement son superviseur et viser l'inclusion dans un réseau

À plusieurs reprises dans cet ouvrage, j'ai insisté sur l'importance pour la qualité de votre formation de pouvoir compter sur un superviseur compétent. C'est, j'espère, sans surprise que vous lirez ici qu'il en va des superviseurs comme il en va des psychologues en général et qu'il ne suffit pas de s'afficher comme tel pour pouvoir mériter le titre ; on doit avoir les atouts et les habiletés nécessaires. Au chapitre huitième, j'ai suggéré un certain nombre de critères qui peuvent servir à éclairer le choix. On pourra s'y référer, car je ne vais pas élaborer davantage sur ce point dans le présent contexte.

Il est utile de revenir sur cet aspects ici pour insister sur l'importance stratégique de ce facteur pour la réussite de son implantation professionnelle. Il faut être conscient du fait que le jeune professionnel de la psychologie, qu'il œuvre en évaluation ou en psychothérapie, est le principal promoteur de sa propre entreprise. C'est essentiellement par le nombre et la fréquence de ses réussites en thérapie que sa réputation de thérapeute s'établit et se répand : le bouche-à-oreille s'opère de lui-même de parents satisfaits à parents en besoin de service (ou à sources de références potentielles). C'est également essentiellement par la qualité et le caractère professionnel de sa performance devant ceux auprès desquels ou devant lesquels il défend ses dossiers d'évaluation que le thérapeute construit sa crédibilité : tel directeur de services professionnels, tel avocat qui auront été favorablement impressionnés par la qualité du travail d'un psychologue donné s'empresseront à la première occasion de faire appel à lui, parce qu'ils savent qu'ils peuvent se fier à lui, parce qu'ils savent qu'il « connaît son affaire ». En début de carrière, de telles réussites s'appuient sur l'assistance d'un bon superviseur. Par contre, à se laisser guider dans ces facettes du travail par un superviseur incompétent, on risque de se mettre en difficulté dès le départ ; on risque même d'y "laisser sa peau" professionnellement parlant. Il n'y a rien de secret ni d'étonnant en cela : la compétence génère la compétence alors que l'incompétence, elle, génère l'incompétence. Il faut veiller à ne pas faire les frais de cet adage.

Le choix d'un superviseur compétent est important pour une autre raison, une raison reliée à l'existence du fonctionnement en réseau. De quoi s'agit-il précisément ? Autour du superviseur compétent gravite un certain nombre de psychologues ; ceux-ci ont, à un moment donné, plus de demandes de thérapie ou d'évaluation qu'ils ne peuvent assumer ; comme ils se préoccupent de la compétence du professionnel à qui ils vont référer ce surplus d'affluence (car en cas d'insatisfaction, c'est eux-mêmes qui risquent d'écoper), ils vont s'adresser à leur superviseur pour obtenir le nom d'un jeune psychologue vers lequel ils vont pouvoir faire dévier les demandes. Ainsi se constitue un réseau. On devinera sans difficulté que la vitalité et la capacité d'expansion de ce réseau sont fonction de la compétence des professionnels qui le composent.

Pour le psychologue qui cherche à "faire sa place sur le marché", l'existence de ces réseaux peut constituer un obstacle de plus à surmonter, mais elle peut également constituer un atout pour lui : tout dépend de ses chances d'inclusion dans un réseau de professionnels compétents et dynamiques. Or, c'est surtout par celui qui chapeaute le réseau, c'est-à-dire le superviseur, qu'on y entre. D'où l'importance stratégique du choix de ce dernier.

Il y a une troisième raison qui établit l'importance du choix du superviseur : celui-ci se trouve à accroître l'expertise du jeune professionnel. Qu'est-ce à dire ? Le diplômé arrive sur le marché du travail avec une expérience relativement limitée. Il aura personnellement assumé tout au plus une dizaine de cas au total, à supposer qu'il ait complété un stage sénior ou un internat, moins encore si tel n'est pas le cas. Le tamisage des cas qui lui ont été confiés a généralement fait en sorte que sa pratique a pu être limitée à des cas pas trop lourds. Le superviseur, quant à lui, parce qu'il a maintenu sa pratique en dehors du milieu d'initiation, parce qu'il encadre des professionnels œuvrant en dehors de ce milieu, a une expertise beaucoup plus large dont il peut faire profiter son supervisé. Celui-ci peut donc s'appuyer sur cette expertise pour assumer avec compétence des cas qui, dans d'autres conditions, auraient été au-delà de son champ.

3. S'introduire ou se faire introduire auprès de sources potentielles de références

On aurait tort de penser que la réussite de son implantation professionnelle ne dépend que de facteurs ou d'agents externes. Le sens de l'initiative, la débrouillardise et la créativité constituent des atouts considérables. Il faut d'abord et avant tout avoir confiance en sa compétence et être convaincu de l'importance de la contribution spécifique d'un psychologue d'enfants pour pouvoir convaincre les sources potentielles de références de faire appel à ses services. Cette confiance en soi et cette conviction quant à l'importance de sa contribution professionnelle découlent tout naturellement des expériences de réussite professionnelle qui auront été vécues jusque-là dans l'initiation à la pratique. Elles découlent aussi de l'appui des personnes qui assurent l'encadrement et la supervision.

Ces atouts plus personnels donnent au jeune professionnel l'aplomb requis pour réaliser des contacts fructueux avec des personnes clés de sa région, responsables de services (directeurs de services professionnels, directeur des services d'évaluation, responsable régional du Centre d'aide pour les victimes d'actes criminels et sexuels [CAVACS], etc.) ou professionnels d'autres professions (médecins de famille, pédiatres, responsables de services aux élèves en milieu scolaire, directeurs d'école publique ou privée, directeurs d'association de parents d'élèves, directrices de garderie, etc.).

Il ne faut pas adopter l'idée que ces contacts doivent absolument se faire sans intermédiaire. Si un collègue ou le superviseur peut servir d'introducteur en vertu de collaborations passées ou actuelles avec la personne visée, cela peut s'avérer extraordinairement utile. Il n'y a rien de répréhensible à cela, au contraire.

Il importe en tout temps de se rappeler qu'il est relativement facile d'ouvrir un minimum de portes, suffisamment en tout cas pour démarrer sur une base intéressante. Il faut surtout que le jeune psychologue veille à faire en sorte que les personnes et services qui acceptent de lui faire confiance pour une raison ou pour une autre (jeu de la recommandation, qualité du premier contact, efficacité de la publicité, etc.) vont continuer de le faire après la première prestation de service. Il ne faut prendre aucune chance avec celle-ci ; elle doit être de qualité relevée, impeccable même. Ainsi doit-il en être des autres immédiatement successives, jusqu'à ce la réputation soit définitivement établie. De toute manière, il ne faut jamais se relâcher au niveau de ce standard d'excellence. Au jeu de la concurrence, ce sont les meilleurs qui finissent par l'emporter.

4. Soigner sa publicité

Des parents qui viendront consulter pour leur enfant, bon nombre auront décidé de leur démarche en prenant connaissance de la publicité du psychologue dans le bottin téléphonique ou dans le journal local. La publicité est indiscutablement pour le jeune psychologue un aspect à soigner pour la réussite de son implantation. Pour y parvenir, il faut tenir compte d'un certain nombre de choses.

Si un psychologue opte de stimuler la demande en offrant ses services par une publicité dans les journaux (quotidien ou hebdomadaire) de sa région, il doit avoir à l'esprit que certains temps de l'année sont plus favorables que d'autres pour une telle opération. Il doit ponctuer sa publicité en tenant compte, par exemple, de la période à laquelle le bulletin scolaire parvient aux parents, parce que c'est le moment où très souvent ceux-ci prennent conscience de l'urgence à faire une demande de services. Il ne sert pratiquement à rien de s'annoncer durant les mois d'été, parce les parents ont trop de distraction pour penser à une telle démarche. Ils n'auraient d'ailleurs pas la disponibilité d'en surmonter les contraintes.

La carte professionnelle et le format de la publicité doivent attester de la capacité du psychologue de se mettre à l'écoute de l'enfant. Il suffit très souvent de très peu de choses : un logo particulier, un dessin d'enfant vraiment accrocheur, etc., peut s'avérer décisif pour le choix du parent et pour sa décision d'appeler. Il n'est pas pertinent de donner une liste détaillée des symptômes auxquels la psychothérapie peut "s'attaquer" ; on risque alors de créer des attentes quant à la rapidité des résultats, attentes qu'il faudra frustrer ultérieurement ; ou encore, on risque d'attirer des parents qui arrêteront la thérapie à la première occasion, la méthode n'étant pas suffisamment précise et spécifique pour eux.

Comme le cabinet lui-même et ses pièces attenantes, la publicité constitue une manière de présenter ses services aux gens actuellement ou potentiellement demandeurs. Elle témoigne de la personnalité du professionnel et si l'on sait bien lire, de son approche des problèmes de l'enfant. C'est la raison pour laquelle il faut prendre le temps de la peaufiner, de ne pas en bâcler la réalisation, comme s'il s'agissait d'une mention à faire paraître dans les "annonces classées"...

5. Développer la gamme de jeux mis à la disposition des enfants

Au chapitre cinquième, j'ai affirmé qu'il n'est pas nécessaire d'avoir une gamme très étendue de jouets pour démarrer la pratique psychothérapeutique. Les tout-petits ont le don de s'exprimer avec fort peu de choses et ils aiment d'ailleurs retrouver leurs jouets de prédilection. Toutefois, à mesure qu'il progresse dans les années de l'école élémentaire, l'enfant apprécie de plus en plus une certaine variété. Il faut donc être en mesure de répondre à cette exigence sans tomber dans l'excès. Il ne faut jamais oublier que l'enfant vient en thérapie pour s'exprimer au sujet de ce qui s'agite en lui et que c'est parce qu'il s'exprime à merveille en jouant qu'on fait en sorte qu'il puisse jouer à son aise. Du point de vue du thérapeute, il joue donc pour s'exprimer et il ne vient pas en thérapie pour jouer tout simplement, même si à certains moments, il donne l'impression de vouloir que ce soit bien le cas. Le cadre de la thérapie le ramène immanquablement à la finalité véritable du jeu, à la fonction subordonnée de celui-ci à l'expression.

Quand on s'équipe pour pouvoir fournir aux enfants une gamme adéquate de jouets, il faut penser à une relative harmonie des grandeurs, parce qu'il arrivera souvent que des sujets voudront faire des croisements d'un ensemble de jouets à un autre. C'est pour cette raison que je conseille à mes supervisés d'adopter une même marque de commerce et d'y rester fidèle dans la mesure du possible. La marque Playmobil me paraît particulièrement adaptée parce qu'elle offre une variété merveilleuse de jouets attrayants pour les enfants de tous âges. Elle fournit également tout ce qu'il faut pour répondre aux besoins des enfants, de quelque niveau de fonctionnement affectif qu'ils soient. Car de cela aussi il faut tenir compte.

En quelques lignes, je voudrais faire le tour de ce que j'appellerais les playmobils incontournables, c'est-à-dire les ensembles qui, par l'usage qu'en ont fait les enfants au fil des thérapies, ont fait leurs preuves, ont fait la preuve de leur extraordinaire utilité. L'ensemble *Le Palais de rêve* (3019) est particulièrement apprécié des petites filles œdipiennes ou qui sont en voie de l'être. Beaucoup de garçons vont aussi l'utiliser. *Le Temple du dragon* (3841) et l'ensemble *Grand château du roi* (3666) et *Petit château* (3667) ainsi que les éléments venant avec ces constructions conviennent généralement plus aux garçons du même niveau. Les sujets à fonctionnement phallique tout comme les œdipiens apprécient grandement l'ensemble construit autour du *Bateau de pirate* (3053). On accordera de l'importance tout particulièrement à la *Tour de la prison des pirates* (3859), véritablement un instrument indispensable pour la salle de thérapie. L'ensemble western construit autour du *Fort Eagle* (3023) avec la *Diligence Western Express* (3803), le *Bureau du shérif* (3786), la *Diligence convoyeuse de fonds Gold Transport* (3037) s'avère un puissant stimulus pour les garçons, autant pour les anaclitiques que les œdipiens. Les phalliques adorent les voitures et les motos de compétition ; il faut pouvoir mettre un tel matériel à leur disposition. L'ensemble des jouets reliés par le thème des voyages et des combats dans l'espace est bien au goût du jour et est très prisé par les garçons, particulièrement par ceux de huit et neuf ans. La *Ferme* (3072) et ses divers éléments sont très utilisés par les enfants des deux sexes. D'autre part, si les filles d'orientent davantage du côté du matériel d'hôpital (3980) et de chirurgie (3981), les garçons affichent une prédilection pour le *Quartier général de la police* (3957), l'*Hélicoptère* (3908), la *Voiture avec girophares* (3904) et la *Moto-patrouille* (3986). Les ensembles qui sont construits sur le thème des activités de vacances sont très utiles parce que les enfants les utilisent pour raconter ce qui est arrivé ou aurait dû arriver pendant ce temps de l'année. Sont particulièrement utiles à cet égard le *Chalet du sportif* (3826), le *Campeur à toit ouvrant* (3945), l'*Hydravion d'aventure* (3866).

Bien évidemment, le coût de ces jouets à l'état neuf peut représenter une somme assez rondelette. Il faut surveiller ce qui s'offre dans les ventes de garage et les marchés aux puces. Les jouets d'enfants abondent dans ces lieux ou occasions ; même les jouets les plus recherchés finissent par y apparaître.

6. Voir au développement de ses habiletés

La spécialisation de la formation du psychologue fait qu'on arrive généralement sur le marché de la pratique infantile actuellement au mieux avec des habiletés de psychothérapeute et des habiletés de psychodiagnosticien. C'est déjà une base de départ tout à fait intéressante, surtout si on a eu la chance de compléter près d'une demi-douzaine de thérapies et de développer son œil clinique sur une quinzaine de cas, comme le programme actuel de formation le permet à l'Université du Québec à Trois-Rivières. Cette base peut être consolidée par la continuation du contact avec le superviseur, nous le savons déjà.

La pratique infantile constitue, selon moi, la meilleure porte d'entrée pour la pratique auprès d'autres clientèles, les adolescents d'abord et les adultes ensuite. Je conseille à mes étudiants de s'ouvrir progressivement à ces autres clientèles en même temps que s'accumulent leurs années d'expérience. Évidemment, on peut fort bien se limiter à la pratique infantile toute sa carrière et y trouver son compte, sur tous les plans. C'est d'ailleurs ce que beaucoup de thérapeutes font et font très bien. Il est cependant enrichissant, au fur et à mesure que l'on avance dans la vie et dans la pratique, de pouvoir assister dans leur cheminement des sujets d'un âge plus avancé. La pratique infantile ne peut d'ailleurs qu'en être confortée et dynamisée. On peut notamment saisir toute la portée et les avantages d'une intervention qui soit la plus précoce possible. Inversement, le thérapeute d'expérience en infantile va tout naturellement pratiquer une approche des problématiques adolescentes et adultes d'une manière qui portera une attention très fine à l'influence des événements de l'enfance ; il découvrira très rapidement, si ce n'est déjà fait, que derrière des formes d'expression typiques de leur âge, chez le patient adolescent ou adulte, c'est l'enfant qui persiste et qui continue de souffrir ou de protester qu'il faut aider à se libérer de ses maux. Le défi pour lui consistera à s'adapter aux modes typiques de la communication des adolescents et des adultes, d'une part, et à s'adapter aux caractéristiques du cadre psychothérapeutique qui visent à ce que soit sauvegardée la projectivité des situations de thérapie, d'autre part.

Les habiletés d'évaluation développées dans le cadre de la pratique infantile et adolescente peuvent également être progressivement prolongées en direction de la clientèle adulte, sous supervision experte, avec un appui incontestable, là encore, sur les avantages de l'œil clinique développé auprès de la clientèle infantile.

En dehors de ces directions qui sont couramment empruntées, il y en a d'autres également possibles. Qu'il me suffise ici d'en évoquer quelques-unes : médiation, programme d'aide aux employés, sélection de personnel, intervention en situation de crise, psychologie traumatologique, enseignement collégial ou universitaire, etc. Si "tous les chemins mènent à Rome" et donc forcément "partent de Rome", il y a aussi beaucoup de chemins qui "partent de la psychologie", pour peu qu'on sache s'orienter et "se propulser", pour peu aussi qu'on sache trouver et aller chercher l'expertise là où elle se trouve pour en profiter au niveau de sa formation.

7. Au-delà de la pratique privée

L'accent que j'ai mis dans ce chapitre ultime sur la pratique privée ne doit pas être interprété comme une invitation à tourner le dos à la pratique dans les services publics, parapublics ou communautaires. Si j'ai insisté sur la pratique privée, c'est que celle-ci constitue une "opportunité" accessible au plus grand nombre dès après la diplomation. C'est aussi la forme de pratique dans laquelle on profite d'un maximum de liberté : on peut choisir son lieu physique de travail, on choisit avec qui l'on veut bien travailler, on décide de son horaire, on peut déterminer auprès de qui l'on va travailler, etc. Pour jouir de cette liberté multiforme, il faut, bien entendu, accepter de sacrifier la sécurité matérielle qu'offre un salaire garanti. Il faut savoir que chaque milieu de pratique a ses défauts, que chacun a ses grandeurs et ses limites. La pratique psychologique en milieu scolaire apporte beaucoup de joie aux praticiens portés vers l'évaluation, mais beaucoup de frustration ou de nostalgie à ceux qui ont goûté au bonheur de la thérapie. La pratique en milieu social (Centre de services sociaux et Centre local de services communautaires, notamment) peut être gratifiante à l'occasion, décevante à d'autres moments, à cause de la lourdeur des cas, du peu de motivation des parents, de l'instabilité des milieux de vie fournis à l'enfant, etc..

Beaucoup de jeunes psychologues ont pu aménager une forme de mixité : travail à temps partiel dans un emploi du secteur public ou parapublic et le reste du temps investi dans une pratique privée. Sans doute y a-t-il là une forme d'engagement professionnel qui paraîtra particulièrement attrayante à ceux qui ne veulent sacrifier ni la liberté que procure une pratique personnelle ni la sécurité relative qu'offre un emploi plus conventionnel.

CONCLUSION

En introduction à cet ouvrage, j'ai présenté la psychothérapie comme un processus qui permet au sujet soit de récupérer le retard développemental caractérisant son fonctionnement psychoaffectif, soit de remettre en route son développement affectif, dont la marche en avant s'est trouvée bloquée ou plus ou moins largement empêchée suite à l'action de facteurs divers, internes ou externes. J'ose croire que le contenu proposé au fil des chapitres a rendu plus explicite cette conception de la psychothérapie et qu'il a exposé dans ses aspects essentiels le cadre (ou les conditions pratiques) grâce auquel ce processus peut se mettre en place, se maintenir et livrer les résultats attendus. Tout au long de ce cheminement, j'ai fait ressortir différentes facettes du rôle que se trouve à jouer le thérapeute dans ce processus. J'ai notamment beaucoup insisté sur le rôle d'"accoucheur de sens", de "sage-thérapeute" (en parenté avec celui de sage-femme auprès de la parturiente), rôle joué à l'endroit du "porteur de sens" qu'est le patient (comme la parturiente est elle-même "porteuse de vie", d'une vie à faire naître). J'ai également mis en relief la fonction de "lieu de transfert" que remplit le thérapeute pour le patient, celui-ci projetant sur lui ou réactivant dans la relation avec lui des affects, besoins ou désirs ressentis préalablement en relation avec l'une ou l'autre des personnes significatives de son histoire. J'ai enfin beaucoup insisté sur la fonction de "personne d'investissement privilégié" qu'assume le thérapeute vis-à-vis du patient, fonction parallèle à celle d'être une personne investissant le patient dans le respect du caractère projectif des situations de thérapie.

La vision plus globale du processus thérapeutique que rend possible le point de vue atteint au terme de ces treize chapitres permet d'insister sur une autre facette du rôle assumé par le thérapeute. Celui-ci, je l'ai déjà dit, est un "allumeur". Il est un allumeur en ceci que par sa présence, par sa capacité de mettre en place les conditions rendant possible l'investissement de sa personne, par sa capacité de supporter les sentiments amoureux (ou, au contraire, ceux de rivalité œdipienne), il permet au patient d'accéder à la capacité d'aimer d'une manière objectale, c'est-à-dire d'une manière qui respecte les dimensions d'être entier, d'être pleinement sexué de son "objet" d'amour. Cette capacité exercée sans limites incapacitantes, sans culpabilité inhibitrice, est la porte d'entrée d'une existence affective de qualité supérieure puisqu'elle entraîne nécessairement les corollaires suivants : stabilité et profondeur des relations, attitude altruiste, sociabilité, efficience dans les investissements d'études puis de travail, amour de la vie, etc.

On peut dès lors mesurer la chance qui est donnée à un enfant luttant avec les effets d'un retard affectif lorsqu'on lui permet d'entrer en relation avec un psychothérapeute compétent. Cette relation, si elle est conduite dans des conditions qui en favorisent la réussite (n'oublions pas sous cet angle la nécessaire implication des parents), va littéralement changer non seulement la vie présente de ce sujet, mais également et surtout sa vie future. Jadis en danger de devenir un individu lourd à porter et à supporter pour son environnement personnel, ce sujet sera devenu un véritable semeur de bonheur pour les gens qui auront la chance de le côtoyer. Telle est la signification profonde de la contribution sociale du psychologue d'enfant s ; voilà précisément aussi ce qui fait sa grandeur. Sous cet angle, cette profession figure indiscutablement parmi celles qui sont indispensables à la bonne santé d'une société et au maintien de son fonctionnement harmonieux.

Université du Québec à Trois-Rivières,
Premier semestre 2002

Bibliographie

Abraham, K. (1966). *Oeuvres complètes* (tome II). Paris : Payot.
American Psychiatric Association (2015). *Diagnostic and statistical manual of mental disorders (DSM 5)*. Document accessible à l'adresse <https://www.psychiatry.org/psychiatrists/practice/dsm>.
Bergeret, J. (1974). *La dépression et les états limites*. Paris : Payot.
Bergeret, J. (1984). *La personnalité normale et pathologique*. Paris : Dunod.
Bergeret, J. (1994). *La violence et la vie : la face cachée de l'œdipe*. Paris : Payot.
Bergeret, J. (1995). L' "analité" et la maîtrise. *Revue française de psychanalyse, 3*, 659-682.
Bergeret, J. et coll. (1996). *La pathologie narcissique. Transfert, contre-transfert et technique de cure*. Paris : Dunod.
Bossé, M. (1990). *Modes de fonctionnement cognitif et langagier*. Trois-Rivières : SMG.
Bossé, M. (2011). *Pourquoi j'irais chez la psy, maman ?* Longueuil : Groupéditions.
Bossé, M., Boileau, M. et Moreau, I. (1999). *Des tout-petits jouent, parlent et... se transforment*. Montréal : Éditions du Méridien.
Bossé, M., Bissonnette, P. et Boutet, M.-C. (2008). *Le sexe du psychothérapeute et son influence en pratique infantile*. Longueuil : Groupéditions.
Brelet, F. (1994). *Le T. A. T. : fantasme et situation projective*. Paris : Dunod.
Chiland, C., Castarède, M.-F., Ledoux, A., Ledoux, M. et Marbeau-Cleirens, B. (1983). *L'entretien clinique*. Paris : Presses universitaires de France.
Dobson, F. (1970). *Tout se joue avant six ans*. Montréal : Éditions du Jour.
Freud, S. (1900). *L'interprétation du rêve* (nouv. trad. fr.). Paris : Presses universitaires de France.
Green, A. (2000). Transmission d'un malaise. *Revue française de psychanalyse, 5*, 1497-1515.
Kohut, H. (1991). *Analyse et guérison*. Paris : Presses universitaires de France (1re éd. 1984).
Laplanche, J. et Pontalis, J.-B. (1971). *Vocabulaire de la psychanalyse*. Paris : Presses universitaires de France.
Manzano, J., Palacio Espasa, F. et Zilkha, N. (1999). *Les scénarios narcissiques de la parentalité*. Paris : Presses universitaires de France.
Misès, R. (1988). *Les pathologies limites de l'enfance*. Paris : Presses universitaires de France.
Piaget, J. (1936). *La naissance de l'intelligence chez l'enfant*. Paris : Delachaux et Niestlé.
Popper, K. (1970). *La logique de la découverte scientifique*. Paris : Payot.
Rank, O. (1924). *Le traumatisme de la naissance*. Paris : Payot.

Scarfone, D. (1999). *Oublier Freud ?* Montréal : Boréal.
Spitz, R. (1993). *De la naissance à la parole.* Paris : Presses universitaires de France.
Winnicott, D. W. (1969). *De la pédiatrie à la psychanalyse.* Paris : Payot.
Winnicott, D. W. (1970). *Processus de maturation chez l'enfant.* Paris : Payot.
Winnicott, D. W. (1972). *La consultation thérapeutique de l'enfant.* Paris : Gallimard.

Table des matières

Remerciements i

Introduction 1

Première partie : *Notions préliminaires*

Chapitre premier
La perspective théorique et sa justification 5
Introduction 5
1. Les positions psychanalytiques fondamentales 6
   1.1 Importance accordée à l'attitude de neutralité 7
   1.2 Importance accordée à la notion de transfert et au repérage des phénomènes transférentiels 7
   1.3 Respect des mécanismes de défense 8
   1.4 Le matériel livré par l'enfant est reçu comme comportant une signification manifeste et une signification latente (ou cachée) 8
   1.5 Les symptômes résultent d'un compromis entre les exigences profondes (inconscientes ou préconscientes) du sujet et les contraintes incontournables de la réalité ou les valeurs qu'il s'est trouvé à intérioriser 10
   1.6 La thérapie est considérée comme un processus qui permet au conflit d'apparaître au grand jour (de la conscience de l'enfant !) et de se résoudre 10
2. Justification de l'orientation théorique 11
Conclusion 17

Chapitre deuxième
Définition de rôles et fonctions comparées 19
Introduction 19
1. Les acteurs de la relation thérapeutique 19
   1.1 Le patient 20
   1.2 Le thérapeute 21
2. La fonction de thérapeute comparée à d'autres fonctions d'aide 24
   2.1 Le psychothérapeute et l'éducateur 24
   2.2 Le psychothérapeute et l'orthopédagogue 25
   2.3 Le psychothérapeute et le pédopsychiatre 26

3. Pratique de la psychothérapie et "pratique" découlant de la recherche en psychologie 28
Conclusion 31

Chapitre troisième
La référence au développement infantile comme cadre de compréhension des productions de l'enfant 33
Introduction 33
1. Remarques préliminaires : l'importance du développement infantile pour la structuration de l'affectivité 34
2. Le développement affectif infantile à travers les phases, celles-ci étant mises en relation avec les modes de fonctionnement affectif 35
   2.1 La période fusionnelle autosensuelle 36
   2.2 La période de l'anaclitisme de bas niveau 39
   2.3 La période de l'anaclitisme médian 41
   2.4 La période de l'anaclitisme phallique 43
   2.5 La période de l'œdipe 45
3. Aperçu rapide de la suite du développement pendant la période dite de latence 47
Conclusion 47

DEUXIÈME PARTIE : *ASPECTS TECHNIQUES*

Chapitre quatrième
La première rencontre avec les parents 51
Introduction 51
1. Diversité des façons de faire 52
2. Contact téléphonique préalable 53
3. Objectifs de la première rencontre 53
4. Les premiers moments 55
5. Le cœur de la rencontre 56
6. Question de schéma 57
7. Pour terminer la rencontre 59
8. En conclusion 60

Chapitre cinquième
le travail thérapeutique auprès de l'enfant : quelques aspects généraux 61
Introduction 61
1. La sauvegarde du caractère projectif de la situation de thérapie, une préoccupation qui doit être constante chez le thérapeute 61
2. Particularité de la communication avec l'enfant en thérapie : appui sur une activité servant de support 69

3. Quelques mots sur le matériel devant être mis à la disposition de l'enfant 73
4. Une vision diachronique du processus thérapeutique : les quatre phases de la thérapie 75
    4.1 L'amorce de la relation 75
    4.2 La phase de clarification et d'appropriation consciente 79
    4.3 La phase de remise en route du développement 83
    4.4 La phase de terminaison 85
Conclusion 87

Chapitre sixième
La nécessaire présence du superviseur 89
Introduction 89
1. Les diverses facettes du rôle du superviseur 89
    1.1 Vérifier le degré de sauvegarde du caractère projectif de la situation de thérapie 90
    1.2 Vérifier la manière dont a été exploitée la situation de thérapie sur le plan projectif 94
    1.3 Vérifier la compréhension de ce qui cherche à se dire dans la production du thérapisé 96
    1.4 Porter attention aux interprétations à proposer à l'enfant, aux modalités et aux circonstances dans lesquelles ces interprétations seront proposées 101
    1.5 Vérifier la compréhension de l'évolution du thérapisé 102
    1.6 Discuter des interrelations entre parents et enfant ; préciser les objectifs et les modalités de l'intervention auprès des parents 103
2. Les atouts et habiletés que doit posséder le superviseur 104
3. La supervision est-elle toujours nécessaire ? 107
Conclusion 108

Chapitre septième
Le travail auprès des parents 109
Introduction 109
1. L'hétérogénéité de la population des parents 110
2. Lever les obstacles à la confiance des parents, la tâche première du psychothérapeute 115
3. Peut-on être à la fois thérapeute des parents et thérapeute de l'enfant ? 119
4. Vaut-il mieux que les parents soient vus par quelqu'un d'autre que le Thérapeute de l'enfant ? 121
5. Rythme des rencontres avec les parents 122
6. Où doit-on rencontrer les parents ? 123

7. Que dit-on aux parents ?... 125
   7.1 Le thérapeute interprète aux parents le sens profond des comportements de l'enfant en rattachant ceux-ci à son niveau de développement.. 125
   7.2 Le thérapeute joue le rôle de "traducteur" à l'endroit des parents de ce qui surgit en thérapie ou dans l'analyse du cas de leur enfant... 126
   7.3 Le thérapeute aide les parents à mettre au point des correctifs susceptibles d'améliorer la situation psychologique de l'enfant........... 127
   7.4 Le thérapeute assiste ou supporte les parents dans leur manière révisée d'interagir avec l'enfant, capable qu'il est de montrer les effets heureux de cette nouvelle manière sur le fonctionnement dynamique de celui-ci.. 128
   7.5 Le thérapeute décrit aux parents la nature de l'étape à laquelle le processus thérapeutique et le réajustement de leurs modalités d'interaction permettent à l'enfant d'accéder et il leur précise les effets que ce nouveau fonctionnement est susceptible d'entraîner pour l'enfant et pour eux... 129
   7.6 Le thérapeute aide les parents à prendre conscience des attitudes qu'ils auront à adopter pour maintenir l'élan maturatif de leur enfant.. 130
Conclusion.. 130

Chapitre huitième
Le travail thérapeutique auprès de l'enfant : quelques aspects particuliers 131
Introduction... 131
1. Que dit-on à l'enfant au sujet du pourquoi de la thérapie ?...................... 131
2. La consigne concernant la communication... 133
3. L'assurance concernant la confidentialité.. 135
4. Les contacts physiques... 137
5. Les cadeaux... 138
6. La gestion du contre-transfert.. 140
7. La gestion du transfert amoureux et des réactions contre-transférentielles qui lui sont associables.. 144
8. La gestion des manifestations à caractère sexuel.. 145
Conclusion.. 148

Chapitre neuvième
La conduite de la thérapie en fonction des défis de chacune de ses phases... 149
Introduction... 149
1. À l'amorce... 149
2. À la phase de clarification et d'appropriation 157

3. À la phase de remise en route du développement 163
4. À la phase de terminaison 170
Conclusion 179

Chapitre dixième
La conduite de la thérapie en fonction des besoins développementaux présentés au départ 181
Introduction 181
1. Sur la conduite de la thérapie des sujets qui sont d'emblée à fonctionnement œdipien 182
2. Sur la conduite de la thérapie des sujets qui sont d'emblée à fonctionnement phallique 189
3. Sur la conduite de la thérapie des sujets qui sont d'emblée à fonctionnement anaclitique de bas niveau 203
Conclusion 211

Chapitre onzième
Sur l'interprétation 213
Introduction 213
1. Qu'est-ce qu'interpréter ? 214
2. Pourquoi faut-il interpréter ? 216
3. Que risque-t-on à ne pas interpréter ? 217
4. Quand doit-on interpréter ? 220
5. Comment faut-il interpréter ? 234
6. Que faut-il voir concrètement dans la réaction de l'enfant à l'interprétation ? 240
7. Comment développer ses habiletés pour la fonction interprétative ? 245
Conclusion 248

Chapitre douzième
Considérations complémentaires sur les sujets à fonctionnement œdipien 249
Introduction 249
1. Quelques clés pour reconnaître l'œdipe naissant 249
2. Les déclarations d'amour à l'endroit du thérapeute 254
3. La différence de sexe entre thérapeute et patient : dans quelle mesure elle constitue un facteur maturatif 265
4. L'œdipe et la fin de la thérapie 265
Conclusion 267

Chapitre treizième
Quelques jalons d'orientation pour le début de la pratique privée 269
Introduction 269
1. Choisir son lieu de pratique 270

2. Choisir soigneusement son superviseur et viser l'inclusion
   dans un réseau 274
3. S'introduire ou se faire introduire auprès de sources potentielles
   de références 276
4. Soigner sa publicité 277
5. Développer la gamme des jeux mis à la disposition des enfants 278
6. Voir au développement de ses habiletés 280
7. Au-delà de la pratique privée 281

Conclusion 283

Bibliographie 285

Tables des matières 287

Du même auteur

Connaissance et langage : une perspective structuro-génétique intégrée (1984). Trois-Rivières : Épistémis.

Modes de fonctionnement cognitif et langagier (1990). Trois-Rivières : SMG.

Des tout-petits jouent, parlent et … se transforment (1999) (en coll. avec M. Boileau et I. Moreau). Longueuil : Groupéditions.

Le sexe du psychothérapeute et son influence en pratique infantile (2008) (en coll. avec Patrick Bissonnette et Marie-Claude Boutet). Longueuil : Groupéditions.

Pourquoi j'irais chez la psy, maman ?... (2011). Longueuil : Groupéditions.

Le mode de fonctionnement affectif de l'enfant : son évaluation par le jeu spontané (2012). Longueuil : Groupéditions.

Évolution de la dynamique affective et accès à l'équilibre (2013) (en coll. avec France Guay). Longueuil : Groupéditions.

L'analyse en tant que jeux des allégories produites au TAT (2014). Longueuil : Groupéditions.

Le CAT : analyse des allégories lues comme jeux (2015). Longueuil : Groupéditions.